系列

韦皇后

吞象之蛇

王立君 王明霞 著

辽宁人民出版社

图书在版编目（CIP）数据

吞象之蛇：韦皇后 / 王立君，王明霞著．-- 沈阳：辽宁人民出版社，2025．4．--（历代名后系列 / 赵毅主编）．-- ISBN 978-7-205-11400-8

Ⅰ．K827=421

中国国家版本馆 CIP 数据核字第 202403D0X5 号

出版发行：辽宁人民出版社

地址：沈阳市和平区十一纬路 25 号　邮编：110003

电话：024-23284191（发行部）　024-23284304（办公室）

http：//www.lnpph.com.cn

印　　刷：嘉业印刷（天津）有限公司

幅面尺寸：165mm × 235mm

印　　张：19

字　　数：299 千字

出版时间：2025 年 4 月第 1 版

印刷时间：2025 年 4 月第 1 次印刷

责任编辑：贾妙笙

封面设计：乐　翁

版式设计：一诺设计

责任校对：冯　莹

书　　号：ISBN 978-7-205-11400-8

定　　价：58.00 元

“历代名后系列”序

“历代名后系列”是一套上起先秦下迄晚清，包含12位王后、皇后（包含皇太后、太皇太后）的传记史学作品，分别是：夏桀王后妹喜，商纣王后妲己，周幽王王后褒姒，汉高祖皇后、汉惠帝皇太后吕雉，汉成帝皇后、汉哀帝皇太后赵飞燕，晋惠帝皇后贾南风，北魏文成帝皇后、献文帝皇太后、孝文帝太皇太后冯氏，北魏孝明帝皇太后胡氏，唐中宗皇后韦氏，辽景宗皇后、辽圣宗皇太后萧绰，清世祖皇太后、清圣祖太皇太后博尔济吉特氏（即孝庄文皇后），清穆宗、清德宗皇太后叶赫那拉氏（即慈禧太后），编为9册。这是一套史学专家撰写的通俗性历史读物。

夏商周三代尚无皇帝尊称，是分藩裂土的王政时代，因此，妹喜、妲己、褒姒被称为王后。秦汉以降才是帝制的开端，最高统治者称皇帝，其配偶称才人、女御、嫔妃、贵人、贵妃、皇后等，等级分明，地位天壤，皇后执掌中宫，是内廷宫闱的高层级支配者。皇后原则上只册封一人，但在帝制时代，两后并立亦不鲜见。当朝皇帝的正妻或其最喜欢的妃嫔往往被册封为皇后。当朝皇帝驾崩，子侄辈即位为新皇帝时，皇后往往被尊为皇太后，待孙辈登基为新皇帝时，皇太后则被尊为太皇太后。没有皇后履历的皇帝妃嫔，母以子贵，在其子加冕称帝时，被追尊为皇太后是常例。

严格说来，社会只由两种人构成，即男人和女人。历史本应由这两种人不分伯仲共同创造与书写，然而，实际的情形并非如此。

自先秦至晚清数千年间，朝代更替频繁发生，占据历史舞台中心的帝王将相、达官显贵、英雄豪杰，几乎清一色是男子，女人仅是男人的附庸，全无展示自己的平台，无法成就轰轰烈烈的伟业。通观中国古代历史，唯有武曌一位女皇，对其评价尚褒贬不一，罕见女性有位极人臣、出将入相者。中国古代的正史——“二十五史”、历朝政书的书写者均为博学多识的男性官僚学者，除班昭参与了《后汉书》的部分编纂工作外，再无任何女性参与正史、政书书写。历史的书写者基本为男人。书入正史的帝王将相、达官显贵占去了史书绝大部分篇幅，而约占人口总数 50% 的女性，仅占有《后妃传》《列女传》等少得可怜的篇幅。

中国古代是男人的社会，中国古代正史由男人书写，中国古代，尤其两汉以后，儒家思想成为社会主流意识形态，宋代以后理学存天理、灭人欲的礼教观念广行流布，女子无才便是德、男主外女主内、节烈贞洁等种种礼教戒律严重束缚女性，在政坛上叱咤风云的女性更难得一见。

本书的 12 位传主，夏后、商后、周后、吕太后、赵皇后、贾皇后、韦皇后等 7 人系汉族女性（夏后、商后、周后可视作华夏族），而胡太后、萧太后、孝庄文皇后、慈禧太后等 4 人为少数民族女性，冯太后为少数民族化的汉族女性。为什么少数民族女性所占比例如此之高呢？这与少数民族对女性礼教戒律束缚较少、少数民族女性的社会地位相对较高密切相关。尽管在古代中国历史上出现很多炙手可热的名后，有的在政坛上翻云覆雨，甚至临朝称制，掀起巨澜，但实质上她们仍是男性的附属。

古代社会，从太学、国子学到府州县学，各级官学不录取女性学员，妇女受教育的权利被剥夺；古代社会，从乡举、里选、征辟、察举、九品中正到科举取士，各种官吏选拔均不把女性划入考查范围，妇女参与国家政治的权利又被剥夺。只因皇帝有一套严格而完整的后妃制度，服务于皇权，才有了这样一个皇后、皇妃群体。首先，皇后必须由皇帝册封，皇后的名分是从皇帝那取得的；其次，皇后在家庭中必须服从夫君——皇帝的权威，皇后的权力是皇权的外延，是皇帝给予的。在帝制时代，专制皇权不断强化，为防止后妃干政、外戚坐大，形成后党，在政治设计上约束限制后妃、外戚权力膨胀的规则日益严密，个别朝代甚至推出并实行册封皇太子后处死皇太子生母的冷酷政策。

这套"历代名后系列"的12位传主，生活在不同朝代，政治履历、知识素养、性情禀赋、胆识谋略及最终结局各不相同。作者对她们生平际遇、历史功罪等诸多方面，在尊重史实、参酌同行研究的前提下，做了尽可能详细的陈述与评说，不仅为了再现她们多姿多彩的人生，更是想让读者透视她们生活年代变幻莫测的政治风云。汉高祖皇后吕雉，辅佐刘邦成就霸业，与萧何谋划除掉韩信，巩固统治。高祖病逝后，惠帝软弱，由吕后实际掌权，她继续无为而治的黄老政治，使汉朝国力不断增强。她又擢拔吕氏族人，形成诸吕集团，操控朝政，最终陈平、周勃铲除诸吕，迎立汉文帝，酿成汉初一场政治大震荡。夏桀王后妺喜、商纣王后妲己、周幽王王后褒姒、汉成帝皇后赵飞燕，皆为倾城倾国的绝代美人，以姿色取悦君王，虽行止乖张，恣肆任情，颇受后人非议，但把夏、商、西周败亡，汉朝衰败的历史责任加到她们头上恐未必公允。北魏献文帝冯太后，有度量有胆识，激赏汉文化和中原王朝成熟的典章制度，促成孝文帝实行改革，接受中原文化，推动了鲜卑族社会发展进步和与汉族的民族融合。辽圣宗皇太后萧绰，是有影响有担当有作为的政治家，她能在朝堂上决断大政，亦能统率百万大军攻城略地，与敌人对垒。在辽宋对战势均力敌的情势下，审时度势，促成“澶渊之盟”，使辽宋之间实现数十年之和平。孝庄文皇后博尔济吉特氏是位聪明睿智的女人，她的成功在于在清初复杂的皇位争夺中施展手段，辅保年幼的儿子福临、孙子玄烨登上皇帝宝座，摆平满洲贵族各派政治势力。即或有下嫁摄政王多尔衮之韵事，也毫不影响其历史地位。晋惠帝皇后贾南风、北魏孝明帝皇太后胡氏、唐中宗皇后韦氏3位传主有许多共性，凶悍、妒忌、残忍而又野心极大，是史上公认的“女祸”。贾皇后的丈夫惠帝司马衷是低智商，不能亲理朝政，贾皇后操控大权，在朝臣和宗王间拉帮结派，拨弄是非，引发司马氏自相残杀的“八王之乱”，使晋朝走向衰亡，贾皇后也在乱世中被杀。北魏胡太后，心狠手辣，两度临朝称制十余载，挟持皇帝、势压宫妃，威福自专，天怒人怨，最终被尔朱荣沉于黄河。唐中宗皇后韦氏是位心机颇深、手段高妙、野心勃勃的女人。在武周和中宗时期，她巧妙周旋，地位虽有浮沉，但终究保住了权位，膨胀了势力，与上官婉儿等结成势力集团，顺昌逆亡，甚至密谋政变，弑君自立，效法则天武后。在唐前期朝政大变局关键时刻，睿宗之子李隆基果断发动兵变，杀死韦皇后，化解了一场政治危机。慈禧太后是清文宗之懿贵人，没有皇后名分，文宗死，穆宗立，径封皇太后，历同治、光绪两朝四十余年，垂帘听政，独断朝纲，地位从未动摇。她思想保守、观念陈腐，在西学东渐，世界格局大变演中，无能应对，锁国闭关，为保住其独尊地位，血腥镇压维新人士；在对西方列强的斗争中，屈膝投降，签订了一系列割地赔款、丧权辱国的条约，使偌大中华沦为半殖民地社会；她个人生活厚自奉养、奢侈挥霍，为庆六十大寿，竟公然连续数年挪用海军经费近200万两，这也是导致甲午战争中北洋水师全军覆没的一个重要原因。

这套名后传记史学读本，成于众人之手，风格不同，学识也有差异，相信读者慧眼识珠能够发现其精到和舛误。此套书曾刊行于20年前，此次应邀修订，主要是打磨文字，订正史实错误。限于作者水平，肯定还有其他问题没能发现更改，欢迎读者教正。

辽宁师范大学　赵毅

2023年5月15日

目 录

第一章

京兆娇花沐龙恩
韦氏美梦变为真

一

公元7世纪初，在短命的隋朝废墟上，大唐建立了。开国皇帝李渊，世称唐高祖。高祖在位八年零三个月，到626年7月，次子李世民发动了玄武门之变，杀害了他的大哥太子李建成和弟弟李元吉，9月，高祖将帝位禅让给李世民。李世民即为世称的唐太宗。

太宗继位以后，立原配夫人长孙氏为皇后。又把隋炀帝皇后萧氏选进宫中，立为妃子。玄武门之变中，元吉被杀，夫人杨氏守寡，因这杨氏生得花容明媚、玉骨轻柔，又被太宗看中，随即接进后宫，倍受恩宠，称巢剌王妃。这巢剌王妃生得一子，名叫明。爱屋及乌，太宗竟视这偏出的儿子为掌上明珠，异常怜爱，远远超出对待皇后长孙氏所生的三个儿子：太子承乾、魏王泰和晋王治，到后来竟达到了有立他承业的意思，经过大臣魏征的多次劝告才算了事。于是封明为曹王，又把他过继给元吉。

这位曹王明当皇帝的路子是被堵死了，但曹王府中却有一条贵种凤根在生长，而且被王府中人传来传去。他叫韦弘表，也就是后世中宗韦后的祖父，当时他任曹王府典军。

韦弘表所任的这王府典军，是曹王府负责警卫的头目。因为是王府，所以警卫工作特别受到重视；更加之这曹王明的特殊地位，往往府里的人在长安城大街上行走，都是趾高气扬气势汹汹的，即使见到别的王府的人也满不在乎。从这也就可想而知，韦弘表这官做得既实惠又自在。

一日，曹王明宴请心腹，寻欢作乐。韦弘表和曹王的关系十分要好，有时无事，曹王还带着童仆到韦家闲聊，很少有那种威严的主仆痕迹。这天大家喝得都挺尽兴，弘表不觉多贪了几杯，被用人扶侍到卧室，本想躺下休息，这时看见夫人和几个女仆正在外屋哄逗刚满月的小孩，他一时兴起，趔趔趄趄地走过去。

“老爷，快坐！”有仆人扶着他坐在床上。

看到丈夫今天挺高兴，韦夫人微笑着向丈夫说：“老爷，恭喜了。”接着，女仆们也都见风使舵，嘻嘻哈哈地跟着祝贺：恭喜，大喜……问过之后才知道，有位相貌奇伟的过路人路过宅前，看见仆人领着韦弘表的大儿子玄俨在外面玩。过路人端详一下小孩，一愣，点点头，并让那仆人通知主人，说有事求见，结果给两个儿子都相了面，大吉！

听说那人没走，韦弘表乘着酒兴，吩咐仆人又把他请来。来者不是无名巫师，乃是长安城有名的相士，虽然自己以前没见过，却早有耳闻。韦弘表的酒劲清醒不少，恭敬地听他讲。

“您这两个儿子面相主吉。这个玄俨，功名坦途，观脸面中所寓之相，掌一州不成问题。”相人重复着以前的说法。他把目光移到襁褓中的小儿子玄贞脸上，细细一打量，不禁一惊：“哎呀，大贵呀！仕途虽曲折，却隐着极尊之气——一人之下万人之上……”接着又摇摇头：“气象闪烁不定，得加强自我约束。”他又进一步端详，拱手道贺道：“老爷大喜了，这小公子后人女主贵，有圣相，只愿您对他们好生栽培多多保护吧。”大赏了看相人之后，韦家上下一派欢声笑语，就连这刚正的韦典军也沉浸在莫名的欢乐中。

不过，因为这事，韦家险遭一次灭族之灾。原来韦家的仆人们把相面的事传了出去，一传俩俩传仨，后来竟传到了朝廷里面。这还了得，你韦家人有圣相，就意味着李家天下不能长久，这是十恶不赦之事。朝廷派人到曹王府查询此事，好在曹王明全力说解，才打发回朝使，免了韦家的一次大难。从此以后，韦家上下对此只字不提，渐渐地淡忘了。但历史有知，后来，韦玄俨真的在高宗末年官至许州刺史，其子韦温神龙年间竟高升到礼部尚书，并受封鲁国公；弘表次子玄贞更因其女而一度春风得意。这都是后话。

时光如水，转眼三十几年过去了。弘表已老，也因为曹王府的没落而休闲在家。大儿子玄俨科举及第，前途无量；小儿子玄贞也已长大成人，娶崔氏女做妻，生了四儿三女，他们是儿子洵、浩、洞、泚，三个女孩儿更是个个娇媚，春风不俗。尤其大女儿，不但生得清秀卓然，更是内秀独具，知书达礼又不似平常女儿家的一味柔顺，妩媚柔婉中暗含着一份刚强和坚毅。韦宅上下无论男女老少都很喜欢她。慢慢地，外面人都知道韦弘表有个孙女儿很出众，而且越传越神，仿佛长安美女独出韦门。阿谀者当着韦老头子的面儿常常竖起大拇指：真是长安第一花。

这位韦大小姐确实不同凡响。在仆人的眼中，她冷而不骄，恨而不怨，一方面和侍候她的女仆们混得很熟，一方面又让仆人们对她心怀一份敬畏。无论对什么事，她都很少抱怨，或恨或爱都十分果断鲜明。看到有哪位仆人在背地里做有损主人的事，她或者当面斥责，或者和家人说明，把仆人撵出韦家。而且一经她认准的，别人很难改变。老头子韦弘表对这小孙女儿的脾气和为人在吃惊之余，往往更多的是喜爱。

韦大小姐渐渐地长大了，她和两个妹妹的不同也越来越明显了。除了琴棋书画和女红之外，她还特别关心朝廷里的事儿。伯父玄俨公已任许州刺史，每一回来探亲，就向老父和兄弟讲述任所的事和当朝的种种变故。平时她对朝中诸事也有所了解，虽然祖父已不任什么职务，但毕竟身居国都，在仆人们议彼论此的时候，她也都留心听着。父亲玄贞做着小官，偶尔父亲闲暇，她就跑到书房中问这问那，父亲常常一笑：小孩子别问闲事，有时候也耐心地向女儿说点故事。慢慢地，在这位韦大小姐的心目中树起了一个女人的榜样——武昭仪。

她老早就听老妈子们讲过武媚娘的事。想当年，武媚娘以她自身的风采被太宗喜爱，她既美丽又聪明，宫中上下无人不喜爱。而让她感受最深的还是唐高宗李治继位以后，武氏是那样受到宠爱。三千宠爱集于一身，真是女人平生的光耀和荣幸，韦大小姐小小的心里滋生着羡慕和嫉妒。

一次，有个女仆向她讲述武昭仪夺权后宫的故事。自从高宗把武氏从感业寺接回后宫之后，武氏倍受宠幸，被封为昭仪。武昭仪不但会用各种方法取媚皇上，而且对手下的大臣和仆人也都很友好，深得宫中人喜爱。可这武昭仪并不满足现在的地位，因为有皇后王氏和萧淑妃比她地位高，她就忌恨在心。凭自己的姿色和手段，萧淑妃渐渐地被皇帝冷落了，但王皇后这座大山很难扳倒。武氏当时弄清一个情况，那就是她本人之所以能这么快进宫，除了由于高宗对自己的喜爱，更因为王皇后不能生育，没有后嗣，只得立后宫中地位卑贱的刘氏之子忠为太子，皇上一直不满意；而最直接的原因还是王皇后为了排挤萧淑妃，才尽快把自己接进宫。武昭仪明白了王皇后为什么对她那么好。

天成全人也不成全人，武昭仪生育了，但是一女儿。为此，武氏十分上火。忽然一计涌上心头。一日，王皇后听说武氏生育了，过来看看表示祝贺。听说王皇后来了，武氏马上躲到屏障后面，并嘱咐仆人如何应付。王皇后进屋以后，见武氏没在，掀被看看孩子，就出去了。武氏眼看着王皇后远去，走近孩子，掀开被，伸出金饰满指的手，掐住婴儿的喉咙，只见婴儿一口气都没喘上来，小脚一蹬，没了声息。她知道高宗快回来了，便假装从外面陪着皇上一起进来，边夸着孩子边笑倚着高宗走到孩子床边，她用手一掀被，装作大惊，之后号啕大哭说道："谁这么狠这么缺德啊，掐死我的孩子，我也不活了……"高宗大怒，马上问仆人有谁来过，仆人们异口同声：只有王皇后来过。皇上大惊：王皇后？不会啊。对王皇后他是了解的，但除了她再没别人来过。这时武氏哭哭啼啼地诉说："皇后不能生育，她一定嫉妒我，我也发现了。不过以皇后之尊还是别声张了，我的一个孩子死了算什么呢？即使我被害死又能怎么样？"自此，王皇后虽因大臣们的强谏没被杀害，却被高宗冷落了。后来，武氏再次用计，终于激怒高宗，把皇后和萧妃都打入了冷宫，让武氏当上了皇后。讲着讲着，女仆时而咬牙切齿时而唉声叹气，一边的韦大小姐也是目瞪口呆，好半天才缓过劲儿来，疑惑地说：武昭仪原来是这样的，真是个厉害的女人。

不久，其父韦玄贞出任普州（治今四川省安岳县）参军，她们姐儿三个仍留住长安祖父家。女大当嫁，每当父母提起这件事，她都毫不羞怯毫不犹豫地拒绝了，父母对这个倔犟的女儿也就没怎么逼迫。一枝奇特娇艳的鲜花静待着高人的采摘。

机会终于如期而至了。一年春天，皇家在长安城选美女充实各王府，有人推荐了韦家的这位大小姐。听到这个消息，年迈的爷爷和父母及其他亲朋都震惊了，一股灾难的预感萦绕在远远近近韦氏族人的心头。唯独这位韦大小姐，不但不怕，反而觉得很得意很高兴，仿佛有一种期望有待实现。

比较幸运，她被分到了武氏第三子李显的府上。武氏此时共生有四子，长子弘，次子贤，三子显，四子旦。韦氏进李显府上时，李显被封为周王。

武氏的这四个儿子中，只李显生性柔弱，遇事少主见，另外因为他身体不好，所以武氏在这个儿子身上倾注了更多的母性关怀，一直把他当小孩看待。同样，周王府中人也就有些散漫，不比其他王府中的整饬和肃杀。进了周王府以后，韦大小姐开始侍奉周王和夫人赵妃，因为她伶俐机敏，逢事都处理得很好，主仆对她的印象都很好。渐渐地，在这个柔弱的周王心目中有了个抹不去的印象，这韦大小姐更乐于和周王李显接近，王妃赵氏又很贤惠宽容，只顾履行好一个贤妻的职责。后来，韦氏虽并没取得什么名位，但在周王的心中却是高人一等的了。这时的韦氏行周王之所想，在一个懦弱男人的世界里牢牢地培植着自己的地位，同时，对待赵妃和其他人仍然恭敬谨慎从事，一个理智机警的女人就在这样平凡的生活中忍耐着寻找着时机，以自己的努力营造着一个惊人的梦。

二

与别的王府相比，周王李显的府中一直是和谐而安宁的。李显的母亲武氏一直对他特别放心，李显一天只顾射猎游玩，不问朝政，也确实使武氏放心。韦氏在这平静的王府中伸展触角的时候，在周王府之外，她崇拜的武皇后已经把她那庞大阴森的羽翼，慢慢地在大唐的天空中伸展开了。

高宗皇帝李治因为身体不好，更因为他对皇后武氏的宠幸和武氏枕边风的吹拂，渐渐疏远了许多忠臣，把诸多权力转给皇后行使。后来，高宗简直成了一部机器，唯皇后之言是听，别人的劝谏都置若罔闻。武氏权倾当朝，顺我者昌，逆我者亡。武后一面搜罗和扶植着自己的党羽，一面对大唐忠臣及其他对她有微词的人借高宗之口格杀勿论。到永隆元年（680），被她亲手陷害的名臣，有高宗的舅父太尉长孙无忌、王皇后的舅父中书令柳奭、侍中韩瑗、西台侍郎上官仪、驸马都尉长孙铨、凉州刺史赵持满等几十位，满朝震惊而无人敢言，武氏爪牙更是横行朝里，欺上瞒下为所欲为。唯独那个高宗皇帝色迷心窍，武氏的一颦一笑都使他留恋，乐得逍遥自在。

与此同时，武氏把注意力集中在东宫太子的废立上，因为这才牵涉到她的心病。

唐高宗麟德元年（664），太子李忠被武氏赐死。武氏把自己的长子弘立为太子。太子弘为人平易厚道，勤谨谦虚，仁慈孝顺又颇多才智，满朝上下都十分拥戴他。面对武氏对那皇位觊觎的野心，他多次向母亲提出善意规劝。武氏不但不感激儿子的一片忠心，相反却对他日益厌恶愤恨。有一次，太子弘看见义阳公主和宣城公主（萧淑妃之女）已经三十多岁而仍未嫁，他这个异母弟弟十分不安，就向父亲和母亲提出来，高宗允准后，武氏却大怒，竟把这两个皇家金枝玉叶嫁给了两个正在值班的卫士，也算对儿子李弘气愤的一种发泄吧。不久，武氏继掐死自己的女儿后，又把这自己亲生的儿子杀死于洛阳合璧宫中。《新唐书·高宗本纪》载："四月二十五日，天后杀皇太子。"六月五日，封雍王李贤为太子。高宗李治特别喜欢这个儿子，这本来是一种好事，而武氏最怕除她之外的任何人和皇上亲近。高宗永隆元年（680）八月，很多天以来，李贤听到宫中有一种议论，说自己不是皇后亲生，而是武氏的姐姐韩国夫人所生，心里十分害怕。他又听说有个叫明崇俨的法师给武氏算卦，说太子李贤成就不了大业，而李显很像太宗，李旦的相貌最尊贵，李贤更觉不安。这年的八月二十二日，武氏给亲生儿子贤捏造了个反叛的罪名，让高宗下诏剥夺了太子身份，贬作平民。四年之后，又派爪牙逼令远在四川的李贤自杀而死。

面对外边的混乱，周王李显采取熟视无睹的策略，自己或游乐或泡在女人中间，尽情享受。不料，到唐高宗仪凤二年（677）八月，一天忽有圣旨到，改封周王李显作英王，并改名李哲。不知什么原因，武后又把目光投到了这位懦弱的三儿子身上。这一丝改变，证明朝廷还没把他淡忘，尤其母后武氏，还以一种特别的好心惦念着这个可爱的儿子，并任之以左卫大将军、雍州牧（京畿最高官员）。

自己的两位哥哥几年来或被杀或被贬，在混乱中，这位英王李哲开始正视现实了。一股股寒意袭上心头，无论他怎样糊涂也会看得出：下一步该轮到自己了。

果然，就在二哥李贤被贬的第二天，即永隆元年八月二十三日，圣旨颁下：立自己当皇太子。

英王李哲被立为太子以后，经武皇后亲手安排，纳韦氏为太子妃。从此，在李氏家族中，这位韦小姐终于取得了一个名正言顺的位置，而且是一个万人瞩目的位置——今日的太子妃，明日的当朝皇后。

韦氏在夙愿初步实现的喜悦中隐隐感觉到了一种不安——一种高处不胜寒的孤独和危险。她的脑海里不时闪现出赵妃的死。

李哲（李显）在做周王时曾纳赵氏为妃，这赵妃不是别人，乃是左千牛将军赵环与高祖李渊之女常乐公主所生的女儿，按辈分排，这赵氏与高宗李治平辈，李显当管她叫姑姑。高宗李治对姑妈常乐公主一直十分厚待。公主虽然年纪不太大，却也在长辈的地位上时而给李治提些建议，彼此来往较多，对周王妃赵氏也就十分照顾和关心。对这些，武氏看在眼里、笑在嘴中却恨在心上，终于在高宗上元二年的四月份给赵氏罗织了一条罪状，剥夺了她的王妃权力，囚禁到宦官总管府里。周王李显和赵妃的感情一直不错，虽然有韦氏的插入，但赵氏的宽宏容让不但让韦氏感激，也更让软弱的李显敬佩。母亲武后对自己爱妃的突然处置，让他大为吃惊，但他又深深了解母亲的为人，一旦做出了的决定，就很难更改。前几日，母亲又对大哥李弘下了毒手，吓得他心惊肉跳，远远地躲着母亲，尽量少和她接触。这次可怎么办呢？远在定州（今河北省定州市）任刺史的岳父赵环不断派人来催他想办法。他只得哭着去见父亲求情，母后武氏一进来，他就抖瑟着停止了抽泣，并用眼睛示意父亲别当场劝母亲。没几天，在他正要亲自去看爱妃时，有信传来，她已经死了。原来，武氏把赵妃囚禁起来以后，除了派门人污辱她以外，每天只送给她生菜生肉，由她自己烹饪，不准任何人进去劝说或帮忙，每天只派人看着囚室的烟筒是否冒烟。好几天没冒烟了，派人进去一看，赵氏口里叼着拖得长长的生菜，手死死地握紧刀把死在那里，尸体都已经腐烂，显然饿死很长时间了。李哲当时不敢哭，只在背后偷偷地掉眼泪，回府一见到韦氏，才敢大声地哭起来。“别哭了，人都死了，哭还有什么用呢？”韦氏半怨半怒地说出这句话，觉得有些说重了，又用缓和的话安慰他。

害死了赵氏，武后仍然觉得不解恨，又把赵环从定州刺史贬作荒僻的括州（治今浙江省丽水市）刺史，并命赵氏母常乐公主随夫前往任所，永远不许他们再入宫晋见。

很快，李哲就忘记了赵氏，一心和心灵嘴甜的韦氏恩恩爱爱，尤其韦氏出的主意，每每让他十分信服，在这皇子排位的飘游中他仿佛抓住了一根坚韧的绳子，让他在混乱中有所把握；更好似一座山，在风雨的侵袭中让他有所躲避、有所依靠。韦氏正是这样的女人，李哲也最需要这样的女人，他们的关系已经超越了一般意义上的王与妃甚至夫与妻了。

从这以后，朝廷中一有什么事，即使与英王府无关的，韦氏也会把一些情况摆出来，给丈夫细细分析，让他认清很多人的本质，也让他认识一些事情发生的可能，并帮他出主意，分析若是放在自己头上该怎么处理。像家庭教师一样，在韦氏的一次次启发下，李哲开始对这个朝廷有了些认识，对英王府和他的职权范围内的事情能理智一些地处理了。但对稍大一点的事还是犹豫不定，或者束手无策，可他不怕，因为一问韦氏就可以解决了。随着他对朝中事情认识的深入，对母后武氏的惧怕心情也与日俱增。在这一点上，韦氏失败了，因为无论韦氏怎么说，问题都不能解决。

还没过几年安宁日子，恶事又来了。首先是朝中很久以来对时任太子贤的议论，以及那个术士明崇俨的断语都传到了英王哲的耳朵里。虽然局势的发展对他有利，起码韦氏就这样认为，而他却像大祸即将临头，整天战战兢兢。果然没过多久，有消息说要废太子贤，而立哲为太子。使臣真的从东都来到了长安，命哲速去东都洛阳，皇上有要事吩咐。

在这之前，李哲多次在府中拥着心上人韦氏低低地问，将来如果真把太子的位置让给自己可怎么办？韦氏小鸟儿一般从英王的怀抱中钻出小脑袋来，轻轻地吻着男人的嘴唇安慰他道："那多好啊，我们终于有可能为所欲为了。怕什么，有母后支持咱们，谁能怎么样？怕！怕！你怕的是啥？这哥儿几个，母后对你最好，我为你高兴还来不及呢！到时候可别忘了我哟！”

可是事情真正临头，李哲还是发蒙，打发了差人以后，又为难起来。好在韦氏也奉诏一同前去，他才没至于手足无措。皇命火急，马上起身。

办完受封仪式后，高宗和武后很热情地接待了太子和韦妃。尤其皇娘还像以前那样关怀他，问这问那，甚至许多细小的事情都想到了。见到这些，李哲怎么也想象不出母亲能杀死自己的哥哥和其他那么多人。一定是别人的不对，他坚定地站到了母后这一边。韦氏更是恭敬和孝顺，把武后和高宗维护得很满意。婆母有时也金口微开，夸她几句，韦氏都在适度的回答和表演中让人感到舒服，让皇上皇后感到儿子找了个好媳妇。太子和韦氏被父母留在东都住了一个多月，永隆元年（680）冬天返回长安。一个多月的生活，让韦氏认识了什么是威严、什么是皇恩，更让她直观地认识了武后，真是崇敬有增，无比羡慕。她时而为此行得意不已。

太子哲和韦妃回到长安不久，高宗和武后也起驾回到了故都长安。皇上和皇后这次去东都（今洛阳市）住了很长时间。自从武氏陷害了王皇后和萧妃以后，她心中常存后怕，有时半夜惊醒，梦见这两个不灭的阴魂披头散发地来找她算账。经过她多次劝说，高宗终于又扩建了东都。从那以后，他们经常往返在两个都城之间。

一日，太子正在卧室中休息，韦妃款款走进来，眉示仆人退出之后，把香唇凑在太子耳边，先妩媚地一笑，李哲看出她有话要说，回头看着妃子，韦妃温言慢语地说：“听说太平公主妹妹要出嫁了。”太子挺身坐起来：“谁？不会吧。”“我听得明明白白嘛！”她搂着丈夫的脖子，绵软地坐在他怀里，“你猜要嫁给谁？是嫁给咱姑妈城阳公主的大公子薛绍。”“怎么能出嫁呢？”“那有什么不行？咱姑妈还再嫁过呢，再说了，对咱妹妹来说那也不算什么呀。”

见太子脸色不对，韦妃才感到自己说话过火了。

太子脸阴沉着，只管摇头。

薛绍他也算认识，是姑妈城阳公主在姑父杜荷死了以后再嫁薛曜而生的儿子。李哲从小就对女人有个要求——守一而终，虽然朝中很多事他管不了，但一遇到哪个女人又嫁了，他都很生气，所以一直对薛绍不冷不热。

妹妹太平公主就更不应该出嫁了。因为自从皇娘武氏生母太原王妃杨氏去世以后，父皇和皇娘已经决定让妹妹出家当了女道士，好为姥姥多积阴福；再者说了，人家吐蕃王国请求和亲，指名要太平公主下嫁，父皇还给妹妹修了一座太平观，向众人表明公主永远不出嫁，怎么能说话不算数、出尔反尔呢？吐蕃王听到这事儿在西南闹事可怎么是好？想到这儿，他起身想要找皇上皇娘说说。做太子以后，李哲行为有些变化，对许多事情他愿意从太子的身份和李家天下的角度去考虑。

“干什么嘛，你要去找咱父皇皇娘？你呀你，啥时候能……我们是皇子皇孙，什么都是我们的，干啥事谁能管得着呢？你去，一定要挨数落。”韦氏看破丈夫意图，软硬兼施。

妹妹真的嫁给了薛绍。

婚礼举行得特别隆重。从皇宫的兴安门南，一直到薛家所住的宣阳坊西，火炬一个接一个连成一条长长的火龙，几道锣鼓开路，看热闹的人山人海，整个京城简直要爆炸了。

“我赢了，我赢了……”韦妃拥着太子边娇喘边微微地喊，“我们是皇族，皇族，谁敢和咱们比。你听说了吗？新驸马的嫂子和弟妹因为出身太低，不配和咱公主做妯娌，都让皇娘给逐出家门了……”

太子木木地点点头。

已经有好长一段时间了，高宗身体一直不太好，经常头晕，有时几乎不能独立行走，很多国事由武后处理，再经高宗之口发布出去。因为父皇有病，且日渐严重，太子和韦妃时常到皇上寝宫去问安。

这一天，夜渐渐深了，皎洁的月光从龙形飞檐上泼落下来，洒落到太子寝宫窗前，有一束耀眼的月光经过纱帘窄缝射到太子和韦妃共盖的五彩缎被上，屋内墙角高高的烛座上，烛光微弱地闪耀着，太子和韦妃还都没入睡。

韦妃拉过太子细弱的手，放在自己微凸的腹部，媚人地一笑：不知道是儿子还是姑娘，四个多月了。一种莫名的冲动袭击了太子，他翻过身，把妃子紧紧地搂到怀里。

“父皇好像病得挺重啊！”韦妃把话引开。

“是啊。”太子略带悲伤和恐慌地答道。

“以后咱们最好多多地侍候父皇，一些活儿咱亲身做，好让父皇高兴啊。不过，皇娘好像不对劲儿，怎么办呢？对了，咱们更应该先照顾好皇娘啊……”

“还有，以后和父皇谈话，多说点正经事儿，尤其关于外面对突厥和吐蕃的用兵，你要向父皇表明自己的看法。对裴行俭将军攻打突厥的战功，你先向父皇提出来应给他嘉奖，虽然你不说父皇也差不多能知道，但你说了，对你会更好，他们会认为你真的可以委以重任了，可以……”

韦妃没再说下去，皎洁的月光下，只见她会意莞尔地一笑，缩回到太子的怀抱中。

第二天早晨，太子和韦妃还没起来，听仆人在隔壁急传：圣上派人传太子有要事商量。

虽只一宿未见，父皇的脸色却更苍白，整个人越发显得憔悴。“父皇，身体特别不爽吗？”高宗点点头。“大家正为你高兴呢，前几天吃了那术士的长生不老药挺好的，怎么会这样子？”皇上有气无力地摇着头，喘了好一阵，才慢慢睁开眼睛看着太子，又勉强地点点头：“孩儿，你长大了，这阶段我身体不好，和你皇娘商量之后，她也同意了，想让你先替为父监理国政，留守京师，你皇娘和我先去东都养病，你看怎样？”

“谢谢父皇信任，但是……”愣了一刻之后，太子俯身跪倒，迷乱的思绪中整理不出一句成型的话来，他确实也不知道自己在想什么。

“没问题，遇事可与你妻商量，看你皇娘对我帮助不是挺大吗？我们用不了多久就会回来。”

高宗永隆二年（681）七月二十四日，太子李哲第一次监理国政。高宗把国家重担放在了这个渐渐懂事的儿子身上，去了东都，而这西都的太子，却是整天游乐，一应事务由韦氏出谋办理。

高宗开耀二年（682）一月十九日，太子东宫内殿中，上上下下各色人等都关注着一个即将公之于众的事实：韦氏要分娩了。

“哇——”一声尖锐的儿啼回荡在李氏王朝的宫殿中，从孩子哭声的尖锐和紧促上，年长的仆人们预测着凶或吉。而一边的李哲只顾了高兴，如那村人野夫般地享受着初为人父的愉悦和手足无措。韦氏经过剧烈的痛苦和挣扎之后，软软地躺在床上，有经验的御医麻利地洗着婴儿。

忽然，韦妃手向上一扬，头往上一抬，那意思是要起来。御医吓坏了，年老的女仆们更是大惊失色：刚生完小孩哪来的这么大力气？大家一齐上前问这问那。韦氏苍白的脸上豆大的汗珠迅速地滑落着，只有眼角一闪一闪，嘴却闭得紧紧的，青紫的嘴唇挤不出一个字来。没过多久，韦氏又一次举起胳膊，头动一动没能抬起来，大家又是一阵大骇。这时，有个贴身女仆灵机一动，把小孩抱了过去，碰一下她青筋凸起的手，韦氏的双眼慢慢地睁开了，当离散的眼神聚拢到一起辨认出所生的是男婴时，一抹笑意划过眼角，身子便马上瘫软了下去。

听说韦妃给自己生了孙子，病中的高宗十分高兴。在孩子满月的时候，高宗的头脑晕迷病好像一下子治好了，下令大赦天下，改年号为永淳，并立其为皇太孙，开府置官署，全国大庆。这个尊贵的皇太孙就是世称的懿德太子，中宗李显之嫡长子，名重照，后为避武则天“曌”字讳而改名重润。

三

娇妻得子，李哲自是高兴，除了精心照料母子之外，别的事更是少加询问。韦氏身体一天天好起来，虽然深尝了丈夫对自己的一腔情爱，可总觉得缺少些什么。偶尔有精力问及远在东都的父皇和皇娘的情况，李哲也是边逗着幼子边摇头，那意思是一切都与他无关。韦妃轻叹一声，点点头，心情极其复杂。当然了，这些李哲几乎没有察觉。

几个月过去了，好像一切都很太平。韦氏真有些坐不住了，她时时感觉到一种沉重的窒闷，死一般的沉寂。她只隐约听说皇上到夏天要举行嵩山大祭，听到这个消息，韦氏翻荡的思绪稍稍平静了些，因为这起码证明父皇的病还没那么严重。但有时，她往往会糊涂起来，在心里说，自己多么希望皇上早去，自己也多次这样祈祷过。她不敢再深想，生怕自己想明白这件事——这件事却又是不可避免地迟早会出个结果。她在等待中煎熬，更在时间的流逝中恐惧。

圣旨忽到，命太子速去东都，太子携妃匆匆东去。面对这自己生于斯长于斯的古都，一种眷恋在韦氏胸中汹涌地膨胀，当回忆起自己进周王府以前的那段日子，她几乎有些不敢相信，想到当年她被选入宫时整个韦家的悲伤和恐慌，她不由得笑出声来。现在这是去干什么呢？未来会怎么样呢？东望新都，她信心百倍。好像许久以来的一根游丝在此刻的离情别绪中定型，连她自己都感到很意外。目光从乘轿的纱窗缝隙转回到身旁的太子身上，今天的太子仿佛也异常兴奋，韦氏握紧丈夫的手，向他怀里一倚，婀娜地仰起头来接受一个深情的吻。

抵达东都后才知道，皇上要和太子商量嵩山大祭一事。

韦妃没忘记三年前那次太子受封的东都之行。转眼三年过去了，她自己感觉，对皇家的花花绿绿世界少了一分新奇，多了几分理智。尤其这次再来，韦氏早已打算好了要做哪些必做的事。

像上次那样，在韦氏的要求下，太子和她在没事时常到皇上和皇后别宫中去尽孝心。但有一点让他们感到有些异样：父皇每见到儿子和儿媳都很悲伤，特别是武后不在场的时候；另外，见到父皇不那么容易，即使上报说太子求见，有时候差人也会说皇上有命，因病不见一切人，他们只得悻悻而回。几次之后，韦氏决定改变方法，先去拜见皇娘，再去见皇上，果然奏效。看上去武后对他们的举动很满意，到后来，韦氏几乎不再提去见皇上，看完武后就径直打道回府了。

高宗的病越来越重，到后来竟然由头晕到眼睛失明，由此，皇宫几乎被封闭，连宰相也很长时间见不到皇上。大臣和百姓们议论着当今圣上的病情和其他一些隐秘的传闻。

一天，从皇宫回来，韦妃向太子讲了这样一件事：听说有个叫秦鸣鹤的御医，要给父皇治病，方法是用针在父皇头上刺出点血来，病就会好了。而皇娘在珠帘后面十分愤怒，大声地咒骂："快把这个人杀了，他有意谋害皇上！"吓得这位秦鸣鹤跪倒请求饶命。听人说，皇娘好久不让御医给父皇治病了，只由她自己给父皇吃些补品，还说什么皇上是天的儿子，上天会治好这病的。你猜怎么的，后来父皇真的要求秦御医给他刺了一下，真的好了不少，看到这个结果，皇娘竟说这是上天的恩赐，给了秦御医一百匹彩缎，打发他走了。

太子听到这些话，不由一愣，直直地盯着韦妃，半晌什么话也没说。他感觉到了这其中有些问题，但他不敢相信。然而这些是从妃子的话中听来的，他又不能不信。

唐高宗弘道元年（683）十二月四日夜，浓重的乌云弥漫在东都（洛阳）上空，漫漫长空中没有一丝光亮。夜深了，远远近近的灯光在皇宫四周渐渐熄灭，只有贞观殿中灯火高照，仿佛一叶孤舟漂浮着驶向那未知的港湾。

大唐第三任皇帝高宗李治蜷缩在病榻上，双手抱着头痛苦地抽搐着，喘息也十分困难，每喘息一次之后，都要隔好长一段时间没有声息，不知从身体的哪个角落又搜集到一点仅有的力气，再艰难地呻吟一声喘一口气。几位御医站在高宗床前，手足无措地忙乱着，又不敢轻易地碰圣上龙体，因为不远处纱帘后面的武皇后在监视着他们，不允许他们停下来，更不允许御医们乱动，场面就这样持续着。

“皇后，圣上有话要说。”一位御医看见高宗向他们张嘴示意，忙去禀告。

“听他说什么。”武后吩咐。

“啊，听清了，找裴炎大人。”

很快，侍中裴炎奔入，聆听高宗吩咐。

“爱卿，我要走了，替寡人辅佐太子吧！命他在我灵前登基，遇大事不能解决，悉听皇后……”断断续续说了这些话，言未尽，张张嘴悠然远去。高宗享年五十六岁，在位三十四年，改元十四次。

太子李哲沉浸在丧父的悲哀中。自从被立为太子以来，和父皇有了更多接触，因为大哥二哥相继离去，高宗对这个三子日益喜爱；从李哲的角度来说，因为皇娘的举动太过分，除了让他惧怕以外，还有几分怨恨，转而可怜起父亲的处境来。

转眼几天过去了，一点新帝继位的消息都没有。按惯例，应该先办新帝继位仪式，然后再办丧事，国不可一日无主嘛。人们都这样纷纷议论着。韦妃更感觉到事情不对劲儿，她把这事向太子说明，太子也没什么办法。十二月七日，侍中裴炎竟宣称：太子没有继位，还没有资格颁发诏书，有紧急情况，以皇后武氏的名义，下令给中书省和门下省实施。听到这些，太子的感觉并不太强烈，韦妃却如临深渊。面对武后这个更强大的女人，她既恐惧又失望，同时，嫉妒和仇恨也就在其中萌生。

十二月十一日，大唐第四任皇帝中宗李哲正式登基，时年二十八岁。尊武氏为皇太后，一切政事全由太后做主。

二十天以后，即唐中宗嗣圣元年（684）正月一日，改年号嗣圣，大赦天下，正式封韦妃为皇后。韦妃终于当上了皇后，新的天地在她心里展开了。

皇后意味着什么？在韦后的眼里，那是一人之下、万人之上的至尊高位，有时候甚至可以说是至高无上。这些想法是她这些年来耳濡目染的经验性总结，也是她一生想方设法追求的最高目标。然而她从来没想到过，这个万人崇敬与渴望的地位会这么快地落在她头上，虽然她为此已经有所准备，那也只不过是粗略地想想，此刻她真的当上了皇后，才感到了两手空空无依无靠，身边连个近人直系都没有。而且她这个皇后又比较特殊，是处于金字塔的第三层：最上边的是皇太后，下一层是皇上，再下一层才是自己，自己下边是群臣黎庶。韦后清楚，只有皇上和自己是一派的，而在他们的上边和下边则是一面面坚强的壁垒，包围着他们，重压着他们，让他们成为形式上的当权者，却是真正的孤家寡人。

寻找心腹，这是李哲和韦后的第一个任务。想到自己毕竟是皇上和皇后，即使有太后和亲太后派的阻挠，恐怕也不会怎么样。这是韦后分析了眼下形势之后，替中宗得出的第一个结论。

但眼下还有个障碍：父皇去世以后，在自己没登基的那几天之中，朝中的高级官员都由太后委派指定了，他们是：左仆射刘仁轨、中书令裴炎、侍中刘景先。显然他们都是亲太后派，曾受帝命辅佐自己的有刘仁轨、裴炎和薛元超，前两个人没有希望成为自己的人了，而后一位，李哲对他又有反感，因为那时自己出外游猎，他常上书劝阻，后来还被父皇召进东都受了奖赏。

无奈，在韦后循循善诱的引导下，中宗把目光投向了亲族，但必须是与皇娘无关的亲族，那只有韦氏一家了，这也是韦后的最终目的。他们当然把目光最先投向了韦后之父玄贞。韦玄贞当时正任普州（治今四川省安岳县）参军

（从八品下）这个小芝麻官，升官是必然的了，让他干什么呢？太后能不能反对呢？依中宗的意见，想擢升岳父到朝中任侍中，韦后当然高兴，但沉思一刻之后，她又摇摇头，不行，一步一步慢慢来吧。

先把想法和太后说明，太后勉强允准。一日上朝，皇上下旨：加封原普州参军韦玄贞为豫州（治今河南省汝南县）刺史（正四品下）。另封原门下省左散骑常侍韦弘敏为太府卿（同中书门下三品）。

第一步试探取得成功。

十几天过去了，一切平安无事，朝中诸事都由太后决定处理，大臣们每每有事，也往往直陈太后面前，把中宗皇帝架空在一边。韦后更少有发言权，这和想象中的皇后相去太远。她认识到，必须尽快在高层官员中培植和安排自己的亲信，中宗更是完全赞同，还怨恨韦后耽误了自己第一步就把玄贞公高升的计划。因为先帝有命，令裴炎辅佐新帝，虽然中宗对他并不信任，尤其自己没继位时，裴炎竟把大权移交皇娘手中，致使自己现在这么被动，所以他把这一切都怨在了裴炎头上，但这次是提拔岳父为侍中，朝中大吏，举国之事，不能不和裴炎商量。想他裴炎也不敢说什么。之后再攻太后这一难关，总的来看不成问题。即使太后反对，也没什么，以后再寻找机会也不迟。韦后娇笑，夸奖皇上有主见，这才是她有胆有谋的丈夫。

不料，事与愿违，裴炎竟坚决反对。中宗气不打一处来，好你个裴炎，竟敢和我皇上直接顶嘴，有太后支持你能怎么样？那是我母后，大唐是我们老李家的。又想到以前他对自己的强硬态度，中宗气愤地高声指斥裴炎："我就是把大唐白送给韦玄贞，有什么不可以？又有谁敢说不行？何况只是一个小小的当朝侍中！"裴炎很识相，没再顶撞下去。

韦后听到这事，深感不妙。没办法，事情出来了，一切只有等待。她恨自己没能把皇上稳住，这么快地提拔父亲，如若惹怒太后，后果不堪设想。

中宗嗣圣元年（684）二月六日，皇上忽然接到太后通知，到东都乾元殿议事。只见大殿上群臣肃立，目不斜视，中书令裴炎、中书侍郎刘祎之、左羽林将军程务挺、右羽林将军张虔勖都在。见到这样肃杀的气氛，中宗感到十分紧张，一定有什么事要发生了。更使他害怕的是，太后在珠帘后盯着自己，默不作声。

这时候，裴炎上前一步，当众宣布训令：太后有命，因皇上徇私误国，罢黜出宫，贬作庐陵王。李哲惊讶到了极点。裴炎话声刚落，几名军士从殿角跑上来，简直是把瘫软的中宗拖下宝座。李哲吓得战战兢兢问皇娘："我有什么罪，这样对我？"只听珠帘后传来阴森的一笑，一个女人积郁沉闷的声音震颤着大殿："你想把国家送给韦玄贞，这还不是有罪吗？"

原来，裴炎挨完李哲的训斥后，马上到太后处告密。武氏便召集亲臣密谋，废除皇帝。在中宗被召来之前，羽林军已经进入宫中，一切准备就绪了，只有皇上一个人蒙在鼓里。

二月七日，武太后立李哲的弟弟、雍州牧李旦为皇帝（睿宗），国家诸事一切由太后决定。李旦偏居别殿，对朝政及一切官吏任免诸事不准过问。又封李旦妻刘氏当皇后。

至此，中宗在位五十六天，韦后也只挂名三十六天，就双双被亲娘武太后推向了茫茫的苦难岁月。

第二章

漫漫贬途多悲苦　惶惶命运任起伏

一

李哲一被拉下皇位，就失去了皇上所应有的荣华富贵。那华丽的宫殿、谦卑的奴婢、出行的仪仗、精美的供应，都已成了明日黄花、过眼烟云。他所面对的是阴霾和冷酷：人们见他不做皇帝了，虽然仍在庐陵王的王位上，仍然是武太后的儿子，却个个怀着一种落井下石的心理。李哲越来越受当朝歧视。李哲也不明白，他并没得罪谁，而那么多不认识的人却对他施以莫名的白眼和打击。他和韦氏住在一座破旧衰败的房子里，也只有韦氏和自己厮守终日。这突如其来的打击深深地击中了韦氏，她常常双眼直愣，头脑中若有所思，实际上是一片空白。韦氏一这样，李哲就觉得自己的一座靠山倾塌了，更是深深地陷入恐慌和绝望。偶尔，韦氏从哀伤和悔恨中回到现实，搂着呆坐的丈夫，说几句劝慰的话，情况才稍有缓和。

正在韦氏和李哲陷于自己的悲哀中不能自拔的关头，又有噩耗传来：皇太孙李重润被贬作平民；韦玄贞被流放到遥远冷僻的南蛮聚居之地——钦州（今广西壮族自治区钦州市）。这真如又一瓢冷水泼头，把他们平生的一线希望、一点牵挂都完完全全地摧毁了。

听说老爹要带领一家老小远行，韦氏心如刀割，她想知道父母现在都怎么样了，她想再见父母和家人一次，是自己把生养自己的父母推进火坑的，她没法挽回这种局面，但在骨肉分离的时候，她要向父母说些什么，或者痛痛快快地大哭一场。

韦氏求手下的一个熟人——一个往日对她言听计从的男侍去打听父母的行期和其他情况，不料，这位心腹竟然表现出强烈的不耐烦，韦氏此时实在拿他没办法，如果逼迫他或者处置他，那么他一定会跑到太后那里去告状，后果不堪设想。她抬起肿胀的眼皮微微一笑，说着好话，还把自己所剩不多的钱拿给他作辛劳费。见钱眼开，那人去了，还好，在焦急的等待中终于听到了一点消息。

为了方便，她换了一身打扮，装作一个女用人，随着这个男侍去和家人见最后一面。

天空中飘着雪花，阴云从远方重重地压过来，凛冽刺骨的寒风搅着飞雪胡乱地摔在人们的脸上，单薄的衣服在寒冷中鼓胀开，让瑟瑟发抖的丽人仿佛赤身飘荡在世界末日的黑暗中。远远地看见风雪中有两辆破旧的马车行进在东都郊外的路上，赶车老用人的身影一进入韦氏的视野，她立刻飞奔起来，冒风前行，在这无人监视的旷野中大号一声，乱发高高扬起。一不小心，她重重地跌倒了，但她不顾一切地在坚硬光滑的雪路上打了个滚，旋即起身，任凭冰雪沾满全身，又向那个影子跑去……

一辆车上坐着她年迈的双亲，另一辆车上坐着她的两个妹妹，她的四个弟弟韦洵、韦浩、韦洞、韦泚被迫跟着车夫和差役在雪路上艰难地徒步行进。看见韦氏跑来了，车子缓缓地停下来，老父慢慢地挪下车，斑白的头发经冷风一吹，仿佛一簇纸灰要随风散去。他眯着昏花的老眼看女儿奔来，投入自己的怀抱，两滴浊泪从干涩的眼角挤出来，滴落在女儿的衣服上，很快冻成了冰片。老母崔夫人在车上冻得抱作一团，只勉强把头移出车窗，母亲慈爱的泪如线般流下，浮肿的双眼更让韦氏不忍久看，那是老母年老而遭受灾难痛苦万分的疤痕啊，女儿看了怎能忍受得了！四个弟弟早就围上来，只默默地低着头啜泣，两个小妹妹从另一辆车子中连滚带爬地下来，哀呼着“姐姐，姐姐”，蜷缩进她们姐姐的怀抱……风儿呼啸声、号啕声、呜咽声、啜泣声、哀叹声连成一片，随着飘舞的雪花充塞在这漫漫古道上，在这东都郊外的驿路旁冻结成一个久久传说的故事。

车夫愤怒了，差弁吆喝着、谩骂着，车子慢慢地走动了，老父只得跑几步登上车，弟弟们也被逼迫转身上路，几步一回头，还有母亲那无声的悲哀和摇曳的白发，妹妹们无力地扬起泪脸……韦氏向着车行的方向长时间地跪着，结冰的头发敲打着呆滞的面颊，忽然她身子向前一倾，双手拄地大声喊：“父亲母亲，还有来日……”说完竟一头扎在路面上，久久不肯起来。

回来以后，李哲问她送行的事，韦氏只凄惨地一笑，什么也没说。

躺在漫漫长夜中，身边的丈夫在自己的安慰下唉声叹气地睡着了。她却睡不着，眼盯着漆黑的屋顶，眼前金星银星散乱地划来划去。陡然，她想起了祖父讲给自己的一件事：那个神奇闻名的相士和那相士的话语。想到这里，她好像冥冥之中受到了谁的点化，多少天来的混乱思绪清晰了：要稳，要狠。

迷蒙中，她被丈夫推醒了，感觉到自己血脉偾张，气息紧促，可能是做梦了。李哲紧紧地搂抱着她，问道：“你说梦话了，什么是‘还有来日’？”听到这四个字，韦氏把脸深深地埋进丈夫的臂弯，想把白天为父母送行的场面从自己头脑中挤出去，然而，泪水还是从她紧闭的双眼中渗出来，濡湿了李哲的胸膛。

之后几天，李哲感到韦氏变了，整个人又复活了。

韦氏确实是一个理智而坚强的女人，一旦她认准什么事，想通什么事该怎么办，便打起精神来寻找着那渺茫希望之灯在哪里闪耀，并能用一种较高远的目光和高明的手段对付现实的无奈和恐怖。

那个领她去给父母送行的男侍，因知道了韦氏的一点秘密，就开始对韦氏进行威逼，扬言如果自己一生气，就把事情说给武太后。韦氏弄清这可恶卑鄙小人的用心以后，一方面尽量多给钱堵住他的口，另一方面，把贴身的一个丫头许给他。面对这些，男侍志得意满，不但对韦氏的话言听计从，还主动为她探听消息，出谋划策，使得禁锢中的韦氏和李哲对外边的情况有所了解。

韦氏从男侍那里听到这样一件事：就在李哲被拉下宝座的第二天，有十多名羽林军飞骑战士聚在一起饮酒，他们当时都是为废黜皇上进宫的，大家头热酒酣，又提起了这件事。一位小个子眯着笑眼，旁侧着头对身边那位络腮大胡子说："真是怪，皇上还有给拉下宝座的，那场面真他妈可怕。"大胡子眼睛一瞪喊道："怕个鸟，咱们他娘的就是驴，用完了就没人管了，要他妈知道不升官也不发财，去那儿管哪辈子闲事儿？我看啊，还不如李哲当皇上好呢！"另外几个也都骂骂咧咧地跟着抱怨。酒还在灌着，话越说越没遮拦，有人小声骂上武太后几句，更有人说看李哲那面目挺和善，能不赖。席上有个家伙没怎么言语，偷偷摸摸跑到玄武门去检举这几个"叛徒"。很快武家班官员包围了那些烂醉的酒徒，押往羽林军监狱。大胡子被斩首，另外十来个人一律被残忍地绞死，告发的那个人被升任五品官。武氏还把处理经过和结果当朝宣告，公布全国。

听完这番叙述，韦氏双眼长长的睫毛闪动两下，一抹笑意从嘴角莫名地漾出来，看了一眼男侍，没说什么，点头示意让他走了。李哲只听得目瞪口呆、益发恐惧，好像自己也马上就要大祸临头了。韦氏一看到李哲这副样子，真是又可怜又可气。她无奈地走近李哲，推了丈夫颤动的肩部一下，略带一分得意地笑着说："拥护你的人还是有的。这帮贱人回过味儿来的时候，也晚了，活该。"她脸部表情又变得气愤起来，不觉咬紧牙关开始谩骂，双眼森森地眨动着。

"唉……"李哲长叹一声，愁苦地盯着娇妻缓缓地说，"那有什么用呢？即使现在大家都回过味儿来，也晚了。一切我都不抱希望了，我们还能活几天呢？"

韦氏张张嘴，想说些什么，此刻自己仿佛又被李哲的情绪感染，无言地坐到李哲身边，用粉颊慢慢地摩挲着丈夫松懈阴沉的脸。她忽然站起来，拉着李哲的手说："走，看看咱们的女儿去。"

这突然的退位，给李哲和韦氏的打击太大了，不但少了往日的闲情逸致，甚至对自己心爱的宝贝女儿也有些淡忘了。这些天来，女儿一直在侍从那里照料着，没见一面。李哲听到韦氏提醒这句话，脸上露出一点高兴，吩咐女侍把孩子抱来。

李哲特别喜爱女孩，这可能源于他在韦氏身上发现了女人的伟大，更何况这是韦氏给他生的宝贝。他抱着孩子，脸上渐渐堆满了笑，一会儿竟哼起小曲儿来逗孩子乐。韦氏偎在他们父女身边，也伸着手逗孩子，此时，这孩子冲淡了李哲和韦氏心中郁积的悲凉和恐惧，这场面，几乎是凡人们常有的，而正是这场灾难，才更让他们体味到了非皇族的平庸朴素的快乐。李哲把目光移向腹部隆起的夫人，惬意地一笑，说："又会是个女儿吗？"韦氏委婉地一笑："最好是个男孩儿，我一定好好教育他，坚强果断，长大为他父母报仇。"韦氏抚弄着自己隆起的腹部，一丝忧愁涌上眉梢，不知道是因为什么，现出很痛苦的样子。

度日如年，在被废的这段日子里，韦氏深切地感受到了。住在别殿里，或明或暗地监视他们生活和行动的人多了起来，侍从们也日益明显地找他们的别扭，这些她还都能对付和忍耐；李哲的消沉和软弱，开始时让她真有些受不了，但自己又没有办法，只得装出很有信心的样子去安慰丈夫；而最让她难以忍受的还是她自己思想的波动和情绪的恶劣，虽然在送走父母那一刻她转变了心态，但面对铜墙铁壁，阴森恐怖的外部世界，更多的时候她都是一筹莫展，看不到一线希望。此刻的她还缺少痛苦的折磨和灾难的锤炼，难道上天真要以这样的方式造就一个女人，送给风雨飘摇中的大唐？

高宗皇帝李治共有八个儿子：长子忠，刘氏所出，已被赐死；次子孝，郑氏所出，早年病死；三子上金，杨氏所出，四子素节，萧淑妃所出，均在贬所；另外四子弘、贤、哲（显）、旦，为武氏亲生；弘被杀死，贤远贬巴州（今四川省巴中县），哲又被废，旦做傀儡。

当时把李哲拉下皇帝宝座的那一刻，武氏问群臣谁可再做皇上，不料手下大臣们异口同声推举李旦，就连亲信裴炎也没能猜透太后的心。无奈，这位深沉理智的武太后虽然不满群臣，却也没有办法，她认为自己错了，这帮大臣依然心向大唐，不能成为自己——武氏天下的臣民，看清了这一点之后，她并没急于行动，而是先做了摄政太后。

每次上朝，皇上李旦或位于旁座，或者干脆不参加，武氏坐在紫宸殿的御座上，前面拉上一面淡紫色疏薄的幔帐，高高在上地俯视着殿下的大臣。看着这些鹤发鸡皮的老臣，或者年轻气盛的少臣，一律低着头谦卑地恭候着自己训话，一种优越和兴奋冲击着她这颗不平凡的女人心。殿下恭敬听命的大臣们谁也不敢轻易看那纱帐一眼，大家都只在心头保存着一个隐约的女人形象——一个凶狠的令人捉摸不透的女人。

这样，又是几个月过去了。凭感觉，武氏时时不安，深感很多事情处理得不够彻底，她那阴险的眼睛又在朝廷上下搜寻开了。首先她想到了远在巴州的前太子李贤。她一直派人严密监视着李贤的举动，四年以来没有什么反应，前不久武氏得到心腹传来的李贤的诗一首——《黄台瓜辞》："种瓜黄台下，瓜熟子离离，一摘使瓜好，再摘使瓜稀，三摘犹自可，摘绝抱蔓归。"读完诗，武氏一笑，心里暗说："好小子，你还敢对老娘不满？"马上，她派左金吾将军以"检查故太子住宅，防备外来侵犯"的名义前往巴州，令李贤自杀。很长时间之后，朝中上下才知道李贤已死。

李哲和二哥李贤的关系很要好，想到当年二哥远贬巴州、自己被立为太子的时候，那惧怕恐怖的心情，至今仍心有余悸；这几年，虽然自己时常思念二哥，却也没有办法；听到二哥真的被杀害了，他深深地痛苦着。但这痛苦马上又转变为恐惧：这回该轮到自己死了。虽然韦氏说着宽慰的话，但李哲明显能看出爱妻不像前些日子那样有信心了。

不错，武氏下一个目标就是李哲。考虑再三，李哲她是了解的，相对来说是没有威胁的；韦氏又那样言听计从、善解人意，这位杀人魔王终于没下杀手，而是命李哲速去房州（治今湖北省房县）。

再下一步，武氏以全部精力搜罗"人才"，精心组建她的武家班人马，以待来日。

听说要把自己押解出京都，韦氏先是一愣，她怀疑这是否是事实。逃离京都，远远地躲开太后，韦氏曾经这样想过，但是她清楚，那不可能。武太后是什么样的人，她清楚；李哲和自己为什么没被杀害，这其中的原因她也猜出个大概，但她从来没想到武氏会放他们走。她曾经断定，如果武氏不杀他们，就会把他们摆在自己身边严加看管，让李哲和自己不死不活地了却余生；往好处想，也只能是武氏死后，天下又归李家人掌握，他们才有可能重见天日。不料，事情竟意想不到地这样发生了。

惊讶之余，凭敏感，她意识到下一步路大致会怎么样。她想到了其间的坎坷和艰苦，但又不能不暗自庆幸，首先庆幸武氏对李哲和自己采取了比较宽松的政策，给他们留了一条比较长的生路。另外，离开京都，毕竟山高皇帝远，你武氏再派人监视，也不比在你眼皮底下那样朝不保夕。而且，在有可能的情况下，他们还可以见机行事，当然这个可能性不大。

李哲的反应却只有悲伤。尽管前一段时间自己一直苦居别所，但毕竟离太后近，说不上哪一天皇娘良心发现，又对自己好起来也有可能。他的心里一直存在着这种幻想。与这种幻想相对的现实，是他时时认为自己要像哥哥们那样被杀害，他就在这或恐惧或幻想中生活着。离开京都远去，这意味着皇娘对自己的永远抛弃，尤其离开时间越长，母子的感情就会越淡漠，自己被重新起用的可能性就越小。直到听到皇娘的这个命令，他才真正伤心犯愁，甚至比自己被人从皇位上拉下来还难过，因为这才是皇娘最后下的狠心。李哲这样胡乱地想着，恐惧着。

唐睿宗文明元年（684）四月二十二日一早，当差的官吏和仆役就赶到了李哲住所，催一家人火速启程。

四月的东都，春意袅袅，草儿们应节气吐出鲜艳的绿色，给冬天画上一个完满的句号。树们也伸展枝干，在微风中轻摇着又焕发了青春的躯体，沐浴着自然界和谐的春光；燕子们欢快地在宫殿中出出入入，点缀着这皇家建筑的一派豪华。在这样美好的季节里，李哲这位当朝太后的亲生儿子却被官吏们押送着，到偏僻荒凉的远方去。多愁善感而又软弱胆小的李哲在将行的忙碌中流着泪，无奈地叹息着。韦氏简单地打点了行囊，挺着高耸的腹部和仆人一道安顿着将行的一切，又一边打点差役，多方周旋。

马车辘辘地起行了。几个月之前还称帝称后的他们，如今只随身带着极少的一点东西，一家三口人坐在一辆车里，踏上了遥遥的未知之路。来到东都城外，韦氏愣愣地看着这条似曾相识的路，她央求差役停一下车，走下车来，望着茫茫远方，突然间颓然瘫软在道上。她想起来了，这正是几个月之前父母踏上的路，如今二位老人家都怎么样了呢？她欲哭无泪，老人家啊，你们可曾知道，女儿今天也步你们的后尘了。一种破灭感袭击着她，使她依然年轻又身怀有孕的身躯难以撑持。李哲惊骇地跳下车来，扶起妻子，车里边的女儿大声哭喊着，他们又重新挤上车，一家人幽咽地啜泣着，随马车摇曳在南行的驿路上。

虽然房州距东都并不太远，但河流阻隔，山路坎坷，人烟稀少，行进极为困难，一天也走不多远。第三天，又下起大雨，更加难行。挤在车中的韦氏感觉到腹中疼痛剧烈，开始她闭着眼睛忍受着马车的颠动和疼痛，后来渐渐地受不了了，外面淫雨沥沥，车行半路，怎么办？她狠狠地握紧李哲的手，压抑着自己的痛苦，但呻吟声还是越来越大，渐渐地竟变成了喊叫。车夫和差役听着都不忍心了，停下车，但没有一块干爽的地方能容韦氏躺下来。他们勉强到了山坡下的一棵大树底下，有一块已经淋湿的石板，韦氏仰躺下去，痛苦地抽搐着、呼喊着，李哲在一边手足无措，只有随从的两个女仆忙乱地应付着。好长一段时间，孩子才生下来，闪电和惊雷笼罩下的这几位特殊的犯人才算放下心来。女孩哇哇地哭着，这可怜的小生命在这阴雨的天气里连一点穿的东西也没有。李哲和女仆在随身携带的几个小包中胡乱翻着，没有。无奈，李哲脱去外衣，盖在瘫软的妻子身上，又把内衣脱下来，把女婴裹在里面取暖，这是一个何等多灾多难的小生命啊！因此，李哲给她起名叫裹儿（即后来的安乐公主）。

车又启程了。韦氏软软地躺在李哲腿上，他双手抱着女婴，一股股悲凉猛烈地撞击着他。此刻，他并不感到委屈，竟然有一种强硬的复仇情绪在他思想深层慢慢滋生，他很惊讶，却又努力辨认着这是什么，想明白了以后，他又胆怯地压抑着这种心理，生怕自己喊出一句“妈的”被人听见，被人揭发而生事。

这个小女婴特别能哭，李哲抱着她，她小小的身子一耸一耸，那意思是要进入韦氏的怀里。韦氏接过来，她还是哭个不停，眯着的小眼睛向父亲眨动着，小腿一蹬一蹬，又要回到父亲那里去。就这样反复着，在谁的怀里也安静不下来。只有在外面雷声大作的时候，她才稍稍停下来，甚至有时听到轰隆隆的雷声不但不害怕，还会张开小嘴笑一下，雷声一停，又号啕起来。

好不容易到了房州。

房州地处汉水上游，在大巴山脉东侧的山地上。当时这里人烟稀少，动物们在高山与低地之间徜徉，见到人不但不害怕，有时还会向人发起挑战。在那茂密的树木和凶猛的动物包围之中，人显得太渺小了，生命时时受到威胁。虽然唐政府在这里也设州置县，但当地的土著风习改变着后来的移民，尤其这里的官吏，更是独霸一方，顺其者生，逆其者亡。

来到这样生僻的环境，连随行的女仆都感到不适应：东都的繁华和文明与当地的落后愚昧比较起来，让这些“文明”了的人们心里产生好奇，更产生恐惧。

裹儿的哭声很少停下来。不知是谁透露了这伙不速之客中有个女婴特别能哭，当地的巫师们以主人的姿态找上门来，要求给孩子治病。初来乍到，李哲他们只好依从了“主人”的好意。

众多的巫师们焚香设坛，符咒贴满李哲一家的临时住所，看热闹的当地人很多，几乎全城出动，堵在门口和窗口。一位黑衫黑裤披着长长白发的老女巫，由两个同样打扮的年轻女巫扶着，缓步挪上法坛，坛下鼓声大作，不知道什么乐器都一齐拉响吹响弹响，节拍由慢而快，到后来竟变成杂乱的噪响，只知有雷般的轰鸣，听不出是哪些乐器在咆哮在破碎，而个个巫师仿佛都进入了状态，手忙脚乱摇头晃脑，好像在以集体的力量威吓着什么，或者以献身的姿态邀请着哪位神圣。正在这些外来客耳热心乱、六神无主的迷茫和恐怖中，突然，鼓声骤停，一种摧毁世界的空白笼罩着所有在场的人。

片刻，年老女巫缓缓地说：抬上猎物。

有个小女巫跑到韦氏母女身边，操着怪异的口音，做着手势，让韦氏把裹儿抱过去，放在老女巫高坛前的小方桌上，并命令韦氏跪在旁边的红布垫上。

只见老女巫拱起身，手抄木制宝剑，大吼一声，随剑而舞，白发披散开，摆出一副仙人模样，坛下两边的巫师们哼着起伏尖锐的调子，哄抬着这位白发的老剑神。奇怪的是，小裹儿不哭了，睁着小眼睛看热闹，有时还咧嘴笑一笑。一旁韦氏胡乱地跪着，任人摆布，心存一线为孩子治病的希望和企盼，而更多的还是气愤和无奈。

仪式一段一段地进行着，过了好长时间才结束。韦氏被女巫们拉起来，走到白发女巫的身边听结果。只见老女巫面颊涔涔流汗，气喘吁吁，盯视着坛下的小女婴，没说什么，只是摇摇头。小孩又尖声哭起来，而且哭得更凶了，仿佛这看热闹的工夫，体内又蓄进了更多的能量。

这时，老女巫走下法坛，轻轻地抱起婴儿，高高地举过头顶，自己衰老的身子慢慢地跪下来，只见坛下众多的巫师一齐跪倒，面对香火，虔诚地膜拜。老女巫先站起来，放下女婴，叽里呱啦地向众人说着什么，大家都肃然而立，恭敬地注视着女婴。老女巫又走到呆看着的韦氏身边，微笑着点点头，边指点着小孩边对她说些什么。下边一个女巫过来解释：此娃为仙灵凡祸，也就是说，她是仙界的一个大神下凡，如果到凡间就要祸国害家，大师要收她做弟子，好好培养她。

听到这话，下边的李哲慌忙跑上来，连摇头带摆手，口里喊着：不行！又跑到坛下，抱起女婴亲起来。

巫师们恭恭敬敬地退去了。

第四天，东都太后命令传到，令他们转移到均州（治今湖北省丹江口市）。差役们押着这一家人又上路了。

均州位于房州的东北方向，汉江流经此地，向南一泻千里，这里地势较平坦，加之有水路陆路上交通的方便，城市人口较多，经济也比较发达，朝廷对该地的控制比较严格。可能正因为这后一种原因，东都的武氏觉得把李哲流放到房州这样的荒僻之地，撒手有些太大，往往会有鞭长莫及的危险，而均州就不同了，自己可以稳坐东都，又能对李哲实行尽可能的有效控制，万一有变，完全可以应付。

不管武氏怎样考虑，韦氏和李哲只有任凭太后的命令把自己挪向任何一个地方。到均州，条件有所改善，他们一家人住进故濮王李泰住过的宅子。

这位濮王李泰不是别人，乃是唐太宗李世民的次子。贞观十七年（643），太宗长子、太子承乾密窥皇位，事发被贬为庶人；接下来是再立太子问题，按长幼次序，应立魏王泰，而此时的李泰不是稳坐求立，而是大睁了双眼，一方面盯住太子位，一方面对其弟李治进行防范，再加之长孙无忌、房玄龄、萧瑀、李世勣等大臣支持晋王李治，太宗才改变了主意，立治为太子。为了避免内乱，又把承乾流放到黔州，泰就流放到如今李哲所在的均州。

对这位族伯公的故事，韦氏以前曾经听李哲给她讲过。当时，她还暗笑这魏王的草率和幼稚，如果他能稳住自己，充分地了解当时的情况，伺机行事，也不至于有那个结果。脚上的泡都是自己走的，赖不着别人什么事。而她万万没想到，今天丈夫和自己竟然滑稽地来到这位先王的故宅，同样被人监视，同样过着流放贬谪的生活。

想到这位李泰后来被封为濮王，但仍然没能改变处境，又流徙到别处，没过几年就病死在贬所里。看着濮王宅中的建筑和陈设，不知要好于自己多少倍，显然他的处境要比自己现在强许多，而结果竟还是那样的。此时，韦氏的心如悬五里雾中，浑浑噩噩，不知道何处是终点，不知道可否有那个天天为之期盼的“来日”。

看见娇妻面对着墙壁发愣，李哲走过来轻轻碰她一下：“我们应该高兴啊，这里比房州的境地强得很多很多。”韦氏回过头看李哲一眼，丈夫瘦弱的身躯又消瘦了许多，她微微一笑，点点头，投进李哲的怀里。

“这是濮王的故宅，我们现在是庐陵王啊。”韦氏顺嘴溜出了这句话，马上停下来，没再接着说。理智告诉她，别跟李哲提濮王这个话题，看见丈夫因环境改变有些高兴的样子，不知是什么心理——一种理智很难把握的心理，使自己说出了这句话。

果然，李哲环抱着自己的双手慢慢松开了，细细地品味着韦氏的话，呆呆地立在那里。

几十天转眼过去。平日琐居无事，李哲只逗逗女儿，或陪她们玩耍一阵，尤其对小女儿特别喜爱，这孩子也特别早熟，一看见父亲来了，就努力抬起头向他哭。李哲觉得孩子出生时是那样惨，真有些对不住她，怜悯心和父爱混融在一起，占据了他此时的心情和乐趣。

韦氏努力探听东都的消息。相对以前来说，现在他们是安全的，韦氏清楚；但她在稍稍安定之后，又注视着外界环境可能发生的变化，力图改变现状或应对新事情的发生。偶然有一天，她听人说，高宗皇帝李治的灵柩被送往长安（今西安市）了，随行的没有一个李氏近亲，只有礼部尚书武承嗣，在接任太常卿以后，由他前往主持安葬。听到这些，韦氏灵机一动，自己何不这样办！

这些天以来，她看到李哲因远离了太后，环境相对来说宽松了一些，也就把现在的艰难境地漠视了一些。她想让丈夫清醒起来，把这件事跟李哲说了，并主张一家四口人偷偷地给亡父高宗开个追悼会，举行个简单仪式，以便教育两个孩子。李哲当然听从。

一张简单的小几上，摆着几个馒头，碗中插着三炷香，摆在馒头的旁边。韦氏和李哲双双跪下，还站不稳的小女儿趴在李哲一边，另一个女儿跪在韦氏身旁，面向着长安的方向，一起一伏缓慢地磕着头。韦氏嘴里念念有词：“皇考高宗天皇大帝，李家子孙正值遭难之际，没人陪你远行，请原谅我一个女人家宣布：您喜欢的儿子，您希望所寄的皇太子李哲，带领一家人给您磕头了。愿皇考大人在阴间保佑您的儿子，让李家天下走向有序和兴旺。您的儿子李哲时时都会记念着您的遗嘱，不会忘记眼前这一切，如果他办不到这些，愿任凭皇考大人严惩。我们不能亲自到您的陵前，原谅我们吧，我们是您落难的后人。太孙重润不知所去何方，这是李家的根，愿您保佑他；不见您刚满岁的孙女儿，也在为您祝祷。愿皇考大人安息……”

一边的李哲早就以泪洗面，泣不成声，但他一直机械地磕着头，越来越响，额头已经红肿沁血，怎么也不肯起来……

韦氏这个眼光高远理智机敏的女人，时时用类似的方法刺激着李哲易于怠惰的情绪，让他和自己一道保持清醒，坚强地活下去。

二

最近一段时间，与以前相比，李哲的胆量大了许多，每当他和韦氏谈起发生过的许多事情，往往很气愤，有时还当着韦氏的面数说武太后的不是，表现出愤愤不平的样子。

此时的东都，太后武曌正大张旗鼓地组建她的武家班人马。已高升为礼部尚书的武承嗣，是武太后从兄的儿子，他有幸攀上了这位万能的表姑，积极出谋划策，力求讨得武曌欢心。很早以前，他就请求过武曌，让她加封武家祖庙，因为时机没成熟，暂时放下了。到了睿宗文明元年（684）九月，武太后下令改年号为光宅元年，并更改旗帜颜色为金黄色，东都改称神都，同时对政府机关名称进行了调整。尚书省称文昌台，左右仆射称左右相，尚书省下设六个职能部门的长官分别称为天官、地官、春官、夏官、秋官、冬官，门下省称鸾台，中书省称凤阁，侍中称纳言，中书令称内史，御史台称左肃政台，等等。看见自己的这一项项措施都得以实施，她才最终决定封武氏七庙，对列位武氏先人加授王爵，享受和皇家同样的封号。

对武曌的这些举动，朝野之中有许多人不满。针对武曌封祖，裴炎多次面谏，表示强烈反对，触怒了太后。另有许多人因不满武家班而遭到贬谪或流放。眉州（治今四川省眉山县）刺史李敬业（徐敬业）被贬作柳州（治今广西壮族自治区柳江区）司马，其弟周至（治今陕西省周至县）令李敬猷（徐敬猷）被免职，给事中唐之奇被贬作括苍（治今浙江省丽水市）令，长安主簿骆宾王被贬作临海（治今浙江省临海市）丞，太子宫詹事司直杜求仁被贬作黟县（治今安徽省黟县）令。不久这些人在扬州会面，大家都怨恨不平，密谋发动兵变，推举李敬业为反叛首领，以拥护李哲复位作为号召，仍称年号嗣圣元年，十天之间，就集结兵士十余万人。

消息传到遥远的均州，正值李哲被韦氏激发起郁愤不平之气的时候，听到这个情况，他几乎是摩拳擦掌，主动和韦氏商量，派人和李敬业等人联系，并想到一定时机时，亲自前去坐镇。刚听到这个消息，韦氏眼睛一亮，心中大快。但她马上又摇摇头，心中暗想：形势是不错，可李敬业等人是遇难而发，并不一定真拥戴李哲，恐怕他们靠不住；另外，武太后不是白给的，起事的成功可能性极小，万一不成功，一切就全完了。她这样向丈夫分析着。

韦氏心中也十分矛盾。听到武太后易旗和改官称，她没想太多，但一封武氏七庙，她预感到大唐落到武氏手里已成定局。尤其听到那么多大臣被处置，偏居外地的她真有些心灰意冷。群臣起兵，对李哲来说倒不失为一个好机会，该让这一线希望徒然在眼前闪电般地划过吗？在混乱无序的境况中，权衡事情的轻重安危才更能见出一个人的素质优劣，韦氏最后决定稳住自己和丈夫不动。历史证明，韦氏这个决定是极其英明的。正如她所考虑到的那两种可能，到后来，李敬业没能率兵直捣东都，而是先找个窝，想凭借金陵（今江苏省南京市）的王气，成为真正的叛徒；武曌确实没轻易放过他们，派大批军队围剿，叛乱不久就被平息了。

听到兵败的消息，韦氏深深地出了一口气。多么危险，只一步之差，就会身首异处，全族毁灭。她也为自己的理智自豪，在实际环境的磨炼中，她日益成熟了。

还在李敬业等人聚众起兵的时候，面对动荡不安的局势，武曌召集君臣问计，中书令裴炎直谏道：现在人们思念李哲，聚众而起，各地都暗藏着暴动，目前最好的办法就是召回李哲，重新复位，国乱才能平息。这位受高宗临终委托，又亲手把李哲拉下皇位的武家班命臣，不知道是看透了什么，还是真的为武氏着想，又惦记起废帝李哲来。武曌一听这话，气不打一处来，上次封武氏列祖，你裴炎就出来横加阻拦，这次又想让李哲复位，这不是纯想和我武氏过不去吗？积怒在心，正巧，一班以揣摩武曌心理为能事的武家班人马，正眼气裴炎的高位而没有办法，便乘机告状，说裴炎要谋反无疑。武曌一气之下，命人将他推出都亭，斩首示众。之后，又流放裴炎的侄子裴伷先到岭南。

听到裴炎被杀，韦氏和李哲既感到痛快，又十分纳闷。深思之后，韦氏回过味儿来，心中暗忖：老娘的屠刀可能要无情地挥动开了！

几十天以来，韦氏一直生活在紧张之中，提心吊胆地密切探听着事态的发展。一日，太后使臣忽至，听到去接旨的传告，谁也不知道是喜还是忧，然而，在这多难之秋，哪来的喜事呢？李哲和韦氏的思绪都迅速地由幻想转向消沉，难道灾难这么快就临头了？

听到钦差宣布：太后有旨，令李哲一家再去房州。两颗高悬的心才落下了。

事后沉静下来，韦氏暗想，虽然这次逃过一劫，但很显见，太后还是密切地注视着李哲和自己的，想到这里，一种沉重而无形的压力在她心头堆积起来，让她深深地长叹一声。太后为什么又让自己和李哲回到房州呢？难道这将近一年的均州生活，让她发现了我们的所思所想？难道均州有什么利于我们行动的地方，让她时时放不下心来？一个精明理智的女人在暗暗揣测着另一个更狡猾更强大女人的心态，百思不得其解，只得无奈地摇摇头，陷在无边的荒凉和寂寞里。

武则天垂拱元年（685）三月十一日，庐陵王李哲一家又被押解回房州。

这次回来，韦氏和李哲有一个明显的感觉，房州的州府诸官，比他们第一次来时更严厉了。很显然，武曌在这里给韦氏和李哲加了更大的砝码，这意味着他们今后的生活将更加艰难。

果不出韦氏所料，从此以后，房州官吏和看管他们的人，严密封锁外界信息，平日无事，不准他们任意外出。而且还在韦氏手下有限的几个侍从中安插了暗探，甚至连日常的谈话，也会传到这些官吏耳中。一天一天，就这样他们过起了纯囚犯式的生活。

韦氏是一个不脱离现实的女人，因为她有幻想，所以一被监视和禁锢，她就有一种发疯的感觉。这个特殊的女人不是一味地抱怨现实，而是想尽一切办法去改变它。从东都带来的那个男侍，可以说成了她的真正心腹，即使是被房州诸官后安插到身边的侍从，很多也都被她收买了，甚至有个别的地方官，也渐渐地对他们产生了同情和信心。因为具备了这样一些条件，东都发生的一些大事，韦氏和李哲多少也能有个了解。这一段日子，韦氏和李哲就把拉拢收买侍从，探听东都情报，分析当朝状况作为生活的主线。韦氏这位工于心计的女人，就这样用她的智慧，坚强地消磨着日月。

很久以来，韦氏听说太后身边有个叫冯小宝的和尚，这个原先在东都街头卖药的壮汉子特别受到太后宠爱，可以随便出入宫禁，在朝中飞扬跋扈，甚至连太后身边的红人武承嗣、武三思都像家奴一样给他牵马，臣民怨声载道；还有一个来俊臣，蓄养了一批流氓地痞，专司谄媚告状，陷害忠良，官越做越大，朝中被他们搅得乌烟瘴气，举国不正。听到这些事，韦氏沉沉地暗笑一声，轻轻地咬着嘴唇，觉得轻松了许多。

时间转眼到了武则天垂拱三年（687）九月。一天，韦氏正和李哲在屋里逗小女儿取乐，仆人忽然进来禀告：刺史大人有请。一听是房州刺史要见自己，李哲感到事情不妙，因为这位刺史大人一向对李哲一家十分苛刻，许多生活中的障碍都是他设置的，但自己又真不敢得罪他，如果他向老娘武太后说自己的坏话，一家人就要吃苦，甚至可以说，李哲的头也掌握在这位刺史手中。

李哲胆战心惊地来到州府大堂，规规矩矩地站在下面听候问话。

“李哲，你可知道犯了什么罪？”

“不知道。”李哲瑟缩着老实答道。

“你认识杨初成？”

“不认识。”

就这样，在紧张的气氛中有问有答。经过反复审问，刺史大人才放回李哲。

李哲被叫走以后，韦氏马上多方面了解情况，看出了什么事。原来，在本月十九日，虢州（今河南省灵宝市）有个叫杨初成的，宣称自己是贵族征兵府郎将，假传圣旨，在街头招兵买马，声言要前往房州，迎接庐陵王李哲复位，结果事败被杀。

两个人虚惊一场，久久不能平静。李哲愁苦着脸问韦氏："以后如果再有这样的事，皇娘相信咱们也参与了，那可怎么办呢？"

韦氏害怕的也正是这一点。

类似的事情果然又出现了。

面对武家班诸人的猖狂，以及武曌明显的夺位野心，李姓皇族诸人不断起来反抗。武则天垂拱四年（688），李渊之孙李譔联合李治之子、越王李贞，谋划起兵，很快，李贞之子李冲（琅琊王）募集军队，以拥护李旦，排斥武太后专权为名，大兴兵马，但不幸很快失败。之后一年，又有李渊之孙、道孝王之子李硂密谋兴兵，以迎立被囚禁的庐陵王李哲为名，结果也死在武曌的屠刀之下。

武曌一方面为了平定李姓诸王的叛乱，另一方面，更为了自己登基称帝做准备，大杀特杀李姓皇族，仅从公元 688 年到 690 年，这近三年的时间里，武氏屠杀李姓皇族如下：

唐太宗李世民之子越敬王李贞；李贞之子琅琊王李冲；李贞另外两子常山王李茜、幼子李规。李渊之子韩王李元嘉、鲁王李灵夔，李元嘉之子李譔、李谌，李渊之女常乐公主，虢王李凤之子李融，李渊之子李元轨，李元轨之子李绪，蒋王李恽之子李炜，道孝王李元庆之子李殴，零陵郡王李俊，黎国公李杰，蜀王李璠，纪王李慎，东乎王李续，郑王李璥，义阳王李琮，楚国公李睿，襄阳郡公李秀，梁王李献，建平郡王李钦，舒王李元名，豫章王李亶，泽王李上金，许王李素节，南安王李颖，等等，总计达几百口之多。至此，东都的唐朝李姓皇族几乎全被杀光，年幼体弱的被流放到岭南（大庾岭之南），继之又杀害了李姓亲朋数百家，武氏的世界终于性质单一了。

武曌这个杀人女魔王几年来的狂砍乱杀，吓得偏居一隅的李哲终日惶惶，韦氏也深惊于太后的凶狠，甚觉生死咫尺之危。

那位受武曌之命，严密监视着李哲一家人的房州刺史，仿佛是韦氏和李哲透视外界的晴雨表。武曌每次有大的举动，这位长官便明显地加紧防范。最近一段时间，韦氏发现他改变了策略，不是像以前那样呼三喝四，有事以命令的方式调派李哲前去，而是采取一种较温和的态度，有时还到韦氏和李哲的住所来看一看。韦氏也没弄清楚，是他想通了，先为自己留条后路，还是采取了另一种更隐晦更狠毒的监视手段。

一天上午，李哲和韦氏正恭敬谨慎地陪刺史闲谈，这时，侍从走到韦氏身边，小声说着什么。不料，门一开，走进两位衣衫褴褛的年轻女子，看那装束，可见她们已经饱受生活的煎熬和路途的磨难，都是有气无力，给人的印象是乞丐中的下品。看见韦氏，她们二人翻身跪倒，痛哭流涕，呜呜咽咽说不出话来。见此二人，韦氏全身一颤，头一晕眼一花，勉强坚持住了，静定那么一两秒钟，只见她满脸堆笑道："二位请起，天灾之年，民不果腹，但当今圣上正千方百计为万民着想，困难早晚会过去的。你们二人先请到后堂休息，虽无好饭好菜，供你们一顿饱饭还是我们应该做的。"她回头示意侍从，把两个乞丐扶进后屋用饭去了。

刺史一走，韦氏三步并作两步，急奔后堂，看见那两个正在狼吞虎咽的女叫花子，失声痛哭，跌跌撞撞地奔过去，扑倒在二人的肩背上，泣不成声。两个花子抛开饭碗，瘫软地堆在地上，三个人滚作一团，尽情地号叫着，尽情地倾泻着久久郁积于胸的热泪。这两个女叫花子不是别人，正是韦氏的两个妹妹。

好半天过去，韦氏才想起来问发生了什么事，断断续续地听妹妹哭诉完，韦氏身体一晃，昏死过去。两个妹妹的泪已哭干，嗓子已经沙哑，只是疯狂地用力摇撼着姐姐。

原来，父亲领着一家人长途奔波到钦州以后，就染病在身，加之钦州各级官吏对老父的欺压和迫害，病情日益加重，最后终于抛下孤儿寡母弃世而去了。当地有个叫宁承的官吏，凭老资格，在当地很威风，他参与了对韦氏父亲的陷害。见韦玄贞已去，宁承兄弟又心生恶意，想要霸占韦玄贞之妻崔氏，崔氏宁死不从，最后，不幸被他们杀害。四个哥哥韦洵、韦浩、韦洞、韦泚也相继受迫害死在钦州。两个孤弱的女子，叫天天不应，叫地地不语。无奈，只有一线希望——去投奔姐姐。在那世态乖张的境况中，两个未见过世面的女孩子风餐露宿，吃尽了千辛万苦，多次面临饿死累死的危险，多方打听，最后总算找到姐姐，她们唯一的亲人。

李哲在一旁也早已泣不成声，他劝韦氏："只要我们能活下去，两个妹妹就能活下去……"韦氏成了泪人，呆呆愣愣的，不能思维不能言语，有时还傻笑几声，更多的时候是一个人流泪。过了好长一段时间，她才渐渐恢复过来。

只有妹妹是她的亲骨肉了，自己一定要用生命保护她们，但让她们待在这里安全吗？更重要的是，她们俩的到来会不会影响李哲和自己的未来大局，以至于全部毁灭？考虑再三，她终于做出决定：妹妹们不能长期在这里待下去。

刚刚有些恢复过来的妹妹又启程了，到长安去找族亲寄生。看着妹妹们远去的背影，韦氏仰天长叹一声："天啊，可要绝我？父母大人在上，保佑孩儿吧，可有明日？"她跪倒在地上，久久地祈祷着。

却说东都的局势还在发展着，武家班人马逐渐齐备，这帮无耻的阿谀谄媚小人，竞相变换花样，丑态百出，去讨好这位年长而不老的女人。武曌也确实对这样的人高抬贵手。在李姓皇亲或被残酷杀戮，或被无情流放的情况下，却有一位李姓人物成了武氏的红人，她就是唐高祖李渊的女儿，号称千金长公主。这位长公主灵巧至极，谄媚至极，不但不记恨武曌对本家的迫害，相反，却主动请求要当武太后的女儿，而实际上她是太后的姑妈。武曌竟然高兴地应允了，依公主的要求将其改姓"武"，并加封她为"延安大长公主"。

下边的各级官吏和各色人等也是竞相讨好武太后。武则天载初元年（690）九月，侍御史傅游艺召集关中（今陕西省）九百余人，前往皇宫呈递奏章，请求废除唐朝，建立武家的周朝，并建议现任皇帝李旦也改姓"武"。沉着冷静的武曌没准奏，却加封傅游艺为给事中。见此势态，举国哗变，当朝的文武百官、皇亲国戚、东都及各地人民、四方蛮夷首领、和尚、道士共计六万余人，响应傅游艺的口号，纷纷上疏武曌。后来，皇帝李旦也上疏请求改为"武"姓。时机终于成熟了。

这年的九月九日，武太后准奏，登上则天门城楼，大赦天下，宣布周朝建立，更改年号为天授元年。继之，百官向武氏献上尊号——圣神皇帝，罢黜李旦，改姓"武"，命皇太子李成器为皇太孙。至此，大唐建立七十三年，经五任皇帝，平静地转到武氏手里。经过多年惨淡经营，武曌终于在她六十七岁之年登上了真正的皇帝宝座。

东都发生的一次次变故，不断传到韦氏和李哲那里，两个人整天忧心忡忡地生活着，而赐死的命令一直没到来。武曌建周登极的消息又传来了，虽然是在韦氏预料之中的，但她还是大大地震惊了，觉得深藏自己心中的幻想被击碎了，生命陡然没了着落。李哲听到这消息的反应却不同。这一段时间以来，他时时感到要大祸临头，以前被韦氏精心培养起来的那点勇气，短时间内就被瓦解得片甲不留。他并没有什么幻想，甚至一想到那个高高在上的位置就有些害怕，他也不为了什么荣华富贵，他只想活着，更清楚地说，他只害怕死去，尽管他不清楚活的是什么。听到老娘登上了皇位，他既不气愤也不惊讶，相反，竟觉得从此老娘便会放过自己了，更多了一份安全感。看见长公主和弟弟都改了武姓，并由此受到保护，他想到自己也应该求此保护，把想法和韦氏说了。她深思片刻，长叹一声："唉！难道你们李姓真甘心灭绝吗？再者说了，太后为什么留着我们？可能最看重的就是你的唯命是听，你老实，所以才对你放心。如果我们现在出头请求改姓，太后看见你还有想法，就会改变看法，那就难办了。咱们和长公主不同，她对皇位没有威胁，也和李旦不同，太后需要立这个牌位，挡国人的耳目，而我们现在处于什么位置？"

李哲听信了韦氏的分析，没有行动。

无论怎么宽慰李哲，静下来想一想，韦氏自己心里也没有底，而且越想越怕，仿佛灾难马上就要降临。她实在琢磨不透太后的心理，这么想，太后放过了李哲和自己；那么想，太后的屠刀又迟早会落在一家人头上。她反复思考着，在外面杀机四伏的情况下，她自身经历着痛苦的折磨。韦氏也不是个理智到能分析一切、看透一切的女人，在困难和危险面前，她也会陷入矛盾和迷惑，甚至有时陷得更深。但她高出一般女人的地方在于，即使陷入多么沉重的灾难，经过痛苦的思考和斗争，她都能迅速地跳出泥潭，找到一种求生的路子和方式。面对眼下的情况，她又想开了，这次又不同于往次，是一个执着于自己幻想的女人，突然抛弃一切幻想，甚至是即使知道自己会遭到杀害，仍任由事情自然发展的放任。她轻松了，她解放了，没了明天的沉重，只以一口气生活在今天，生存在此刻。

韦氏的思想一向这个趋势发展，她再审视丈夫李哲每天惊惊惧惧、患得患失地生活着的时候，便感觉到既可怜又滑稽，甚至对一个男人的这种表现，从心里感到一种不屑和嘲笑。

李哲的胆量确实更小了。只见唐朝的影子牢牢地被武皇的周朝挡住，想想自己，正是那个远去朝代的残渣败滓，早晚都会被清除的。想到周政权是由老娘一手建成的，一方面心中存在着侥幸，自己理所当然地成为周朝的臣民；另一方面，他深知老娘的处事风格和脾气，偶有不顺，灭掉自己如探囊取物。所以，李哲是痛苦的，因为他想要活下去，而这个环境又逼迫他走向死亡的方向。他可以想尽一切方法去求生，当然丧失人格也不在话下，但目前他却什么办法也没有。他想求得个好结果，那不可能；想摆脱这种境地，那更不可能。此时，生命的全部流程表现已成了争取生命的形式，具体地说，表现为时时刻刻的忧虑感和死亡感。

千里之外的周朝皇帝武则天，痛痛快快地过着皇帝瘾，可以杀任何人，可以做任何事，可以大兴土木，也可以封自己祖宗，百官为之低头，万民为之顿首，是真正的万人之上——女人的一次伟大胜利。

但是，无论武曌怎么杀人，她对当朝政事还是投入了较大的精力，这包括了一些政策的实行，也包括了对一些忠臣的任用。国家甚大，诸事庞杂，作为那个时代那样环境中成长起来的女人，一些事情做到那个程度，确实不易。

对房州的李哲一家，武曌也时不时派人去了解情况，另外，朝中每一有什么大事，敕令一发，房州也会有使臣来到。所以，从东都前往房州的使臣连绵不断。正是这些东都老娘派来的使臣，一次次恐吓着胆小如鼠的李哲。往往是一听到有使臣来，他便周身抖作一团，有时还会苦着脸默默地落泪，更多的时候，他却钻到韦氏的怀里，仿佛船遇风浪一样，前往港湾避难。韦氏真是哭不得笑不得，搂着可怜兮兮的丈夫劝解着。

韦氏想通了之后，一次，东都又有使者到来，李哲又吓得不得了，韦氏轻推开李哲，带着三分激愤说："爱谁来谁来，祸福先天已定，该死怕也没用，不该死谁来了能怎么的？别怕，咱们认了。"果然，一次次都平安无事。在韦氏的引导下，李哲的心慢慢放开了，同时，李哲也越发增加了对韦氏的信赖和依靠，打发着一个个越来越轻松的日子。

人一旦被环境所逼，看破了生死，并将之放在一边，心中又没有幻想的勾引的时候，那么，他一定会回到现实的生活中，从那里寻找与时间同在的孤独与乐趣。而对韦氏和李哲来说，这样的选择范围太狭窄了。对他们来说，只有两个孩子，再就是他们自身。

在困苦的境地中，孩子也跟着受罪，李哲和韦氏的心中时时感到愧疚，尤其对小女裹儿，更是倍加怜爱。另外，人在死亡的危险中，对平日不太珍视的亲情，也益发觉出其宝贵和难得。正是在这样的心境下，他们用心地爱着不懂事的孩子，从中寻到了很大的乐趣。

而孩子毕竟还小，毕竟还不懂事，另外，韦氏和李哲在苦难中建立的感情，也不是其他的东西可以取代的。李哲深深地依赖着韦氏，心中存着对母亲般的感激；韦氏十分可怜丈夫，在这可怜中升华出一种对丈夫母性般的爱。正是在这样的契合下，两个人共同生活着。

一天早晨，李哲向娇妻许诺："如果有朝一日能重见天日，定随爱妻所欲，决不禁止。"

韦氏放开了丈夫，也解脱了自己，她不想考虑太多，只听任日月如梭。

韦氏和李哲，因为受到环境的威逼，在思想深层发生着剧烈变化的时候，千里之外的东都，正在周政权的统治下，时刻发生着秘密的调整和暗暗的倾轧。

当初，武曌在众大臣的吹捧抬举之下，稳步实现了自己的计划。但举国之主，命由天授，总要在历史的故旧中找到一种依据，给老百姓一个说法。她之所以命名新政权为周，是取自《周书》中的《武成》篇，因为这篇名与自己的姓相契合，就把它作为自己登极的符谶，用为国名。

因为"武"必"成"，上天已经早有指示，武曌用这样的话给自己打着圆场，同时，用她皇上的金口，传布着对普天之下"武"姓的恩典。上文已述，识相的千金长公主和李旦都已经求得了"武"姓的庇护。同时，武曌加封意中人高官时，也赐予"武"姓，作为对这个人的莫大恩赐。例如，加封给事中傅游艺为鸾台侍郎，岑长倩为文昌右相，张虔勖为右玉钤卫大将军，丘神勣为左金吾大将军，来了珣为侍御史，并同时赐给这五个人"武"姓。武曌还下诏，规定全国凡姓"武"的家族，差役赋税全部免除，这真可谓皇恩浩荡、因姓得福了。

至于武曌的三亲六故就更不在话下，个个得做高官。一向在武氏面前走红的武承嗣被封为“魏王”，武三思被封为“梁王”，武攸宁被封为“建昌王”。还封自己同祖侄辈武攸归、武重规、武载德、武攸暨、武懿宗、武嗣宗、武攸宜、武攸望、武攸绪、武攸止等都为郡王。总之，所有刮着边的亲戚，都被封赏。而人的欲望是无穷的，尤其武承嗣、武三思之徒，早已把他们贪婪的目光盯向了皇上的继承人这个耀眼的位置。武旦（李旦）被拉下皇位以后，被老娘立为“皇嗣”，就是说，武曌承认，自己退位之后，皇位仍传给武旦。这里，武承嗣和武三思已经认准了，武曌老姑不会那么傻，再把皇位传给外姓，他们胸有成竹地开始了大规模争夺战。

武氏家族权倾当朝，一些小官吏便靠着阿谀诸武求得高升。有个叫张嘉福的凤阁舍人，为了讨好武曌，更为了求得武承嗣的欢心（此时，凭他政治的眼光，看好这魏王的前途，认为顺水推舟其利无穷，这是许多人做官的门道），就暗中唆使东都人王庆之等数百人，联名上书，请求立武承嗣为太子。听到这事，文昌右相武长倩（岑长倩）持反对意见，马上进见武曌：“陛下，皇嗣正在东宫，有人又挑起废嗣重立之事，这纯粹是要以皇家大事搅乱当朝，应对这样的人严加惩罚。”

在此之前，武曌也多次考虑过百年之后谁来继承自己这一大问题，两个侄子武承嗣和武三思都有此意，这她早就看出来了，但总是想不清楚。武长倩这样一反对，她更没了主意。照她以前的心理来说，比较倾向于武姓亲族。虽然武旦的姓也改了，皇嗣也做了，李成器也做了皇太孙，但这些都不过是一种方法，掩住人们的耳目之后，自己可以有时间更好地处理这件事。而她没想到这事会如此快地提出来。她又找到地官尚书同平章事格辅元征求意见，不料格辅元竟与武长倩异口同声。这时，消息不胫而走，传到武承嗣耳中，听说长倩、辅元二人反对自己做太子，怒从中来，气急败坏，马上和早已拉拢好的纳言欧阳通密谋，要诬陷这两个大臣。不料，欧阳通竟然也不肯诬奏。一气之下，他一边指使私人告密，一边直接进入后宫向老姑告状，两人不幸入狱。当然，武承嗣不会放过欧阳通，也把他逮捕入狱。审问官正是来俊臣，这个杀人不眨眼、野心勃勃、与武承嗣串通一气的家伙。他遍用奇法毒刑，三个人却守言如斯，没有办法，来俊臣只得捏造了供词，说他们三人密谋分裂武氏家族，意欲谋反，将三人残忍地杀害了。武承嗣取得了初步胜利。

看到形势大好，那个受张嘉福唆使的王庆之甚觉胜利在望，多次晋见武皇。在多次沉默之后，武曌一次突然问他："皇嗣武旦是我的亲儿子，你怎么能主张废他呢？"王庆之早已摸透老太太的心理，毫不畏惧从容陈词："古人说，'神不歆非类，民不祀非族'，如今您圣体既居尊位，怎么还能把李姓的人当作继承人？武姓大贵为万人知，不知陛下于此怎样考虑？"听到这里，她不置可否，摆摆手，意思让王庆之退下。而这位王庆之最会见风使舵，最能掌握他人的心理，竟趴在那里磕头力请，不肯走开。武曌果然心喜，亲自赐给他皇上特批的通行证，可在后宫自由出入。

且说这王庆之，受了女皇的滴水之恩，顿时不知天高地厚，再加之背后武承嗣的指使，日日入宫求见，天天都摆出老一套，武曌渐感厌烦。实在拿不定主意了，她又把凤阁侍郎李昭德找来商量。心中久有成见的李昭德笑着说："我皇陛下，尊体试想：天皇为陛下夫，皇嗣乃陛下子，陛下百年传天下，定与子孙，怎么能传给侄子？古有侄为皇帝给姑立庙的吗？况且，您受先皇重托，若将天下传于承嗣，天皇孰祭？亦有违民望之所归啊！"听到宗庙祭祀之语，武曌幡然醒悟，点头称是，急令李昭德出去阻止王庆之再见，并且给他一根玉杖，表示皇意所向。

李昭德奉命出来，正好赶上王庆之趾高气扬地大步而入，气愤至极的李昭德一把抓住这个无耻小人，拖出门外，对着聚拢上来的卫士高声宣布：“这个败类，想要废除我们皇上可心意的皇嗣，另立武承嗣，他大罪难赦。现在我手中有女皇亲手赐杖，快来把他处理掉。”大家早就对这个得意小人怀恨在心，蜂拥而上，结果了他的性命。

除了李昭德以外，当朝之中，还有地官侍郎同平章事狄仁杰、鸾台侍郎同平章事乐思晦、右卫将军李安静等人反对立武承嗣做太子。承嗣等武姓头面人物对这些大臣特别嫉恨，就又把罪恶的手伸向了他们。

武承嗣还是借助同党来俊臣之力，大行陷害之能事，考虑到狄仁杰刚被武曌起用，而且知道他在皇上心目中有很高地位，没敢轻易动手，先拿乐思晦和李安静二人开了刀。经过来俊臣一班专以干坏事为能事的人苦心搜索，终于找到李安静的一点过错：当初，武曌拉拢群臣、积蓄力量，准备推翻李姓天下的时候，大臣们纷纷响应，推举武太后当皇上，而你李安静反应不积极，竟然在联名劝说太后登极的壮举中，没有签名，这不纯是反对武曌登极吗？反对武太后做皇上，当然就是反对周朝，这纯粹是暗藏着的叛徒，说不上什么时候就会谋反，这次，他横加反对立太子一事，就是其野心的暴露。听到这些话后，武曌大怒，责令来俊臣等人严加审问。处理掉李安静不成问题了，乐思晦怎么办？对了，乐思晦和李安静之间的关系一直很要好，这样亲密的朋友，一个人谋反，另一个人能不谋反吗？武曌没加思索，点头称是。很快，二人含恨死在武承嗣等人的刀下。

顺我者昌，逆我者亡。下一步，他们开始对狄仁杰下毒手了。这时候，有个叫郭弘霸的人，刚刚谄媚邀宠登上监察御史宝座，也加入武承嗣麾下。

这郭弘霸本是一个县丞小官，因为极会谄媚，逐步高升。徐敬业起兵的时候，他感觉到机会来了，主动申请到前方效力，并为了耀人眼目，获得当局的赏识，大造了行动宣言，有四条：（对贼敬业）抽其筋，饮其血，食其肉，绝其髓，表现出一派嫉恶如仇、保国卫圣的架势。但他身边的人都知道他的真正用心所在，都嘲弄他，待他做了监察御史以后，便戏称之为“四其御史”。郭弘霸还有一个美丽动听的名号，叫“吃屎御史”。事情是这样的：他当县丞的时候，上司魏元忠病了，他前去探病，表现出十分忧虑十分担心的样子，看脸色问脉搏，都装作不知有什么病。忽然一喜，好像有了什么重大发现，叫仆人把魏元忠正便着的热粪抠来一截，小心翼翼地送到嘴里舔尝着，立刻边吧嗒着嘴边高兴地嚷道：“没事，大人没事，据下人所学，病人的粪如果是甜味的，那就大病临身了，而大人的粪是苦味，保准不久即可痊愈。”就依照类似的方法和路数，他最终赢得了武曌的喜欢。

昔日甘心制于人，今必制人。这就是郭弘霸一类人的哲学。来到武承嗣和来俊臣的手下，在要对付狄仁杰的时候，他当然会想起那位大人魏元忠。于是，这一伙人平白捏造了谋反的罪名，安在狄仁杰，中丞魏元忠，同平章事任知古、裴行本，司农卿裴宣礼，左丞卢献，潞州刺史李嗣真等许多人的头上，决心对这些人进行致命打击。

狡猾阴险的来俊臣，在上疏女皇之前，又想清一个关节：要想办法装出公道的样子，不要表现出气势汹汹，一心置这些人于死地的姿态，否则会引起武曌的怀疑。想好之后，他去面奏武曌。在罗列了诸人的谋反罪状以后，看见女皇半信半疑的脸上表现出几分气愤，他抓住了这个大好时机，忙诚恳地奏请：“陛下，念他们都是有功于您的大臣，请允许贱臣一个请求。”

武曌点头让他说下去。

“在贱臣审问的过程中，如果有谁一受讯问就承认了自己的罪状，念其悔过之心，就饶了这人一命吧。”武曌十分信任来俊臣，一听这么为国为人着想的耿耿忠言，当然赞同。

来俊臣心里有底，他了解狄仁杰的刚直倔强，一定禁不住自己的侮辱和问讯，肯定马上就会气愤地假供认，这老家伙也受不起皮肉之苦了。一抹狡猾的笑意袭过眼角。

果然不出来氏所料，狄仁杰很快就假招认了。唯独魏元忠，历种种毒刑，皆不畏惧，痛苦之中仍然据理力争，使得这桩大案子不能马上了结。

在这大功即将告成之际，来俊臣、武承嗣等人多次面见武曌，要求马上把这七人斩首。武曌惊问：“不是说准了，如果他们能承认错误，就放他们一条生路吗？”只听得来、武等人齐声反问：“这些反叛的家伙还能放过？”武曌摇摇头，命令派人再审，以免冤枉。

狱中的狄仁杰等人，时时设想着脱身之计。一日，狄仁杰趁着看守人稍稍放宽的机会，在内衣上扯下来一块白布，咬破手指，迅速写明自己的冤屈，马上藏在棉衣的夹层中间。正巧，有个熟识的人王德寿前来和他说项，让他把同平章事杨执柔也拉进来。狄仁杰假装答应，但求他办一件事，说：天热了，棉衣也穿不住，麻烦你把这件棉衣捎回我家，让家人把棉里撤去，再拿回来穿。王德寿当然同意。

终于，狄仁杰的儿子狄光远得到了父亲血书，马上求见武曌说明。女皇更加猜疑此案有问题，又经过反复周折，才免了这七个人的死罪，但在武承嗣、来俊臣等人的坚请和压力下，贬狄仁杰为彭泽（治今江西省彭泽县）令，贬魏元忠为涪陵（治今重庆市涪陵区）令，贬卢献为西乡（治今陕西省西乡县）令，贬崔宣礼为夷陵（治今湖北省宜昌市）令，贬任知古为江夏（治今湖北省武昌市）令，另外两个，裴行本和李嗣真被流放到岭南（大庾岭以南）。

武承嗣一派又获得了胜利。

事隔不久，女皇武曌突然传出圣旨，免去武承嗣文昌左相、同凤阁鸾台的高职，任命他为“特进”，免去武攸宁纳言之职，任命为冬官尚书，免去杨执柔夏官尚书、同平章事之职，任命为地官尚书。三个人的宰相职务全被罢免。升夏官侍郎李昭德为凤阁侍郎，升秋官侍郎崔元琮为鸾台侍郎，升检校天官侍郎姚璹为文昌左丞、检校地官侍郎李元素为文昌右丞，升司宾卿崔神基为同平章事。听到这样的任免令，武承嗣顿时摸不着头脑，马上到后宫去找皇上老姑。

当着武曌的面儿，武承嗣既委屈又愤愤不平，无奈又得压着气，问：“皇上为什么撤销了我的相位？撤销也行，为什么要提拔李昭德？皇上，李昭德可是个心怀不轨的危险人物啊，他还是个小人，是不是他在您面前说我的坏话了？为了您的安全，为了周朝的太平，我武承嗣不反对别人，最反对李昭德，赶快撤他的职吧！”

武曌看着气得浑身发抖的侄儿微微一笑：“你不用多说了，是我愿意任用李昭德，用了李昭德，我晚上才能睡着觉，你不必多费心了。”武承嗣灰心丧气地退下来。

武承嗣一调查，得知：果然是李昭德的一席话改变了武曌的想法。

“魏王武承嗣的权势太重了，女皇陛下可要千万当心啊！”李昭德忧虑地对武曌说。

“他是我的侄儿，不是别人，所以我把他当作心腹。”女皇干脆地回答。

李昭德把多日思考的结果说给武曌听：“陛下，您说侄儿和姑妈的关系，能比儿子和父亲的关系更亲近吗？可您一定知道，历史上有多少儿子，为了坐上那至高无上的宝座杀害了父亲，更何况是侄儿呢！眼下，魏王权倾当朝，亲王加宰相，权力不亚于陛下多少，而且明显可见他一直想废掉武旦继任皇嗣，细想起来，卿家深为陛下的安危担心，愿您三思行事啊！”

武曌深深地点点头，沉思一刻之后，又点点头：“我真的没想到。”

马上，这个果断的女人做出了那样的官员整顿。

只气得武承嗣暴跳如雷，诅咒声谩骂声不断，但眼下也实在拿李昭德没有办法。然而，在争取太子之位上，他永远是理智的，这个位置对他的诱惑力太大了。一路不通，他又向另外一条路走去——把矛头直接指向皇嗣武旦（李旦）。

武曌手下有个贴身宫女叫韦团儿，深得女皇宠爱和信任，所以，虽身为奴婢，却十分嚣张，几乎没人敢轻易招惹。武承嗣因为经常出入宫中，和韦团儿混得很熟，虽然对她没有太深的染指，但趁着没人时，勾勾搭搭，也都是常有的事。此时，武承嗣又想到了韦团儿，当然这次是利用。

韦团儿胸有成竹地接受了武承嗣的请求，并答应很快就能有结果，武承嗣也就理所当然地答应了韦团儿不太过分的请求，以作为回报。

果然，武则天长寿二年（693）十一月的一天，东宫传出爆炸性消息：皇上赐死了武旦的正妻刘氏和德妃窦氏，并把尸骨埋在宫中没人知道的地方。理由是，聪明的韦团儿发现刘氏和窦氏在背地里祈求鬼神，施法念咒，诅咒皇上武曌，当然该死。

一边的武旦，明知此事纯属无中生有，但毫无办法。同时，还得装出若无其事，甚至很愤怒的样子，以免触怒母皇。只有在回到宫中以后，一个人偷偷地垂泪。

在窦氏被害不久，远在润州（治今江苏省镇江市）的窦家又遭劫难。有人告密陷害窦氏生母庞夫人装神弄鬼，当与女儿同罪。武曌派人前去调查，当差的草草调查，听信谎言，回来交差，初判庞夫人斩首，后经侍御史徐有功据理申辩，才判作偕同三个儿子一同流放岭南（大庾岭南），并贬窦氏老爹窦孝谌由原来的润州刺史到罗州（治今广东省廉江市）司马。但后来直言的徐有功被开除了官籍。

刘氏和窦氏被杀以后，武旦成了孤家寡人，但武承嗣并没就此善罢甘休。他又指使韦团儿，派人到武曌那里去告密，说武旦要暗中采取行动，武曌的宝座受到威胁了。武曌大惊，速令左台中丞来俊臣去调查此事。先把武旦的左右侍臣抓来严刑拷打，这些侍臣迫于毒刑，都打算假招供。来俊臣一班人乐得不得了。

正在这时，只见一个人从大堂远处跌跌撞撞地跑过来，扑通一声跪倒在来俊臣面前。武旦身边的这些侍卫举目一看，认识，这人是东宫府的一名工匠，名叫安金藏。

安金藏低低地趴在来俊臣面前，不断地磕头，口中哀告着："皇嗣无罪，我的主人无罪，这点我十分清楚，相信我吧大人，大人，相信我吧……"

陡然间一抬头，看见来俊臣面色冷淡，毫无信任之意。只见安金藏直直地挺起身，双腿呈长跪状，抹去眼角由于心急而沁出来的眼泪，坚定地说："大人，如果你不信，我可以把心挖出来，证明皇嗣绝没谋反。"还没等说完，顺手抽出早已准备好了的佩刀，勇敢地剖开腹部，只见鲜血迸溅，脏腑随之淌出，汩汩有声。片刻，他颓然倒地，晕死过去。

武曌听到消息后，亲自去看望这位勇士。经过御医精心缝治，安金藏一夜才醒过来。见到气息微微的安金藏，武曌这位凶狠的女人心一软，长叹一声，略带悲凉地说："难为你了，我对自己的儿子都不了解，竟把你害成这个样子！"

武旦及其侍从诸人，终于算躲过了一场大难！

三

相对于皇嗣武旦的处境来说，远在房州的李哲和韦氏的生活要安全得多、平静得多，他们也幸运得多。不但当朝如狼似虎的武家班成员不太注意他们，就连女皇武曌，这些年来似乎也有些把他们淡忘了。这位老太太的生活，近几年是既潇洒，又紧张，时不时有危险冒出来，让她感到手足无措。李哲这边，由刚开始在极度危险状况下的惶惶不安，因为生活的平静，以及事态的遥不可及，心境变得渐渐平稳下来。韦氏渐渐地看清楚了：这被贬谪，在一定意义上说，没准是自己和丈夫的大幸呢！事实确实证明了这一点。武旦妻子刘氏和德妃窦氏被杀害的消息传到房州以后，李哲和韦氏的心里充满着一种复杂的情感：首先是由此及彼的一种回忆，想当年，一家人悲惨远行，同时想到父母的不幸丧亡，韦氏的眼窝中慢慢旋转着泪影；另一方面，更是一种离得很近，同时又很遥远的恐惧，以及在这恐惧中生发的缕缕侥幸，甚至有点幸灾乐祸的心理。

在相对平静的生活中，韦氏那颗因受伤而自我麻木自然放任的心，有时不自觉地忆起往事。一想到那将近两个月的皇后生活，她就感到很虚幻，也很可笑，那仿佛是一场绮丽的梦，没能尽量品味，甚至在过分草率的疏忽中逝去了。她为之惋惜，深感那时太没过瘾，太没尽兴，在那梦的残骸上，生长着的都是遗憾。多次归结出的结论只有一点：当时自己还不成熟，还太幼稚。幼稚的东西易折，落得这样的下场也是必然的，想到憋闷处的时候，她往往这样劝解自己。

在那往事的废墟上，韦氏有时也幻想未来，不过那大多时候都是不知不觉的，是思想的自由游移。一遇当朝恶闻丑事，或者一对现状产生相对的满足感时，那梦就被撕得粉碎，在漫漫长夜中，有时这些碎片挂在梦的树枝上，或者变相喊在迷蒙的呓语里。身边的丈夫推醒她，回到了现实，马上又恬然入梦。

就在李哲和韦氏偏居一隅，默无声息地生活着的时候，并不是谁都把他们忽视了，起码武曌不会。在这位老太太心里，随着时间的流逝，她理智中的一个结论似乎得到了一种验证：对李哲和韦氏可以尽量放心，他们那里基本是安全的；同样，李哲和韦氏的心理上也形成了一个保护层：老娘没必要再跟自己过不去，因为危险期一过，稳定期就会有一种惯例，将会维持较长时间。双方正是在这样的心理契合之下，保持着心理的平衡，使彼此之间产生一种冷漠型的稳定。

朝中除武曌之外，还有许多大臣惦记着李哲他们。这其中更多的是，对渐渐远去的大唐的追悼和缅怀，或者面向未来时，一种判断的结果——不敢告之于人的想法。这两种心理，都在现实的纷扰和压力下抬不起头来。另有一类大臣惦记着李哲，如武承嗣、来俊臣之流，不过觉得稍稍有些遥远，还没能马上就提上日程，但某些情况说发生，马上就会逼上来。

武则天万岁通天二年（697），不可一世的来俊臣贪心膨胀，意图诛杀所有李姓和武姓皇族，发动叛乱，意欲独尊天下，被武曌下令杀掉。当时，来俊臣就把李哲和韦氏列为了特别重要的诛杀对象。

在武承嗣争夺皇嗣的斗争中，来俊臣是最得力的人物之一。凭借谄媚术和伪装术，他日益得到武曌的赏识和信任，有一段时间，来俊臣几乎成了皇上的全权代表，任意杀伐，官也做到了御史中丞。随着自己在女皇心目中地位的提高，他气焰更加嚣张，朝中之人，无论是谁，只要他看不上的，就想办法干掉。据资料统计，仅他当御史中丞这一段时间，杀害的人口就达近千家，朝野为之震怒。后来，监察御史纪履忠弹劾来俊臣，列举了他的五大罪状，使他被捕入狱，本来罪当处死，而武曌明令阻止，暂贬作平民。不久，女皇又改命他为殿中丞，群臣气愤，他更不知收敛，又被控告有贪污罪，贬出宫廷，任同州（治今陕西省大荔县）参军。时隔两年，武老太太仍然没忘记她的这位忠臣来俊臣，就又把他召回宫中，先暂时任合宫（今洛阳市）县尉。

时间进入武则天万岁通天二年（697），时任箕州（治今山西省左权县）刺史为刘思礼，此前，他曾经拜术士张憬藏为师，学习相人技艺。这张师傅断言，刘思礼不久能当上箕州刺史，并说其后来地位极尊，能居太师之位。经过一番摸爬滚打，张师傅的第一个预言真的实现了。马上，他开始寻找通往太师宝座的路在哪里。

“除非开国元勋或功高之臣，否则是不可能当上太师的。自己想立大功，那是不可能的，所以只有造反一条路。”他暗暗琢磨着。

他马上和京畿卫戍区录事参军綦连耀取得联系，又进一步勾结上凤阁舍人兼天官侍郎王砕，说他们都具有大尊之相。这些本来身居高位，却永远贪心不足的家伙纷纷相信，阴谋发动叛变。这个消息被明堂（长安永乐坊）县尉吉顼探得，马上转告了来俊臣，让他赶紧去告密。来俊臣最会恰到好处地应用这样的机会，结果刘思礼等人纷纷归案，还牵连进许多人，共计屠杀了三十六个家族，遭到流放的近千人。来俊臣和吉项都得到重用。

重新得势，来俊臣仿佛在自己被贬的几年里悟出一个结论，自己还不够狠毒，于是，这次他更是放开手脚，陷害忠良。捏造司刑府吏樊基谋反的罪名，武曌令斩，樊基的儿子剖腹鸣冤，才免去父亲一死，流放远地。

较以前更突出的是，来俊臣和武承嗣互相比赛玩弄女人。当时的右司郎中乔知之有位漂亮的小妾，名叫碧玉，不巧，被魏王武承嗣贪婪的鹰眼发现，以邀请碧玉到家中教导自己的小妾为名，将其扣押府中。乔知之深爱着碧玉，洒泪作《绿珠怨》一诗表达爱情，碧玉收到情人的诗，悲怆欲绝，却又无法脱身，竟投井自尽。武承嗣在碧玉的内衣里发现了这首诗，不但不内疚，相反却狂怒，派手下人罗织乔知之的罪名，结果乔氏全族被屠。

来俊臣也不示弱，他到处奸淫掠夺美女，一听说哪位官员家有美妾或娇女，就想办法弄到手，如果对方不同意，就把他送入死途，从而把女人作为战利品，纳入自己的私产。

到后来，在陷害忠良上，他制订了一个庞大的计划：把宰相以下官员的名字，全部登记造册，心情快乐或特别不高兴时，就采取抽签的办法，抽到谁的名字，就对谁肆意攻击，直至其家败人亡。监察御史李昭德是朝廷命官，但来俊臣不管这些，李一直是他的眼中钉肉中刺，多次想下手都没得逞。一次，他联合李昭德的对头、秋官侍郎皇甫文备，到武曌面前共同告他，说他密谋叛乱，武老太太最忌讳听到“叛乱”这两个字，将李昭德打入监狱。

朝中上下，无人不为来俊臣的淫威所慑服，有来氏在，官吏们不敢言事。而他竟然忘乎所以得意忘形之极，觉得万能集于一身，采取更大行动的时机成熟了。他打算先从外围对付皇亲国戚，先杀掉房州的李哲和韦氏，这韦氏更有些让他放心不下；之后对付太平公主和武旦，直到武姓诸臣，让你老太太自取灭亡。还没等付诸行动，他的野心和阴谋行径，被一个心腹人告密到武曌处，有人牵头，武氏各王及太平公主等人共告来俊臣的大恶不赦之行，武曌又听到这些实例以后，才勉强把来俊臣杀掉。

来俊臣做御史中丞的时候，对各部门的政事横加干涉。在武曌面前，他唯唯诺诺，表现出极其忠诚极其服从的样子，可在背地里，竟然敢改变女皇的命令。当时，他要挟主管文官部门的官员，不依照武曌定下的法令和程序任命官员，而是由他任意指定，培植自己的同党，有时竟多达数百人。下官们都敢怒而不敢言。

就在他被杀前夕，因为告密有功，武曌赏给他十个婢女。来俊臣去众多的女奴中挑选，没有一个中意的。后来他觅得一个美女，但在西突厥可汗阿史那斛瑟罗手下，这女子模样婀娜清俊，蛮味儿漫野，能歌善舞乖巧伶俐。来俊臣决心把她弄到手，就派人到武曌那儿去告密，说阿史那斛瑟罗要叛变（周政府通过很大努力才让他归附），要马上对他镇压。听到这个消息，突厥各路首领纷纷来到武曌宫门外，共同跪倒，冤声连天，哀声泣声充斥皇宫，甚至有的人剖腹，有的人割耳、削鼻，以证明可汗并无叛变之意。正巧来俊臣事露，这突厥可汗才捡了一条命。

在来俊臣受刑的当天，愤怒的人们和仇恨他的官员早早就赶到了刑场，等着结果。斩令一下，只见仇恨难平的人们蜂拥扑上，开始时，人们用脚把软软的死尸踢来踢去，可还不解恨，有的人弯下身，把他的胳膊和腿掰下来，又把肥肉一条一条地撕下来，甚至有的人大口咬嚼起来，一摊摊猩红的鲜血，一片片肉，一根根不知道哪个部位的骨头，东一块西一条，分散在地上。临了，人们还不想离去，有的微笑着交谈，有的哭泣着诉说，霎时，这一堆堆臭肉又被浓痰掩盖……

听到这些事，韦氏一惊，好像意识到一些什么，但没往下深想。她庆幸丈夫和自己又捡了一条命。如果来俊臣告状杀自己和李哲，那太轻松了，想到这儿，不觉一阵阵后怕，李哲更是吓得不得了。

此前两三年，韦氏和李哲的生活还算比较舒心畅快。一方面原因，是他们在思想上有了很大的解放，这在前文中已经提及；还有一个原因，是他们遇到两个人——张知謇和崔敬嗣，他们二人在房州任要职，却一反其他官员对待韦氏和李哲的苛刻和严厉，自从上任以来，一直以臣民对待太子的礼仪恭敬地听候差遣。在日常物资供应上，二人更是竭尽所能，尽量满足需求。危难中的李哲一家，对这二位感恩戴德，不敢摆出主人的架子呼来唤去，他们之间，少了僚属气息，更多的是朋友般的信任和依赖。正是由于他们二人的出现，其他官员对李哲和韦氏的监督也相对地放松了，从而，能让韦氏这只警敏的白兔公主又翘起耳朵，依靠他们，听到远方发生的诸多事情。

武曌为了登上宝座，苦心经营了许多年。在高宗李治后宫，以掐死自己女儿的代价，终于爬上了皇后这个高高在上的位置。后来，为了扫除高升的障碍，毒死长子李弘，派人刺杀了次子李贤，流放了三子李哲，废黜了四子李旦。武曌还有一个爱女——太平公主，却一直留在老太太身边，李姓皇族中人大批被杀害，这位李公主却安然无恙，甚至益发受到老娘的垂青。这首先由于她是女人，对武曌的前途不会有什么影响；其次这女儿像母亲的地方太多了，尤其处事利落凶狠和强于理智思维，更得老娘喜爱。一有什么事，武曌如果拿不定主意，就叫来女儿，两个女人很快就会对该事取得共识；但最让老娘喜欢的，是这女儿特别会来事，她能行老娘所想，言老娘所未发，事事主动处处合人，真是多了儿子的智慧，少了儿子的危险，武曌怎能不喜欢？

两年以来，和尚冯小宝多次闯祸，经常受到众大臣的攻击，武曌三番五次地掩护，多次免死，可这小和尚不但不加收敛，反倒日益放肆。无奈，女皇只得结束了这野男人的服务期。在决定干掉冯小宝时，她心里颇受折磨，枕席风光如画，一枝一叶仿佛仍历历可见，却也让她感到气愤和失望，这小家伙到后来不常到武曌身边，即使偶然在一起，也是心不在焉，想到这里，冯小宝的一生就应该结束了。

对这其中的每个细节，太平公主都看得清清楚楚。尤其冯小宝死了以后，她更关心老娘的生活。虽然也不时地会发现或生疏或熟悉的面孔从老娘宫里出来，但作为女儿，她更惦念娘亲——这些男人是否都能合格，是否都够品位？正因老娘没法事先了解，就得女儿自己去寻找，去发现。为了老娘，一切她都认了，任凭别人怎么说，别人也不应该说什么，她常这样解释着自己的行为。

她这盏电力充足的探照灯，经过艰苦搜寻，终于在宫廷总管府找到了他，宫廷总管府里一个饲养御马的小官（尚乘奉御）——张易之。可她并没有马上奉献出猎物，而是先把张易之的老弟张昌宗推荐给她七十四岁的老娘。

这位张昌宗，虽然并不出自豪门望族，却风采独具，对女人深含媚艳雄壮的吸引力。他年轻，朝气旺盛，如雨露初成，凉爽沁人。经验颇丰的武曌一看见张昌宗，顿觉风姿又发，仿佛置身于几十年前的情境中，春气袅袅，青梅葱葱。两个人如鱼得水，如水得鱼。

看到老弟境遇骤变，张易之有些难耐寂寞，就通过老弟的关系，得到女皇的宠幸。武老太太真是如获至宝，大有美男乱朝的趋势。这张家哥儿俩，整日里对镜装扮，涂脂抹粉，口红眉细，华服壮身，出入禁宫如入无人之境。恐怕这张家祖上怎么也不会想到，多年以后自己会被龙恩深泽，延至子孙。武曌先封赏了二张的娘亲——小于她几十岁的小婆婆臧女士和韦女士，并关心备至，给臧女士又找了个情人——当朝高官凤阁侍郎李迥秀，以表彰她的杰出贡献，让她也享受享受宫廷生活。张昌宗和张易之二人更是不断高升，后来张家老弟被封为散骑常侍，大哥受封为司卫少卿，二张实权在握，权倾当朝，世上有哪人不知这二张兄弟，当朝又有几个不惧二张的权威。时呼张易之为“五郎”，张昌宗为“六郎”，作为女皇的红人，谁还敢轻视半分。后来，竟然连武承嗣和武三思等朝廷大臣都要竞相奔走于张氏家门，甚至竞相表献殷勤，争着牵马送鞭。

且说太平公主，作为二张兄弟和老娘的红娘，实现了各人的心腹事，不但老娘心存感激，二张兄弟更是吃水不忘挖井人，对她心存一份敬意。和武曌风云际会之余，也时不时地光临太平公主宅中，更尽一番鱼水之欢。尤其哥哥张易之，有时候甚至还故意当着驸马武攸暨的面，挑逗戏谑，浪语绵绵，气得这位武曌的侄辈无可奈何。

驸马武攸暨倒也不应该太和自己过不去，本来这驸马就是被迫当上的。当年武曌初得天下，广封群亲众臣，大家都很满意，唯独爱女太平公主，受封食邑三千户仍闷闷不乐。武曌是何等聪明之人，一想便知，女儿夫婿薛绍新亡，独在闺中，虽然并不寂寞，闲禽野鸟往来游乐，但不管怎么说，总还是守寡在室，觅求新欢的心情煞是急切。说来也巧，武承嗣不久前丧妻，武曌就想把二人捏到一起，也好弥合一下李武两家间的矛盾。不料，一提到武承嗣，公主嘤嘤泣诉，哀叹自己命运多舛，来路更是灰暗冷肃。知道女儿不同意自己的看法，老娘并没生气，反倒是半嗔半笑着答应："我儿，你看准谁家公子，老娘一定给你弄到手，满意了吧？"

太平公主转啼为笑，依偎在老娘膝下，揣摩透老娘心思的她，知道老娘想让自己在武姓中选一人，便脱口而出："娘亲，让儿自己选，武家人中，非武攸暨不嫁。"缓缓说完，娇态柔婉，面带羞意。

武曌大惊，睁圆双眼凑到女儿面前问："怎么？攸暨家有妻儿，难道你想做小？"

"做小？对对对，皇上的女儿给人家做小那多有名啊，我怕啥啊？"公主嘴一噘，躲开老娘的目光，没再说什么，又委屈地哭开了。

老娘当然明白女儿的心意。不几日，便派人药死了武攸暨的妻小。胆怯怕事的武攸暨哪敢提出一点反对意见，手足无措地接受着太平公主的一次次媚眼，很快登上了驸马宝座。

像冬眠的小动物一样，韦氏使用她的"放任"哲学，挨过了一道道难关，如今，因为受了几次朝中变故的刺激，她有些复活过来，虽然不如以前那么机敏睿智，却也睁开了那双有些倦怠的眼，而这疲乏的深层，则是经过了长久生息之后的底气和活力。不知是什么力量的安排，谁也不会想到，十四年前匆匆南下、落魄不堪的韦氏和李哲，中经无数险峻，竟然活到了现在，而且在目前的基础上，暗暗地发生着难以预测的变化。

但是，如果有人站在时局之外衡量，就会清楚地发现，与魏王武承嗣、梁王武三思相比，韦氏和李哲的行动速度太缓慢了。武曌的这两位红人，一直没停止对“皇嗣”宝座的争取，几经信口害人，几经举起屠刀无情地杀戮，都失败了，这位女皇老姑也真是不给面子。

在多次面谏失败的情况下，他们只得通过武曌眼中其他红人，进行缓慢渗透。魏王和梁王不约而同地把目光对准了狄仁杰。

狄仁杰不是别人，正是当年来俊臣横行朝廷时，为了实现武承嗣夺太子位的计划而被陷害的七位大臣之一。因为武曌的高抬贵手，没杀害他们，只把这七人贬到地方做官。一直在地方做事四五年，直到来俊臣事发被废，狄仁杰才被调回中央，重新重用，当了鸾台侍郎。不料，武承嗣等人竟如此健忘，真的认为举国是武家的私产，任何官员一定都得言听计从。其不知，狄仁杰是唐室遗臣，他的心是向着李家的，另外，他又怎么能忘记自己将近五年的贬谪生活？这一切，他只装在心里，在表面上游刃有余地使用他多年积存的官场经验，大包大揽地答应了武氏兄弟的请求。

狄仁杰官场经验特别丰富，运用起来也特别娴熟。他对武曌的心理状态把握得很准，揣摩得很透。知道女皇正在为皇位的继承问题忧虑，同时掌握了武曌倾向魏王和梁王到了什么程度，清楚了这些，他就能在稳中求胜。

一次，他发现女皇心情比较舒畅，就极其诚恳、不失时机地提出了这个重大问题。

“陛下，老臣愚钝，时而发现陛下不快，不知为了什么事？”

武曌粲然一笑，微微点点头，想要轻启玉口说些什么，却陡然停下来，略带无奈地摇摇头。

看见自己的试探没成功，狄仁杰恭敬地垂下身，诚恳地祈求：“陛下，愿尊体安康，少为外事所扰，长命不老，为举国臣民之福。”

听到这些话，武曌心里有些感动，尤其是听到“长命不老”这类话，忧伤的思绪又被勾引起来。

“仁杰老卿，我一直想找你商量一件事，都没有机会。爱卿，你说我百岁之后，谁来继此皇位？”武曌的语气由和缓突然变得迅疾而锋利，直逼狄仁杰，要给这位老臣一个措手不及，以便让他不假细细考虑，说出往日的想法。

狄仁杰心里一震，暗想：这老太太真是厉害。他没正面回答，而是先轻轻地绕开了。

“陛下所虑极是，先代圣君，也都忧于嗣者为谁，此乃天之重任，如我皇陛下这样的圣君都得直面它。”

“想当年，高祖承天大命，东奔西突，力挽倾颓乾坤，终灭残暴隋帝，又平定八面风火，大唐初成。及至太宗，平定海内，举国安泰，民富国强，四夷咸服，光耀宇内。又把江山传于子孙。先帝高宗有陛下佐助，国势亦盛，不幸早归，把两位皇子苦心托于陛下。陛下经年劳苦，更建大业，普天有知。百年之后，陛下一定无疑，将皇位传于皇子，此乃昊天盛意。再者，子与侄相比，当然子更亲，切无传外人之理。陛下明想：陛下百年归后，圣位归于祖庙，子为天下大尊，烟火必盛，得与先帝同享，若将位传于侄，姑母位在哪里？古所未闻。”

听了狄仁杰这一番话，武曌心里翻江倒海，没有个准主意。这个理智的女人面不改色，反倒假装盛怒，道："不必说得太多，我本家的事，外人别想插手。"

狄仁杰明了武曌心理，顺势说道："陛下所言亦是亦非。陛下试想：普天之下，哪里不是陛下家的？四海之内，哪人不是陛下的臣仆？帝王是头脑，臣仆是手足，为人手足，恩重如山，怎敢不尽心竭力地效命？且说贱臣身为宰相，怎敢不忠诚言语，临危直言？"

武曌点点头，示意让他出去。

又召来鸾台侍郎王方庆、内史王及善，询问同样的问题，他们二位也都提出了狄仁杰那样的意见：建议召回庐陵王李哲，重新任为太子，以继皇位。

听诸大臣都这么说，武曌的思想动摇了，但是，她在没考虑好一个问题之前，从来不轻易下结论。

一天，武曌忽然做了一个奇怪的梦：一只大鹦鹉，在一个高岗上，抖动着翅膀飞不起来，一次次努力都失败了，原来，这鹦鹉的两个翅膀都已折断，四周的猎犬叫声疯狂地由远及近，马上就要扑到眼前……武曌一身冷汗，被惊醒了。

武曌召来狄仁杰，让他给解梦。狄仁杰听完描述，道："陛下莫惊，陛下为上天派来人间的使者，能与天通，这个梦就是老天对陛下的一种暗示。陛下明察：武鹉同音，明明是借鹦鹉来暗示陛下，那两个翅膀代表陛下的两个儿子，它们都折断了，就是说上天已经知道两个皇子的境遇，这就是告诉陛下，如果您想鹏程万里，必须借助两个翅膀，意思也就是说，必须起用两个皇子，万事才能大吉。"

听了这一番解释，武曌深信不疑，不再考虑以武承嗣或武三思为继承人了。

正在这时，契丹部落可汗孙万荣兴兵包围了幽州（今北京市），并发布文告，要讨伐周政府，恢复李姓天下。文告中直接诘问：周政权为谁家天下？为什么不让我们的庐陵王回来做皇帝？周边的许多其他部落也都纷纷提出这个要求，周政府大为震惊。

再说张易之、张昌宗兄弟，整天混迹于武曌的枕被之间，把这老太太的心理摸得特别清楚。加之朝中官员对他们的畏惧，很多人都乐于向他们奉献最新消息。了解到举国思念废皇帝李哲以后，思及自己的处境，他们甚为忧虑。没办法，去找他们的老朋友吉顼出主意。

这位吉顼大人，因为和来俊臣联合揭露了箕州刺史刘思礼等人的叛乱阴谋，得以从一个小县尉高升为控鹤监供奉（宫廷亲卫府亲卫官），并得到武曌的信任。二张兄弟一向和吉顼很要好。了解到二张的难处以后，吉顼给他们分析形势："你们兄弟二人地位极其尊贵，但是并没有基础，今天受到高度宠幸，如果李哲复位，你们暂时既没有才华也没有功劳保住自己的地位，加之全国人民对你们的意见都很大，将来一定难于保命！"听到这些，吓得二张兄弟瑟缩着抖作一团，竟还默默地流起泪来，乞求般地抬脸望着吉顼，可怜巴巴地等着吉顼拿出来好主意。

"现在有一个好计策，实行起来还来得及，如果成功，二位不但性命可保，而且还有可能高升呢。"

还没等吉顼说出是什么办法，张易之摇摇头："不行啊，谋反不会成功，这法子行不通；阻止李哲复位，这也没有指望，陛下没听信武承嗣的软磨硬泡，恐怕咱们也难！还能有啥办法呢？”说完，他绝望地摇着头，似乎连听吉项说下去的信心都没有了。

吉项冲着二张兄弟一笑，说：“妙计出来了。现在举国人民心中暗念着大唐，连周边的蛮夷之国都拥护李哲复位。这样看来，由周转回到唐，好像是大势所趋了，你们看眼下，女皇年纪渐高，身体日渐衰弱，她去了之后，大业必托付于李家皇子。大家都很清楚，皇上对她的侄子不满意。既然是这样，我们何不将计就计，来个顺水推舟？你们马上打出拥戴李哲的旗号来，这样一来，既交下了李姓皇族，又改变了你们在百姓心目中的形象。从此，不但可以免除一死，而且日后一定会得到重用。”

听了吉项的一席话，二张兄弟马上来了精神，不住地点头称是。泪花还挂在睫毛上，嘴角却已信心百倍地露出了微笑。

经过二张枕边风的吹拂和吉项在一边的说解配合，武曌终于下定决心：皇位传给李姓，马上召回李哲一家。

第三章

旧日风光山重重
东宫归来梦欲圆

一

武则天圣历元年（698）三月的一天，宫中忽然传出消息：远在房州的庐陵王李哲病重，女皇武曌将把他们一家接回东都诊治。

东都的大街小巷上，不明真相的人们三五成群地聚在一起，唉声叹气地为李哲鸣不平。这些年来，武曌政权虽也实行了一些开明政策，但是，这些大唐的遗民，心里总难以彻底承认这样一个事实——不知不觉地成为大周的百姓。武曌淫乱后宫的丑言陋行，也不时地在街头巷尾传说，成为人们茶余饭后的谈资和笑骂的对象。尤其混迹于武曌枕席间的那几个男人，横行在朝野之中，欺男霸女无恶不作，依靠女皇宠幸取得无上权力，人们都对此敢怒而不敢言。大家都暗暗期待着。总算有了消息，却竟是病重，多么让人失望。可明眼人一看便可猜度到一种变化：武曌与李哲的关系已经有所缓和。

“能病到什么样儿呢？是不是要不行了，才把他调回来，掩人耳目吧？”

“不对不对，武曌根本用不着那么做。如果她还像以前那个状态，把两个儿子都杀了，谁不知道？要杀李哲，不也特容易？这么多年没杀他，如今有病又给他治，绝对有情况。”

“没准儿李哲本来就没有病，或许老太太要死了吧，好把皇位让给他。”

“听人家说，不是魏王或梁王要继承武老太太吗？怎么，又要传给老李家啦？”

“武承嗣和武三思算什么东西，这帮野货，他们有什么资格做皇上？人们还不反了他？”

大家你一言我一语地谈论着。

不过，宫中传出的消息却属实。武曌这回没只派一般差役前去，而是派职方员外郎徐彦伯亲自去房州接李哲一家。

对最近一段时间宫中的变化，李哲几乎没有知觉。韦氏敏感，感到有事情要发生，可她没听到更多消息，也就没办法正确判断会发生什么事。两个人像平时一样，两个女儿都已经长大了，分屋另住，有时也到父母室中嬉闹一会儿，尤其小女裹儿，都十五岁的大闺女了，还常常和父母撒娇，这几年的生活稍微宽裕了些，但多愁善感的李哲时刻不忘当年的危难和艰苦，每叫一声“裹儿”这名字，心中马上就升腾起一股浓浓爱意。

突然，正在外边和姐姐学手工的小裹儿跑进父母的卧室，慌慌张张地叫喊着父母快起来。韦氏和李哲刚和衣躺下，还没睡着。床边的韦氏翻身坐起来，问发生什么事了。

“朝、朝廷大官到、到了，让、让咱们准备接圣旨。”

韦氏浑身一紧，头脑陷入空白，没再问下去，愣愣地盯着小女儿出神。李哲单肘支在床上斜卧着，听了女儿的话，以为是大祸降临，肘部和肩膀突突地颤抖，看见韦氏呆在那儿，竟身子一软，瘫在床上，吓得眼泪扑簌簌地流出来。

这时，仆人领着那个一向严厉的房州刺史走进屋门。出乎意料，这个不可一世的家伙，今天却和颜悦色锐气全消，吃吃地笑着，嗫嚅地站在那里，没敢再向前走，也没敢正视韦氏和李哲。

还没等韦氏完全反应过来，只见得那侍从走过来，双手抱拳，口里大喊：

“王爷，王妃，恭喜了。”

见此情景，韦氏惊心稍安，按捺着声调不慌不忙地问：“喜从何来？”

“女皇陛下要请王爷和王妃回宫，一定是要重用了，大喜大喜。”

李哲强打精神，忐忑不安地去州府中接完圣旨，心里一块石头才算落了地。

听说要回宫了，把裹儿小姐儿俩乐得不知道做什么好，胡乱地说着话。小裹儿还没真正领略过宫中生活，姐姐倒在那儿生活过一段时间，可那时自己太小，离开的时间又毕竟太长了。尽管记忆有些模糊，可还是就头脑中的一点印象，叙说那里的富贵、繁华和威严。又提到了她们的奶奶，姐姐用手比画着奶奶的身段和长相，又提到爷爷。“听父亲说，爷爷去世了？”裹儿活跃的眼珠盯着姐姐问。

“亲爷爷去世了，奶奶身边还有人嘛，姓什么来着？对——冯！”姐姐摆出权威的脸孔。

韦氏也正在收拾着随行物品，头脑飞速思考着事情的真相。正好听到小姐儿俩谈话。她忙走过去，把两个女儿拉到一起，小声而严肃地嘱咐：“回去以后，谁也不准乱说话，尤其不许乱评价奶奶，那是要杀头的。跟奶奶说话也一定要注意，咱们的事别向外人说……”

又住一日，马上启程回宫。

时光流逝得竟然如此迅速，弹指一挥间，漫长的十五年贬谪生活轻轻滑过了。望着住了十四年之久的房州城，韦氏心潮起伏：洒下了多少泪水，留下了几多哭声，又有几次险些葬身于此，生活的艰苦，官吏的残酷，谁会想到还有今日？她眼中浸满了泪水。

李哲也和前来送行的恩人张知謇、崔敬嗣洒泪握别，相约后会有期。同来送行的还有许多人，韦氏一看，有许多不认识的，心中便充满了不屑。

车子缓缓启动了，不料，小女儿又跳下车，哭着不愿离开。一看见裹儿，此情此景，明明是这十几年来的见证，韦氏和李哲都呜咽起来。韦氏走下车，拉裹儿起来，小女儿泣泪涟涟，边哭边问："妈，我们还什么时候回来？"

韦氏沮丧地摇摇头，没说什么，一同上了车。

别了，房州，又是一个初春的日子，虽无芳草萋萋，却是春气日盛的大好时光，一家人又踏上了来路。漫漫古道，何处是归宿？

苍天无言。

韦氏和李哲再回宫中，只见殿阁依旧，而人事全非了。十五年啊，多少老臣已经魂归九泉，多少志士忠良惨遭杀害，庞大的李氏皇族，如今已所剩寥寥，听到的名字、见到的面孔都很陌生，一种飘摇零落的孤独感渗透到韦氏和李哲思想感情的深层。不但拜见老娘要唯唯诺诺，和其他官员应付往来也都要谨小慎微。回来以后，老娘并没吩咐让李哲干什么，也不清楚她的用意是什么，只告诉他好生调养，看那态度和蔼，李哲和韦氏心里也安稳了些。

白昼苦长，难消长夜，在无声无息的黑暗里，没有目标，没有现实的行动，韦氏感到了沉重的窒闷和压力。左思右想，这个心计极多的女人一点线索都摸不到：调自己一家回来，不可能再监禁或杀害，如果是那样，根本用不着回来，或者说，根本就等不到现在；说要重新起用丈夫吧，从回来这一段日子看，老娘在这方面一点反应都没有，而且从这几天的耳闻目睹中可以断定，有武承嗣、武三思和二张兄弟在朝，根本也用不着李哲再任什么重要角色；难道要再立李哲做皇太子？她马上难以置信地摇摇头，这不可能，因为皇嗣武旦

（李旦）是被立已久的下任继承人，况且，也没见老娘对他有哪些反感。种种可能性都被否定了，让她越发对武曌的行为感到迷惑，再就是心理负担的日益沉重。

眼不见心不烦。回到宫中以后，亲眼看见放肆的武姓高官出入朝廷，韦氏渐渐从心里产生一种嫉恨，仿佛这万尊圣国本来是自己的，如今转归别人，眼见着它受到践踏和蹂躏，简直是对自己的侮辱。但回头一想，怒气又消散了，自己算什么呢？想通了，她就平静下来，对外事听之任之。但她自己感到，有些事情一发生，她简直容忍不了，感情的怒潮野马般地狂奔，理智完全失去控制，直到发泄到一定程度，才能进入低潮。过后，她也常常后怕。

听说武承嗣的儿子武延秀，要前去东突厥汗国，顶替李家皇子迎娶可汗阿史那默啜的女儿当王妃，她咬牙切齿，大大地发泄了一通。

唐朝几次平定了东突厥的叛乱，到突厥第十九任可汗阿史那默啜的时候，和唐朝关系已经缓和，后来，可汗主动提出把自己的女儿嫁与皇家。此时，正值武曌的周政权控制中国。对东突厥，武曌虽然也曾派兵征讨，但从心理上说，也不敢太得罪。得到可汗阿史那默啜的请求，为了息事宁人，答应了这件事。经过仔细选择以后，决定派侄孙武延秀迎娶突厥公主。和大臣们一商量，摇尾的武家班人大多赞同，唯独凤阁舍人张柬之极力反对：

“自古以来，只有公主下嫁，从来没有听说过有亲王娶蛮夷女人当妃子的，这行不通，陛下三思。”

听到张柬之敢在这个问题上忤逆己意，武曌十分气愤，加之为了给其他反对者个脸色看看，她断然决定：贬张柬之出宫，远任合州（治今重庆市合川区）刺史。别的持有反对意见的大臣，都不敢再言语了。

武瞾精心选派豹韬卫大将军阎知微代理春官尚书，右武卫郎将杨齐庄代理司宾卿，带队陪武延秀前去迎亲。大大小小的车辆，装载着亿万黄金、布帛和珍稀特产，浩浩荡荡地上路了。远看这队人马，不明真相的人们，一定会认为这是附属国的臣民去大国朝贡的。武瞾内心真想用祖宗们用过多少遍的方法，买得弱者的良心，以保证日后的太平无事。

谁料，经过近两个月的艰苦行程，到了黑沙（今阴山以北）东突厥可汗驻地，没有得到热情接待，反倒被人侮辱一番：

你姓武的是什么东西，也配来娶我家公主？真是不知道天高地厚，看看大唐都被你们糟蹋成什么样子了，你们这帮下贱的武家主仆，总要完蛋的。我们臣服的是李家，我家公主只有李姓皇子才配来娶，李家皇子才是天的儿子，我们永远不忘他们的恩典，现在李家的两位皇子还活着，我们一定尽力报恩，帮助他们平定你们武家的逆乱。快滚回去吧，你们集体的丧期马上就要到了……

很快，阿史那默啜可汗兴兵几路，直扑武周边塞。他们列举了周政权的五大罪状，传给周政府和人民。

其一，赠送给我们的麦子都是蒸过的，种到地里不能生长；其二，送给我们的金银器具都是下等滥货，侮辱我邦；其三，湮没李家天下，违反天意，对我们任意侵扰；其四，派个武家小子来挑逗我家公主，纯属不敬；其五，天公有命，令我等出兵恢复李家朝廷。

看到这个宣战文告，武瞾气得暴跳如雷，击案而起，长喝一声："来人啊！命司属卿武重规为天兵中道大总管，右武卫将军沙吒忠义为天兵西道总管，幽州（今北京）都督张仁愿为天兵东道总管，率大军三十万速破东突厥。"为防万一，又派左羽林卫大将军阎敬容为天兵西道后军总管，率军五十万做后援，大规模西讨。

韦氏也听到了东突厥兴兵的文告，她不但没有对国家的危难感，反倒觉得很高兴——仿佛谁说中了自己内心的秘密，把厚重的外壳钻了个洞，心中马上敞亮了许多。

自从回来以后，李哲的胆子又收缩回到最小状态，整天提心吊胆，有时还急得向韦氏流泪。一到这时，韦氏的心中就充溢着一缕缕绝望，其间还夹杂着一点嘲笑和无奈。没有办法，只得自己挺起脊梁，强装看清时局的样子，给丈夫壮胆，同时和他分析一些情况。这次东突厥兴兵，韦氏没敢向李哲多说什么，如果让他知道突厥人是以恢复李家为旗号的，他又会大惊不已，恐惧不止。

虽然韦氏没向丈夫说明情况，她自己却调动着全身的每一条神经，密切注视着平乱的事态发展。正在这时，武曌却忙里偷闲，做出了一个重大决定。

武则天圣历元年（698）九月的一天，皇嗣武旦突然向老娘提出请求：免去自己的皇嗣职位，让庐陵王李哲做太子。武曌点头允准，暗中承认武旦还算比较识时务。到十五日，百官早朝，武曌宣布：任命李哲为太子，并恢复原名李显，大赦天下。

韦氏理所当然地又当上了太子妃。

听说李显又被立为太子，韦氏简直难以相信，她马上攀住李显的脖子，投进丈夫的怀抱，惊疑地问："这是真的吗？是真的吗？"

许多天没这样了，李显把妻子放在怀里，让她坐在腿上，吻一下她有些干裂的嘴唇，狠狠地搂紧她："真的，我告诉你，真的！"

韦氏曾经多么希望见到这个结局，但那太渺茫了，甚至只是幻想，只存在于她的理智之外，如今陡然间实现了，一种悬空感控制了她，脸上的表情非哭非笑，僵在那里，丈夫不住地吻着她。忽然，她挣脱丈夫的怀抱，跳到地上，蹦蹦跳跳地边拍手边哈哈大笑，只是大笑，什么也说不出来；突然又戛然而止，缩回到李显的怀里，委委屈屈地抽泣起来，弄得李显不知如何是好。

蜷在丈夫怀里，韦氏渐渐地平静了。

“亲爱的，我有今天，全因有你啊！话遵前言，我要用这后半生来报答你。我的东西就是你的……”李显深情地絮叨着。

事隔一天，十七日，武曌又封李显为河北道元帅，讨伐东突厥汗国。机警的韦妃听到这项任命，她的思路终于理清了：老娘真的决定重新起用丈夫，这项任命明明是为了给他积一点功劳，打一些基础，她不由得暗自佩服武曌的精明和理智。果然，又任命狄仁杰当河北道行军副元帅，由他代理元帅亲征。

再说武家班，个个垂头丧气，武承嗣、武三思所受打击更大。尤其武承嗣，多年奔波，几经努力，希望终成泡影，轰然病倒，不久即死去。

听到武承嗣死了，老百姓们竞相奔走传告，总算除去了久久郁积人们心头的一块大病。同时报喜给对方：李显又被立为太子了。

李显复立为太子的消息已经传遍了全国，但是，因为多年以来，武家班们的弄虚作假，以及阿谀谄媚者的华而不实，人们已经对周朝官员的言行极不信任。对于李显的复出，他们更是有疑在心，这样，事情实况便在百姓中间一传十十传百，越传说法越多。

“听人说，李显几年以前就被他老娘杀死了，只不过这么多年一直没人敢声张，要不怎么会这么多年一直没他的动静？”

“不对，杀死了倒不可能，要是真那样，没有不透风的墙，早就该有信儿了。”

“听过去在宫中的一个亲信说，李哲早就被武曌偷偷摸摸地押回来了，囚禁在一个极秘密的地方，派重兵看守，想什么时候处死就什么时候动手。”

“知道李显为什么没被杀吗？全赖他老婆韦氏了，这韦氏可不是一般人，特别会来事，深讨武老太太欢心，看在这位儿媳妇的面子上，才没杀这个儿子。对了，听人说啊，这韦氏长得忒标准，小模样儿没说的。这女人也真够意思，谁一掌权，她就偷偷地和谁勾搭，凭那一份身子骨儿，那些权贵就都瘫软如泥了，经过他们在武曌面前讲情，才拖到现在，一直没杀李显。没见到吗？武老太太杀她那两个儿子，连眼睛都不眨啊！这韦氏，真够劲儿！”

“纯属瞎说，我老爹捏着手指给李显和韦氏算过，他们还会再掌一国，你猜因为什么？老爹说了，他们的祸水还没冒完呢。准备着吧，几年以后，大家还要遭殃。”

诸如此类的传闻，慢慢传到了当朝官员的耳中，但大家都没有好办法解决，另外，一般官员也不再爱管涉及皇家的一丁点事。而眼下的状况又很紧急：突厥起兵乱边，是以恢复李姓为主要口号，国内百姓又人心浮动，亟待有人出来扭转这个局面。

这时，武曌提拔蓝田（治今陕西省蓝田县）令薛讷为左威卫将军、安东道经略。这位唐初名将薛仁贵的儿子，久怀忧民报国之志，在他临到远方上任之前，直谏武曌：“虽然皇太子李显已立，但百姓有疑，外边传说五花八门，有必要让太子公开露几次面，以让天下明白实情，安定民心。另外，蛮夷群起，借用李家名义，如今告白天下，也好击碎他们的借口。”

内史王及善也认识到这种情况，奏请武曌，要求太子亲往皇宫南城，召见文武百官，以整顿纷乱局面。

武曌允准。

听说皇娘已经答应太子召见群臣，韦妃更觉始料不及。难道那过去辉煌的刹那又要延续？难道死去的东西还能复活？难道梦想可以成真？兴奋和喜悦洋溢在她的周身。不过，十几年的艰苦岁月，此刻回眸，仿佛才真正觉得有了深厚的积淀。她尽量平复着自己的心情，默默地叮嘱着自己：睁开眼睛，仔细地看清；敞开胸怀，尽情地拥有。后来，她竟叨咕着这几个字："召见群臣，召见群臣……"好像怕把它忘掉，更好像只有这样一遍一遍地重复，语言才能真正变成现实。

看见极度兴奋的娇妻，茫然中的李显微微一笑，把她搂在怀里，感觉到女人在轻轻地颤抖。韦氏抬起头，澄清的眼波流泻到丈夫有些衰老的脸上，伸出唇，等待男人的爱抚。

"真好，真好，要见大臣了，高高在上，在上……"

愣神了，好一阵子，李显才明白韦氏的话。

"接见群臣，一定要既和善，又不可侵犯，既对拥护咱们的人好，又要照顾到反对咱们的人。要让他们看出你变了——成熟了，坚强了，让拥护你的人充满信心，让仇恨你的人产生畏惧……"

"回来以后，和皇娘解释清楚，咱们一定要注意言行，千万别引起老人家的不满，要冲刺了，命运安排我们走到这儿，我们一定能战胜最后一关。"

"将来，没准儿什么都是咱们的，亲爱的，我担心你做错哪件事啊，你是我的命啊！"

李显不住地点头，迷茫的神情渐渐镇定了。

召见仪式如期举行。

二

直到李显这次召见群臣，韦妃才摸清一个底细，原来，百姓对李家天下竟这样怀念，群臣中竟还有那么多位对李显深怀信心。她明白武曌召回丈夫和自己的原因了。思考至此，又回忆到不久前，老娘对这个儿子的任用，她心中一震，这不明明意味着一种趋势正在形成吗？它不是一般的过程，而是在一定基础上的稳步生长，暗藏着一种实现的必然。韦妃心中因此更明亮，也更充实。

韦氏是个极有主见的女人，认清环境之后，她就会果断地采取措施，以应付或促进时局的发展。她从来不会坐等。

很快，她心中升腾起一个办法：对待武家班，千万不能小看，但又不能采取强硬措施，自己还没有足够的力量那样做。不得已，走另一条路子——顺水推舟、以柔克刚。用缓和友善的态度迷惑对方，暗中迅速壮大自己，以待时机成熟。眼下的困难是，要忍耐得起武家班的无礼，用软家伙回敬他们，坚决稳住阵脚，稳中求胜。

韦妃没透露想法的根据，只是把结果告诉给丈夫。李显是个极软弱的人，当上太子以后，仍然忧心忡忡，皇娘态度一好转，他才能宽宽心。听到韦妃这样告诫他，马上点头称是。对妻子意见的信任和尊重，对武家班的惧怕和不安，对皇娘态度变化的顺应和逢迎，一起促使他不必怀疑，也不愿意怀疑——坚决地软下来，乐乐呵呵地苟活在“武”姓的眼皮底下。

一日，李显从宫中回来，一踏进卧室大门，他就大声喊上了：“爱妃，爱妃，快来，我有要事与你商量。”

原来，今天上朝，老娘的态度十分友好，而且还安慰了他几句。感恩之余，他搜肠刮肚，用什么方式回敬老娘的美意呢？有了，他灵机一动，何不向老娘提出，把自己的“李”姓也改成“武”姓，一定能得到她老人家欢心。想到这儿，险些脱口而出，又一寻思，不行，千万不能胡来，一定要等到回家以后和爱妻商量一下，再行决定。一路春风，他哼着小曲奔回家门。

韦妃考虑片刻，嫣然一笑：“挺好的主意，连我也想不到呢！”

听到请求，老太太果然挺高兴。武则天圣历二年（699）十二月二十五日，太子李显改称武显，女皇有令，大赦天下。

从此，武显这位太子终于取得了归入武家班的通行证，他心理上减去很多重负，它简直是个保护层，让这支孤单软弱的大唐血脉感到安全。

皇娘武曌这边，从召回儿子李显，到立他为太子，这老太太才如梦初醒。以前，她忽略了百姓的思想倾向，原以为自己的强硬政策能发挥极大效力，天下臣民都能真正拥护自己，今天看来，不但与所希望的不同，反倒有些相反。她时年已经七十六岁，毕竟老了，至于这儿子对自己的威胁，也考虑过，不过她心里基本有底，暂时不会怎么样。让她最担心的是，将来有一天，自己魂归西天以后，这国家还会是个什么样子？虽然她没把皇位传给武家，但那终究是自己的本家啊！将来李家人马重新掌权，这帮列祖列宗托付给自己照顾的孩子们，能永保荣华富贵吗？恐怕连他们的生死都拿不准。想到这里，危机感侵蚀着她近来老弱的身体。谁也不许欺侮武家人，武曌从心里喊出这个呼声，不过有些乏力，缺少往日的威武和不可一世的豪情。

老了，连她自己都感觉到在日渐怠惰和萎缩。她又不愿意也不甘心那样滑向衰颓，便怀着重重心事，把能搜索到的能量都拿出来，花费在二张兄弟身上。她似乎想通过这种方式，吸取少壮的精气，以便使自己获得充分的补养，焕发出更多的生命活力。而人一老，往日做起来很轻松的事情，也会沉重得让你不堪负荷。

她试着采取了几种方法，力图解除萦绕于心的忧郁和苦恼，一切都没有效果，反倒是窒人的沉重日甚一日地逼上来。偶然间，她想出了一个办法。

我老去之后，无论谁的国家，都会有个接续。武、李两家一定不相容，到那时，凶狠的争斗哪个大臣都难以制止，而庶人虽微，却是载舟之水，只要让老百姓都知道，在我这里把他们捏合到一起，告之天地，那么恐怕下任皇帝也不敢违抗祖训和天地神明，如果违背了，定会遭到世人反对。一想到这儿，觉得有办法可行。不久，武曌按自己的思路，选择一个晴好的日子，把李、武两家的主要人物李显、李旦、太平公主和武攸暨等人召集到一起训话：

李、武两家，皆皇亲国戚，国家之大，全是我们两家的。大家一定要顾全大局，无论什么时候，在什么样的情况下，都一定要互相体谅、互相帮助，共同为我们两家的天下出力。也好告慰列祖列宗……

之后，命令双方个个都写下盟誓，敬告天地神明和各自祖先，保佑后人，惩治违约者。还觉得不够稳妥，又命令官员把这些人的誓言镌刻在铁券上，并珍藏在国史馆中，以便于让当事人随时翻阅自省，更可以为后人所监督。这样一来，武曌才有点放心了。

武老太太也真是有点老糊涂了，如果放在以前，凭她的思维，绝对不会这么想，更不会这么做。无奈产生天真，用这天真来敷衍自己，欺骗别人，最终被骗的只有自己而已。人老了，大概都有这种不自知的发展趋向。

好不容易才算有了点解脱，又被吉顼的一席话拉进了沉重之中。

几年以来，吉顼一直是武曌眼中的大红人，有什么事都要找他商量。吉顼本人，也忠心耿耿地替她卖命。不过他不像一般人那样向武家班摇尾乞怜，而是纵观大局，力主扶李抑武，以顺应臣心民意，武家对他意见很大。武曌知道他心诚，无论武三思等人怎么在耳边吹风，她都不改主见，委他以重任。

一次，因为抵抗东突厥入侵赵州（治今河北省赵县），吉顼和武懿宗争辩起来，吉顼没顾对象是谁，又在谁面前，竟出言凌厉，声势逼人，把这武家小子驳得无招架之力。对此，一边的武曌十分不快，心想：吉顼啊吉顼，你也太放肆了，竟然对我们武家一点客气都不留，这纯是看不起我们啊。将来如果我不行了，看来依靠你是没有指望了。心中暗暗赌气。

吉顼确实有些恃才傲物，没看出武曌已对他心存反感。不久，他向老太太报告一件事，为了说明情况，旁征博引，一股不容任何人置疑的神气。武曌突然大怒道："够了，你那一套我早就听够了！你吉顼听着，我当宫女的时候，太宗有匹宝马，名叫'狮子骢'，矫健凶猛，没人能制服它。我正在一旁侍候皇上，建议说：我能制服它。只需要三样东西——一条铁鞭，一个铁锤，一把利刃。不老实，用铁鞭使劲打它；它还不服，用铁锤擂它的头；它再不服，就用利刃割断它的咽喉。太宗当时对我大加夸赞，说我智勇双全！难道你今天要弄脏我的刀刃？"

吉顼翻身跪倒，头低垂到几乎着地，大汗淋漓，不断认错，苦苦哀求饶命，结果武曌决定贬他做固安（治今浙江省瑞安市）尉。临行，排除许多障碍，他又求见武曌，请求说完最后一句话。

“跟随陛下几年，皇恩难承，今将远去，深虑来日宫中情形，”他痛哭流涕，边抽泣边断断续续地说，“如果土加水和成泥，二者之间还有没有争执？”“当然没有。”“如果把泥分开，一半塑成佛陀像，一半塑成道家天尊像，二者有没有争执？”“当然有。”

吉顼停下来，深一叩头，接着说：“如若皇族、皇亲各归其位，彼此无争，则天下太平；而今，太子武显已经定位，皇家仍然封王，这是陛下逼他们将来非狂争乱斗不可啊，双方都没有安全感，人心患变。”

武曌长叹一声：“我何尝不忧！而事已至此，无法可行啊！”

武老太太精心修建的防洪堤，在她心中迅速崩溃了。而韦妃，却借助这个机会，把她的妙计运用开了。

从前，一有谁提到武家那几个头面人物，韦妃便从心里感到厌恶，因为相距很遥远，彼此之间少有干涉，有时候想起，只偷偷地咒骂几句而已。如今，直接面对这些不可一世的红人，不觉心中有些畏惧。好不容易有了这次机会，又是当朝女皇给牵的线，再和武家班联系，不但不损自己的面子，而且还可以讨老娘的欢心，名正言顺，又有利可图。

正在韦妃鼓励武显多和武家人接触的时候，以武三思为代表的武家班也渐渐认清一个事实：必须暂时放一放自己的傲气，逐步和以李（武）显为首的李姓接触，起码在表面上要十分友好，尽管一肚子怨恨和仇视，却实在无奈。只有这么办了，才能给自己留一条后路。武曌也曾多次教导过这些晚辈，开始他们都不服气，经历了时局发展，才发现这位武家老太太的英明。

一日，武三思主动来到太子府，登门拜访。听到门人报告，武显和韦妃都大吃一惊，马上整服列队，恭敬出迎。

韦妃这次是头一回见到武三思。在以往憎恨的情绪中，把这位武家班的“二把手”想象得面目狰狞，粗暴凶猛，见女人则动手动脚，心无只字，纯莽夫和饭桶一个。不料此刻一见，与印象的反差之大，简直让韦妃不敢相信。只见他和武显相见，热情致意，寒暄得体，卑中有力。坐下来，更见他稳重刚毅，谈笑自如，思想随话语飞扬，不但健谈，且能做到点到为止，适可而止。和武显比起来，真是一个天上一个地下。

韦妃静静地坐在丈夫旁边，一言不发，却为他的谈话深深震惊。不知因为什么，韦妃心中产生一种莫名的感觉，仿佛丈夫只是一片晚秋的落叶，而武三思是一棵粗壮的大树，在秋风的侵袭中，落叶无力地在树干周围飘荡跌落。丈夫给自己的感觉是悲凉和不可依靠，而武三思那健壮威武的身躯，是一座避风港，在海风呼啸的夜晚，他将会带给漂流者多少温暖和慰藉啊！韦妃不敢再往下想，理智告诉她，这是自己的敌人，她试着想办法再憎恨他，奇怪的是，那种毒辣的思绪已经了无痕迹了。她害怕，却又有些新奇的美好感。

在和武显谈话时，武三思不时地把话头转向韦妃，用巧言智语夸她几句。这个很难为外事所动的人，一听到武三思那壮美的声音袭来，不觉心中狂跳，面色羞红。她尽量装作威严不可侵犯的样子，以礼相待，但实际的她，已化作了一潭清泉，在有月亮的夜晚，任一尾活泼的鱼儿放肆地搅动。

武三思起身告辞时，韦妃虽然只起身示意，欢迎他以后多来，可她的心绪，却随着他飞扬了很远很远。

“爱妃，你说这小子来干什么？”武显满面疑惑，低声问韦妃。

看到丈夫这个形象，她气不打一处来，粗硬冒失地答道：“你自己也想想，我不知道！”

听到靠山这个答复，武显呆在那儿，不知所措。

知道自己出语太重了，韦妃强装笑颜，投入丈夫怀里。搂着女人，武显伤心得泪流满面。

很长时间过去，韦妃才把武三思的音容笑貌逐渐淡忘。可没多久，武三思又登门造访，这次随他同来的，多了一位美人——上官婉儿。

这位上官婉儿不但面目清秀体态轻盈，而且机智灵敏才华横溢，不但女皇武曌喜欢她，当朝的男人——那些武曌的亲戚，没有几个不对她垂涎欲滴的。她难耐武承嗣纠缠，不得已和他风花雪月几年。武承嗣一去，武三思又把她搂进怀中。这次把婉儿带进太子府，是经过他深思之后才行动的。姜太公钓鱼，就看你武显上不上钩了。

这次，武三思更多的是把话题引到韦妃身上，一次次地启发她说话。韦妃话语渐渐多了，她又发现，武三思的理智程度，是自己久学不到的，佩服之余暗想："这才是真正的男人！"两个人聚精会神地谈着。

再说武显，听到武三思介绍随同前来的女子是上官婉儿，他几乎不能相信。转眼之间，一个小娃娃竟然出落到这般程度。开始时，他没敢多和婉儿交谈，怕冷落了武三思这位不凡之客。正巧，武三思的话题与自己关联不大，后来竟不用自己插嘴，他乐不得多和这小婉儿说话呢。

婉儿正当年，她又很会保养自己，体态依然袅娜娉婷，浑圆的肩膀和胸脯，光滑的脖颈，细嫩的肌肤，尖俏的鼻子，不厚不薄的双唇，目光清朗，纤眉轻扬，再加上响亮清脆柔和的音调，把太子武显撩拨得魂不守舍。但他不敢露出一点轻佻，因为有武三思在，更有韦妃在。压抑着激动的心情，说起话来词不达意，一动一笑呆头呆脑。

两家的“感情”日深，有时韦氏催促丈夫去回访，武显正好乐于多和婉儿在一起待一会儿。更多的时候，还是武三思和婉儿双双来访。

一次，武三思正式向女皇陈事：

“陛下，将来太子武显继位，后宫三千，各色女宾杂陈，我看现在可派一个人，先到武显身边，凭她的能力，一定可辅佐他成大业。”

武曌一惊，难道三思和太子真的和好了？近来可多有耳闻，说他们二人的关系日益和睦。

“这人是谁？”

“上官婉儿啊！”

武曌略有为难，她身边有些离不开婉儿。不过她很快表示赞同。两家的和好，多么来之不易，付出个婉儿，她也认了。此外，武曌对婉儿也特别放心。

刚听说自己要到武显府上做事，侍候他，婉儿从心里不高兴。

武家这些男人当中，只有武三思，婉儿真心喜爱。她不想让武三思为难，晶莹的泪水在武三思的胸上流成一道道细流。

慢慢地，婉儿沉静下来，用纤纤玉手轻轻擦去武三思胸上的泪水，搂紧他。

“我会经常去看你！”武三思温柔地说。

疲惫的婉儿斜搂着男人脖子，娇滴滴地说：“你可别忘了我啊！”

“就怕你到将来当了皇妃，享尽荣华富贵，把我忘了呢！”

婉儿摇头，猛烈地摇头。

月亮已升到中天，云层从远方奔来，越积越厚。外面起风了。

韦妃正在得意，她那伟大计划的第一步已经顺利实现了。稳住武三思以后，她又把目光向外伸展。当朝诸官，更受武曌宠幸的莫过于狄仁杰和张易之、张昌宗兄弟。还没等韦妃想清楚下一步具体该怎么走，太子武显向她诉说了一件得意事。

有一日，狄仁杰陪武曌到外面游乐，太子武显也随行前往。忽然狂风大作，沙土飞扬，不能继续前进。太子骑马来到老娘的上风向给她挡风。突然，狄仁杰的帽子被风吹掉，顺风滚远，差役们马上去追。不料，狄仁杰的坐骑又耳朵一竖，四蹄跳动，因受惊而快速奔跑。还没等侍臣们反应过来，只听得武曌大喊：“太子，快给‘国老’拦马！”

武显迅速驱动坐骑，赶上狄仁杰的坐骑以后，翻身下马，死死地拉住那匹马的缰绳。这时，其他大臣也围上来。本来那马已被围在中间，静下来了，可太子一直没放开缰绳，直到狄仁杰戴好帽子。

听了武显这番话，韦妃点头拍手：“太好了，这是老天赐给我们的机会。太好了。”

韦妃深知狄仁杰在武曌心目中的地位。

自从狄仁杰又调回朝中以后，女皇对他倍加信任，甚至于省去他的名字，直呼为“国老”。他官做得更高，除了内使外，又加封为文惠公。举国大事，都经过他同意后再定夺。狄仁杰老来多病，多次请求退休养病，一直没得到批准。他也真心为武曌卖力，推贤举能，其后的朝中名臣张柬之、姚元崇、桓彦范、敬晖等几十人，都经他亲自推荐，很快得到重用。

时过不久，狄仁杰病逝。武曌号啕痛哭：“老天爷，你为什么这么早就夺走我的‘国老’，让我今后和谁商量！没了你，南城已成空城……”

韦妃倒不在乎这些，去了狄仁杰，少了个障碍。如今，谁一和武曌过于亲近，她就感到不自在，又没有别的办法，只得想尽计谋去拉拢那人。正在她运筹帷幄，打算对张氏兄弟发动攻坚战时，噩耗忽然找上了门。

武则天大足元年（701）九月的一天，韦妃和武显的儿子、邵王李重润，与他的妹妹永泰郡主以及妹夫武承嗣之子、魏王武延基暗中议论二张兄弟："奶奶这次病得挺重，要是真出了危险可就坏了，人也是老了，怎么把大权交给二张兄弟呢！"永泰郡主提起话头。

"他们俩算什么东西？真是对咱们两家的侮辱，迟早会让二张完蛋的。"武延基不平地感叹。

"咱们说这类话，以后得小心点，二张的耳目特别多。"李重润小心地提醒。

"怕啥？他们再厉害，敢把咱们怎么样？真还没王法了吗？这两个无耻的男人，不知天高地厚！"永泰郡主怒气冲上脸颊。

"别忙，有朝一日，让他们死个痛快。"

"我们需要等待，恐怕不会太久。"李重润稳稳地插着话。

三个人越说火气越大，说到这二人淫乱后宫取宠武曌时，永泰郡主愤愤得几乎要喊起来，连平日精明稳重的李重润也要失去理智。

不料，他们的议论被一个无耻用人听到，马上到张易之那里去告状邀功。病中的武曌听到张易之的诉说，看这么个大男人涕泪横流的狼狈相，多时枕席的情谊袭上心头，心中一软，随之，怒气升腾，气得她周身抖作一团。看见自己的表演发挥了效用，张易之以退为进，又微笑着说道："陛下，保重身体要紧，让病中的圣驾生气，真是折杀奴家了。"说完，连连叩头。

看见武曌没什么反应，他接着说："陛下，重润、郡主和延基，都是皇亲国戚，他们是您的根啊，别怪罪他们了，我算什么呢，能给陛下做个忠心的奴仆，成天侍候圣驾欢心，已是贱人莫大的荣幸了。”说完又抽泣起来。

武曌真的感动了，喘几口气，大喊：“欺负你们的人，杀！”

几天后，武曌亲自传令，命三人自杀。

消息传来，韦妃当时昏死过去。举国也为此鸣不平，尤其对李重润，人们感觉最好。

《旧唐书》载，重润“风神俊朗，早以孝友知名，既死非其罪，大为当时所悼惜”。

回忆往事，韦妃为这唯一的亲生爱子感到极度悲伤。两岁那年，因为丈夫被贬房州，重润皇孙身份被废，以“庶人”的身份留居宫中。漫漫十几年过去，终于又和儿子团聚，李显被封为太子，重润被封为邵王。谁料，只三年多的时光啊，母子就这样永别了！他才十九岁啊！十九岁！

悲痛沉沉地掩埋了这个坚强的女人。

几个月过去了，韦妃从悲伤中喘口气，想着下一步该怎么办。她激灵灵打个冷战，不好，马上推醒丈夫，急切地说：“不好啊，长此下去可要不好啊！”

武显睁开睡眼问怎么回事。

“你想啊，是张易之告密，才杀了咱们孩子，这么长时间以来，咱们一直没有声响，他们一定以为我们在暗中采取行动。知道我们恨他们，人家一定有了防备，但能不能又进一步，反过来先对咱们下手呢？”

“那可怎么办呢？”武显瞪大双眼，急迫地问。

“咱们必须先采取主动，让他们感觉到，我们并没怎么恨他们。这么办吧，你马上找到相王武旦和太平公主，和他们商量商量。眼下，老娘的病日重一日，我们一定要先稳住二张兄弟，又让老娘对咱们感到满意。”

武显把要讨好张氏兄弟的话一说，相王和太平公主二人立即赞同，他们正找不到讨好张氏的办法呢。最后决定，三人联名上疏，请求封张昌宗王爵。

“陛下，圣驾不安，张昌宗心怀国家，才干超群，理应封王，以应民心。”

三人齐齐地跪在武曌床前。

武氏微微一笑，把三个人的心理摸得一清二楚，沉思片刻，侧头看看他们，没说话，只摇头表示反对。

事隔几日，三人又去苦苦请求。武曌确实喜爱张昌宗，早就有给他封爵的意思，如今何不顺水推舟，也好给三人个面子。于是，封张昌宗为邺国公。

三兄妹的请求终于得到了老娘允准，韦妃心里稍稍安定了些，不免又思念起那不幸的儿子，脸沉着，眼中噙满泪水。

这时，女仆挑帘栊进来，走到韦妃身边，小声报告：“夫人，有个胡人和尚要见您！”

“胡人和尚？我不认识哪个和尚啊，他怎么说的？”

“他说无论怎样都要见到您。”

“让他进来。”

只见这胡僧，神清气爽，无蛮野之风，却有奇珍之味，鼻尖目深，眉活气动，仿似一得道的仙界小生。他走上前来，双手合十深鞠一躬：“夫人，小僧知道您心中有不平事，我虽非国中之人，却愿为您除烦解忧，特登高门，望夫人原谅小僧莽撞。”

“怪哉，你我素不相识，怎能知我心有难事，纯粹一派胡言！”

胡僧忙答：“夫人，小僧不敢！不信，您可看我法术，凭我多年修炼，定能解夫人心中块垒，如若此话为假，再任凭处置，虽死无怨。”

韦妃瞥他一眼，点头允准。

依照胡僧要求，拿过来一张方桌，上罩一方红布。胡僧从袖中取出一敞口浅钵，放在桌子正中央。

“夫人看了，”说着取出一布袋，哗啦啦一倒，原来是一堆三彩精制小圆球，光亮滑润，颜色艳丽，再细看去，只见每个小球上面都镌着醒目的黑色字，多检查几个才会发现，那上面刻的是百家姓氏。胡僧用手轻轻搅动圆球，神秘而严肃地对韦妃说：“夫人，我这是‘通命珍珠满天星’，凡间之人，偶有危难，通过这上天降落的小珠子，就能发现毛病所在，并能帮助人们除灾生福。”

韦妃愣愣地看着，没吱声。

这胡僧又把钵中珠子倒回袋子中，钵归原位。他闭上眼，拉开架势，手在袋中左搅三下，右搅三下，忽然抬头向上，大呼一声：“来！”

手从袋中迅速抽出，抓住几个小球，稳稳地绕钵划动几周，突然停住，另一只手发气，罩住拿球的手，双手霎时张开，小球跌落钵中，叮当作响。细一数，十个小球挤在一起。

“哈哈，夫人您来看！”

韦氏大睁着眼，怎么也看不出门道。

“快说来我听！”

“我这‘通命珍珠满天星’，专测人间事，尤其人与人间生死大事，更是反映得清清楚楚。依照天象显示，您看这十个天星，中间两颗是什么？”

“李和张。”韦妃答道。

“对啊，太子本姓李，这张为谁？象中意为——李张有矛盾，急需沟通，否则将成大祸。解决的办法是，两方多接触，众人帮忙维护——没看见其他小星围在四周吗？大祸一定不日即除。”

“张？啊，是二张兄弟？对，简直神了！”韦妃兴致大增，微笑地听着胡僧继续说法。

原来，这胡僧法号慧范，别看他年纪不大，却八面玲珑，学得一手奇法怪术，专会得显要人物欢心。张易之、张昌宗兄弟对他也十分友好。他在二张府上闲居有时，待遇极佳，想报答二张的恩情，更想进一步得到二人欢心，便主动要求到武显府上一行，为张氏兄弟卖力。

韦妃深信慧范的妙术，留在府上住了几日，重重地赏了他。同时，韦妃进一步坚定了自己以前的看法：要取得张氏兄弟好感。

不料，事情的发展，简直是迅雷不及掩耳，一场猛烈的暴风雨，马上就要在武周政权的天空上呼啸起来了。

第四章

诛二竖中宗复位 通三思韦后垂帘

一

武则天长安四年（704），韦氏从流放地房州回到东都洛阳，转瞬间已过去了七年。往事不堪回首。十几年的流放岁月，这七年里囚徒般的生活，在韦氏的心中，留下了一道深深的伤痕。她的心中埋藏着永远也无法消去的仇恨，她憎恨几乎夺去他们生命的女皇武曌。她开始无时无刻不在诅咒着女皇早一天离开这个世界，她好从那淫威之下解脱出来，呼吸自由的空气。从她个人的不幸遭遇来说，她对武曌是恨入骨髓，但从对至高无上的皇权的向往来说，她对武曌又是无比的艳羡和敬佩。她时刻都期待着、梦想着自己也登上女皇宝座，君临天下，发号施令，为所欲为。尽管她无数次登上了女皇宝座，但每次都是在漫漫长夜的睡梦之中。

无论韦氏怎样诅咒，武曌依然一如既往，依然是那样风流，依然同往昔一样，作威作福。

韦氏不但对武曌无可奈何，实际上对武曌的两个男宠张昌宗、张易之也是无可奈何，甚至二张置她一双儿女于死地，她都无能为力，难以施加援手。

张昌宗、张易之由于数年来一直得到女皇专宠，权倾朝野，顺之则多加提携，逆之则多方构陷，置之死地而后快。

由于二张非常喜欢被人奉承、夸赞，所以朝中大臣多数都献媚二张。武三思尤工此道，竟上奏女皇说，张昌宗是上古仙人王子晋的化身。于是武曌便仿效传说中王子晋的服饰，令张昌宗穿上羽毛制的衣服，吹着凤箫，骑上用上等香木制成的木鹤，在宫廷之中，往来嬉戏，一时成为宫中一桩乐事，文武大臣都争相作诗赞美。当时，鸾台侍郎杨再思也效法武三思极尽谄媚之事，他曾对人说："世路难行，刚直的人往往祸及自身，倘不能屈折行事，如何能够保全其身呢！"

杨再思因善于奉迎二张而被升官为内史，越觉此道可行，更加献媚阿谀。当时朝中大臣都争相出奇言赞美张昌宗仪表。有人说六郎（张昌宗）面似莲花，唯杨再思不赞成，大骂其为荒谬之谈。张昌宗心中十分不悦，质问杨再思从何而论是谬谈。杨再思从容地说："出此言者，纯属语无伦次、颠倒是非，六郎哪里像莲花？是莲花像六郎。"

张昌宗闻听此言，不觉心花怒放，大大地称赞了杨再思一番。

依仗张昌宗势力，他的兄长张同休入朝为官，做了司礼少卿，弟弟张昌仪做了洛阳县令。司礼少卿、洛阳县令虽然不是什么高官，但张同休、张昌仪都倚仗张昌宗势力，逞威胡为，肆无忌惮。张昌仪尤为霸道。

张昌仪作为洛阳县令，本应对洛州长史恭恭敬敬，以尽属下的职责。但他依仗兄长的势力，根本不把长史放在眼中，进入长史衙门如入无人之境，自由散漫如常，几任长史都忍气吞声，任他放肆。后来肃政中丞魏元忠兼任了洛州长史，治事十分严明，对张昌仪屡加训斥。张易之的家奴，依仗二张势力，也是为所欲为，竟在光天化日之下，在都城行凶殴打市民，扰乱治安。魏元忠得知，便命捕快将张易之的家奴逮捕归案，杖刑处死。

魏元忠几次在二张头上动土，二张对魏元忠恨之入骨。武曌不知内中细情，以元忠有军功，又是理政能臣，便提拔为同平章事（宰相）。魏元忠做了宰相之后，首先便阻止了张易之的弟弟张昌期调任雍州刺史，并上奏女皇说：

“臣位居宰相，不能尽忠死节，反而令小人常在陛下身边，罪该万死。”

武曌听后心中十分不悦。张昌宗、张易之本已怀恨在心，见女皇对元忠有所不满，便乘机编造罪状，欲置元忠于死地。

司礼监高戬曾经与太平公主有肌肤之亲，经常在宫中与太平公主来往。因太平公主对二张始终敬而远之，所以二张心中一直对高戬醋意十足，久已想寻机整治，苦无良策。这次二张想到一个一石二鸟的毒计。

一次武曌得病卧床，连日不起，二张侍奉左右。一天傍晚，二张进药给武曌，故意窃窃私语，并将“太子”两字说得清晰可闻。武曌听到“太子”二字，又见二张窃窃私语，知道必有隐情，便有气无力地说：“昌宗、易之，你们俩说什么呢？背着我。”

张昌宗、张易之故弄玄虚地说：“臣非背着陛下，只是事关宰相，不敢妄言。”

“宰相？什么事？”武曌警觉地问。

“臣等听外面流传，魏元忠与高戬私议说，武氏年已衰老，不若依附太子，以为将来长久之计。”

武曌听到这话，不禁暴跳如雷，立即下令将魏元忠和高戬逮捕下狱待审。一面召太子、相王、各位宰相会审，让张昌宗与魏元忠对质。但两下争论激烈，难以确定是非，一时无法下定论，便暂时置之一边，不再审理。

武曌疾病略有好转，便拟定亲自面讯此案。张昌宗为了达到目的，扳倒元忠、高戬，便欲找一朝臣作“旁证”。思来想去，觉得与凤阁舍人张说平素来往较为密切，于是暗中告诉张说到时作证，张说当面答应。不料这事为同事宋璟所知。在女皇亲自审讯这一天，宋璟一直在外等候。张昌宗与魏元忠两人在武曌面前辩论不休。张昌宗便用了最后一计，向女皇说："臣所说事实，不但臣知道，张说也曾听到魏元忠二人议论过，陛下可传张说进宫作证。"

于是，武曌召张说进宫。张说将至宫门时，早已等候在那里的宋璟将张说拦住，恳切地说："雁过留声，人死留名。人的一生，名节至关重要，人可以暂时蒙蔽，鬼神总是难欺，不可与邪佞之徒结成朋党，而构陷正直人士，以自求免祸。即使得罪二张而被驱出朝廷，也会远播贤正之名于朝野。万一有不测，璟当叩阁力争，与君同死。能否流芳百世，受万代敬仰，就在此一举，请君三思。"宋璟规劝张说时，侍御史张廷珪、左史刘知几都在场。

张廷珪勉励张说说："朝闻道，夕死可也。"刘知几也勉励道："不要玷污青史，累及子孙！"

张说听了三位同僚的肺腑之言，连连点头称是，昂首挺胸走进朝堂。

魏元忠见张说进来，恐怕张说附势陷害而证成冤狱，便大声说道："难道张说要与张昌宗合谋，罗织元忠吗？"

张说怒叱道："元忠身为宰相，怎么能像里巷小孩子一样，说出这样的话呢？"

张说说完便谒见女皇，武曌问张说是否知道魏元忠与高戬所说的事。张说还没有应对，张昌宗急忙向张说道："何不快些奏明陛下。"

张说奏道："陛下试看昌宗，在陛下面前尚且如此威逼，何况在外面了！臣实在未曾听到元忠说过这些话，请陛下明察。"

张昌宗立刻厉声道："张说与魏元忠同谋造反。"

武曌看看张昌宗，不阴不阳地说："你亦太信口诬人了。"

张昌宗申辩道："臣不敢诬张说，张说曾称魏元忠为伊周。伊尹放太甲，周公摄王位，难道不是欲造反吗？”

张说十分严肃地说：“昌宗兄弟，都是小人，只知伊周之名，未知伊周为人和做法。前不久元忠晋升为宰相，自谓无功受宠，不胜惭愧、恐惧。臣对元忠说：‘公居伊尹、周公职任，正可效忠圣上。’伊尹、周公，是千古忠臣，历代瞻仰，陛下用宰相，不使学伊周，那么学什么人呢？臣也明知今天附和张昌宗构陷元忠，会立取重位。若据实直言，会遭灭族大祸。但鬼神难欺，名节至关重要，臣不敢诬证元忠自取恶名，累及后世。”

武曌知昌宗诬陷，不便继续问，半晌才说：“张说反复小人，宜一并治罪。”

武曌说完，退入内宫。张说与魏元忠一并被关入牢房。

第二天，武曌单独召见张说，张说奏对如前，武曌又命宰相和武懿宗复审。张说仍执前言，矢口不移。

此案审理期间，正谏大夫朱敬则等先后上疏，为元忠鸣冤、辩诬。但武曌置若罔闻，最后传旨，贬魏元忠为高要尉，张说与高戬都流放到岭南。

元忠出狱辞行，伏殿奏陈道：“臣年老体弱，今天远道向岭南赴任，九死一生，但料定陛下他日，必思臣言。”

武曌问道：“将来有什么祸祟？”

元忠抬头见二张在旁，便指着二张道：“这两个小儿，将来一定会作乱朝中。”

二张忙下殿叩头，高声喊冤。武曌叱令元忠退去，自己同二张退入内宫。

元忠离开都城赴任那天清晨，太子仆崔贞慎等人设宴在郊外，为元忠送行。这件事被张易之知道了，便要重兴大狱。于是又故技重演，捏造罪状，说崔贞慎等与元忠谋反，写了一封告密信，署名柴明。

武曌得到内侍转来的密信，又令监察御史马怀素查问。马怀素集讯数次，并未查出实据，便故意拖延不去复命。内使再三催促，马怀素便入宫自陈审理结果，并请传柴明对质。

武曌道："朕不知柴明住处，只教你照案处治，何须原告？"

马怀素道："事无证据，怎么能诬陷人呢？"

武曌怒叱道："你难道要纵容叛臣吗？"

马怀素从容奏道："臣何敢纵容叛臣？但元忠以宰相被谪，贞慎等以亲故饯行，就诬他谋反，臣实不敢附和。从前汉朝栾布奉事彭越麾下，汉高祖且不以为罪，况元忠罪状不如彭越，陛下就欲诛及送行的人，岂不是太过分了吗？陛下操生杀大权，如欲加罪于人，不妨直接决断，若一定委臣审讯，臣何敢妄断？只好据实奏闻。"

武曌听马怀素侃侃直陈，很有道理，怒气也随着消了，便道："你先退下，朕自有决断。"

此后，遂搁置不提，崔贞慎等得以免罪。

二

在武曌的庇护下，二张势力日盛一日，无论宫廷内外，稍有忤逆二张意旨，即遭严谴。

同平章事（宰相）韦安石见二张凶横益甚，举发他们各种罪状。武曌传旨由韦安石、右庶子唐休璟审问二张。韦安石等方要传讯，女皇却又传旨，调韦安石为扬州长史、唐休璟为幽营二州都督。

唐休璟知道这次外任皆是二张从中做手脚所致，深知二张用意并不只在于他和韦安石身上，而是排斥异己，欲有所谋。临行时密告太子李显道：“二张恃宠，不守为臣之道，将来一定犯上作乱，殿下应该早做防备，以免遭殃。”李显暗中允诺。

韦安石外调赴任之后，武曌拟选人补缺，但一时找不到合适人选充当宰相职位，就让兵部尚书姚元崇荐举宰相。姚元崇奏道：“张柬之沉厚有谋，能断大事，现在年已八十，请陛下速用为是。”

武曌应允，立即任柬之为宰相。张柬之原在合州刺史任上时，曾与荆州长史杨元琰对谈，两人一同泛舟江中，谈及武氏变制称帝一事，杨元琰慷慨长叹，泪如雨下。

张柬之对元琰道：“他日你我得志，当彼此相助，共图匡复李氏唐朝。”

杨元琰答道：“若有良机得志，一定不负今日江上之约。”

张柬之这次入相，立即保荐杨元琰为右羽林将军，并对杨元琰道：“江上旧约，你还记得吗？”

杨元琰笑道：“牢牢记在心中，从未敢忘。”

张柬之又密结司刑少卿桓彦范、右台中丞敬晖及右散骑侍郎李湛等，共同商议，联合行动恢复大唐国号，等待时机举事。

武则天长安四年（704）秋，武曌又染重病，卧床不起，数日不见辅臣，只有二张在侧不离枕席。凤阁侍郎崔玄暐上疏道：“太子、相王，孝友仁明，足以侍奉汤药，宫禁之中关系重大，不应令异姓出入。”

武曌病情有所好转后，将崔玄暐的上疏批出，上面只有四字，是“感卿厚意”。二张见此批答，恐怕被武曌疏远，考虑到武曌一旦归天，必将祸及自身，于是暗中密结党羽，以寻退路。不料外面屡有飞书，说二张谋反。二张朝夕在武曌面前陈白，武曌听到传闻，也置之不问。但是谣言日甚一日，二张不免也忧惧起来。张昌宗兄弟便找到术士李弘泰，占问吉凶。

李弘泰对二张说：“昌宗气宇不凡，头上有瑞气生出，双目如电，将来必为天子，南面称尊，一统天下，若至定州造佛寺，成功定会更早。”

张昌宗闻听李弘泰所言，正暗自庆幸，做着美梦。不料，这事竟被杨元嗣获悉，立即告发。武曌命平章事韦承庆、司刑卿崔神庆、御史中丞宋璟等会审二张。

张昌宗听到消息立即入宫面奏武曌道：“弘泰虽有妄言，臣等实无异心。”

武曌见张昌宗泪流满面，“忠心”可悯，便令内侍传旨给会审诸官，按自首条律，减昌宗罪，韦承庆、崔神庆复奏道：“张昌宗按法可免，李弘泰首恶当诛。”

宋璟与大理丞封全祯上疏道：“张昌宗屡承宠眷，还召术士占相，意欲何为？况且果然以李弘泰所言为妖妄，为什么不立即抓起来，送官府治罪？虽然据实奏闻，终是包藏祸心，按法理应处斩，不得宽贷。”

宋璟的上疏，武曌未予理睬，宋璟又面陈武曌，坚决要求收监二张。武曌依然不许，只道：“且检详文状，再行定夺。”

宋璟刚退出皇宫，内使传出诏令，命宋璟出京安抚陇蜀，宋璟不肯出行，上言武曌道：“本朝定例，中丞非军国大事，不当出使。今陇蜀无变乱，臣不敢奉诏出行。请陛下收回成命。”

武曌于是又改令宋璟往幽州，调查都督屈突仲翔贪污案。宋璟复奏：“外臣有罪，须由侍御史或监察御史往审，臣不敢越俎代行。”

司刑少卿桓彦范、凤阁侍郎崔玄玮又接连入奏，坚决请女皇加罪张昌宗，武曌乃令法司议罪。法司议罪应处大辟（死刑），武曌不允。

宋璟又入宫请治张昌宗罪。

女皇道：“昌宗已向朕自首，理应减罪。”

宋璟道：“昌宗为飞书所逼，穷途无路，不得已而自首，本非他的初衷，且谋反大逆，十不赦之罪，不可免，若昌宗不伏大刑，国法有何用？”

武曌好言劝解，宋璟厉声道：“昌宗分外承恩，臣知言出祸随，只因义愤所激，虽死无恨。”

内史杨再思在侧，恐宋璟忤旨，遂宣敕令使宋璟退下。宋璟道：“圣主在此，臣面聆圣训，不须内史擅自代圣上宣敕。”

武曌无言可驳宋璟，只好饬令复审，遣张昌宗至御史台对簿。宋璟退下，到御史台审讯张昌宗。刚问几句，又有内使持敕到台，特赦张昌宗，并领张昌宗而去。

宋璟不便再度抗旨追还，只长叹道：“不先打碎这小子脑袋，真是追悔不及。”

几日后，武曌令张昌宗去面谢宋璟，宋璟不许张昌宗进府，并使家人传话道：“公事公办，公话公说，若私见便是违法，王法怎得加入私情呢？”

张昌宗本欲以此缓和同宋璟的矛盾，并进一步拉拢结成同党，不料却吃了闭门羹，还受了一顿教训，真是又羞又恨，因羞而成怒，心中暗暗盘算除掉宋璟以解心头之恨和后顾之忧。

张昌宗决心要杀宋璟，便令其弟张昌仪在市井之中，寻找爱财不要命的地痞流氓。张昌仪本身就是一个无赖小人，因为靠了张昌宗的势力才得以做官。虽然已做了县令，依然染指黑道，所以找一两个亡命之徒是轻而易举。

没有几日，张昌仪便找了一个刺客，引入密室，商定在宋璟儿子娶妻办喜事那天动手，一来乱中得手容易，二来可以同时破坏宋家好事，更可解恨。

刺杀宋璟的准备工作，已全部就绪，只待三日后宋子拜天地、吃喜酒时动手。谚语说得好，夜长梦多。三天时间，就发生了变故。商定刺杀计划的第二天，刺客请朋友喝酒，便把去行刺宋璟一事和盘托出，目的是万一有个三长两短，请朋友照顾家小。其中有一朋友，平素同刺客关系最亲密，又有些机谋。他知道自己这位朋友很讲江湖义气，拿人钱财，必会与人消灾，不便直接加以阻拦。但又深知，刺杀宋璟并非易事，连三成把握都没有，即使侥幸成功，也难以逃出，必为宋璟家人所获。他表面上答应，一定帮他的朋友料理后事，心里却已暗暗打定主意。

宋璟儿子举行婚礼的凌晨，家人早起开大门时，见门内有一布包，家人捡起一看，包着一块石头，石头下面有一字条，歪斜着写着几个字，仔细一看，上写："宋璟大人，你儿婚宴之上，有人要行刺你，请慎防。"

家人一见，吓出一身冷汗，慌忙跑入上堂面陈宋璟，宋璟接过密信看了一遍，点头令家人退去。

宋璟心里十分清楚，这事肯定无诈，而且必是张昌宗幕后指使刺客行刺。至于报信的人是谁，他无法猜测，也无需费神去想。

当婚礼开始后，宋璟佯装腿扭伤，躲在房中始终没露面。刺客在那转了一上午也未见宋璟，便回去说清原委，复了命。张昌宗怒骂了几句，并付了一些银两，嘱刺客不许外泄此事。他心中暗想：君子报仇，十年不晚，慢慢图之。

真是小人从来不说自己是小人，还自命君子。

武则天长安五年（705）正月，武曌病情又进一步加重。二张仍然如从前一样，居于宫中侍奉。

二张仔细探察了女皇病情，并私下问御医。御医对二张说：“依小人看，圣上玉体实难康复，按现在情形，恐难越过明春，若再感风寒，那就更危险了。”

二张闻听此言，不觉心中生惧，因为他们自知树敌太多，一旦女皇这棵大树倒下，便没有了依身之处，必将四面受敌，死无葬身之地。所以二张心神难定。

昌宗虽然年纪小，但心计却胜其兄易之一筹。

昌宗对易之道：“目前情势，对我兄弟已十分不利，我们要未雨绸缪，及早准备，免受祸患。”

易之道：“以你之见，如何行事，方为稳妥？”

昌宗沉思片刻，拉易之离开了女皇的寝房，来到侧室，将头凑近易之道：“为今之计，一是利用圣上威权清除宋璟一班人，扫除障碍；二是待圣上垂危之际，矫诏诛杀那些反对我们的朝臣。”

再说宰相张柬之见武曌病重，朝中大臣一律拒见，就连宰相、太子也不能得以面圣，所有制诏都由二张传出，心中暗想：现在唯有二张能近陛下，二张所言便是圣旨，朝臣难辨真伪，即使可辨真伪，陛下已是老迈昏庸，难免做出有悖天理人伦的决断。

张柬之接连两夜未能成眠，他在全面分析目前形势，考虑时机是否成熟。因为倘若时机不到而贸然举事，不但不能诛除二张，反而会打草惊蛇，被毒蛇反咬，那就事与愿违了。

张柬之反复思考，权衡利弊，认为时机已经成熟，如若再缓，恐有被二张各个击破，以致首尾难顾的危险。

于是，张柬之密邀右羽林大将军李多祚到家中，屏退左右，请李多祚坐下，然后问李多祚道："将军今日富贵荣华，从何而来？"

多祚不禁流下了眼泪，哽咽着道："都是先帝（高宗）所赐。"

柬之道："今先帝二子，太子和相王，受到张昌宗、张易之两个混蛋的威胁，危在旦夕，难道将军不想报答先帝的大恩大德吗？"

多祚道："假如有利于国家，无论什么重大行动，唯相公之命是听，任凭相公驱使，多祚不敢自爱身家性命而不效死。"

柬之道："将军此言，可是出自肺腑？"

多祚指天发誓道："如有虚言，必受天诛。"

柬之听后大喜，即与多祚共同研究了拥中宗李显恢复帝位、诛杀二张事宜。柬之和多祚认为匡复大唐，诛杀二张，首先必须控制羽林军。

第二天，柬之奏请任桓彦范、敬晖、李湛为羽林将军，使他们掌握宫禁兵权，以备起事。柬之又恐张昌宗、张易之二人对人事任命产生怀疑，所以奏请任命一个二张的同党武攸宜也做了羽林将军，使武攸宜与桓彦范等同列。二张没有提出异议。

没过几天，夏官尚书（兵部尚书）姚元之（元崇）自灵武返回东都洛阳，柬之对桓彦范道："元之到来，我们的计划就会成功了。"于是召姚元之到家中，将诛杀二张、拥戴中宗复位的计划向元之详细说了一番。元之表示赞同，并提出了具体行动路线，二人定了起事时间。

柬之与元之将商定的起事政变时间通知了桓彦范等人。

桓彦范家有老母在堂，他便归家先将发动政变一事禀告了老母。

母亲知彦范的心意，便对彦范道："自古以来，忠孝难以两全，先国而后家，才不失为忠臣。"

于是桓彦范与张柬之、崔玄暐、敬晖、李湛、杨元琰、李多祚，又同邀司刑少卿袁恕己，左羽林卫将军薛思行、赵承恩，职方郎中崔泰之，库部员外郎朱敬则，司刑评事冀仲甫，检校司农少卿翟世言，内直郎王同皎等，共十九位正直朝臣，一同商定利用黑夜掩护进宫捕斩二张。

内直郎王同皎是太子次女新宁郡主的丈夫。起义政变那天，柬之令同皎先与李多祚、李湛去东宫，迎接太子李显指挥举义羽林军。待同皎、多祚等来到东宫太子住处说明来意，太子十分胆小，不敢出来。

同皎道："先帝以神器交付殿下，殿下无辜遭废，幽居房州十几载，今归京又已数载，仍然未能复位君临天下，二十二年来，神人同愤。今天假良机，朝中文武，同心协力，共讨凶竖逆臣，恢复大唐社稷，请殿下速至玄武门，亲自抚慰将士忠臣，指挥将士即刻入宫，诛杀逆臣二张。"

太子支支吾吾道："凶竖实在是该诛杀，但陛下患病未愈，恐怕惊吓了陛下，愿诸公再考虑考虑，以后再说。"

其实李显何尝不想登上帝位，只是害怕万一政变不成，又要遭殃，可谓一朝被蛇咬，十年怕井绳。

李湛见太子还犹豫不决，忙上前接着劝道："各位将相不顾自身性命，不怕株连九族，奋勇而起，再造社稷，殿下为何要将他们投入鼎镬之中，被人煎煮呢？请殿下亲自前往面谕，决定进退。"

太子向前挪了几步，又退了回来。同皎又向前几步催促道：“事不宜迟，迟即有变，如不立即决断，恐怕殿下也难逃灭顶之灾。”

太子见情势，退却必死无疑，若进，或许可以成功。于是便与王同皎、李多祚、李湛等一同出发。

出了大门，王同皎扶太子上马，拉着缰绳，跑到玄武门前。起义将相、士兵欢呼雀跃迎接太子。未待太子开口说话，众人便将太子拥入内殿，杀了守门士兵，鱼贯而入。

二张在武曌殿中隐约听到外面有刀枪碰撞声音，知是有变，便急忙溜到殿下边的小房中窥探动静，恰被冲进来的羽林军将士看见，张柬之指挥士卒一拥而上，乱刀将二张杀死。

张柬之等率众进到武曌寝宫长生殿，见殿前侍卫环立，柬之大声叱道：“你们还不退下。”

侍卫见宰相率众兵到来，哪敢抵抗，便纷纷退到两侧，恭让柬之进殿。

张柬之直接叩响武曌寝门。武曌听到人声杂沓，不似往日情形，料知有重大事变，即强撑着起来，厉声问道：“何人胆敢作乱？”

柬之等拥着太子入室，并且齐声答道：“张易之、张昌宗谋反，臣等奉太子令，入宫诛杀二逆，恐怕消息泄露，故不敢预先奏闻。臣等自知兴兵入宫禁，罪该万死。”

武曌怒目看着太子道：“你敢做这样的事吗？既然二张已被诛杀，可以退回东宫了。”

太子听了女皇一番训话，早吓得六神无主，不敢直视女皇，下意识地向后退了几步。

桓彦范上前奏道："太子怎能再返东宫？昔日天皇以爱子托付陛下，现在年岁已长，天意人心，久已归附太子，臣等不负高宗天皇厚恩，故拥奉太子诛杀逆贼，愿陛下传位太子，上顺天意，下符民心。"

武氏默不作声，不想允诺，但见众人气势汹汹，不敢严词拒绝，正在踌躇顾虑之间，忽然看到李湛也站在门外，便向着李湛道："你也是诛杀易之的将军吗？我待你们父子不薄，想不到会有今天。"

李湛是旧宰相李义府的儿子，听了此言，竟俯首无词。

武曌又见崔玄暐在侧，说道："朝臣中，多为他人荐举才得起用，唯你由朕特殊选拔，未经别人荐举，今天也同他们一起来了？"

玄暐道："这便是报陛下的大德大恩了。"

听了崔玄暐的回答，武曌气得老脸铁青，右脚连连顿地，摇着头，叹了一口长气道："罢罢！"说完两个"罢"字之后，便返身又躺在床上，呆呆地瞪着一双混浊的眼睛，像是思考着什么，又像是绝望。

柬之等见武氏已默许，便不再停留，带着羽林军，拥着太子出殿。即命羽林军收捕张昌宗、张易之兄弟张同休、张昌期、张昌仪。将三人逮捕归案后，柬之请了太子令，将三人一并枭首，曝尸天津桥南。

由于平素张氏兄弟作恶多端，这次被斩曝尸，百姓无不欢呼相贺。有的人拿刀割三张尸肉以释心头旧恨，不到一天工夫，三人尸肉一丝都无，都被割尽。

接着又拘捕了二张余党韦承庆、崔神庆、房融等下狱。一面派袁恕己辅佐相王李旦，统率南牙兵，防备不测。又召太平公主，令入长生殿请武氏下旨传位，不到半日，请出一道令太子监国的制敕。过了一夜武氏又颁旨，传位太子。

第二天，太子李显在一片鼓乐声中，复了帝位，下旨大赦天下，只有二张党徒不予赦免，并改元为神龙。

接受百官朝贺之后，中宗颁敕奖赏功臣。相王李旦加号安国相王，拜封太尉，太平公主加号镇国太平公主。授张柬之夏官尚书，同凤阁鸾台三品，崔玄暐为内史，袁恕己为凤阁侍郎同平章事，敬晖、桓彦范为纳言，赐爵郡公，李多祚赐爵辽阳郡王，王同皎为驸马都尉，赐爵琅玡郡公，李湛为右羽林大将军，赐爵赵国公。其余都进俸禄不等。

第三日，迁武后到上阳宫养疾。

第四日，由中宗率同百官，诣上阳宫，为武后加尊号，称武后为“则天大圣皇帝”。中宗还朝后降旨，武氏宗族，一概不变，仍留任原职，皇族子孙，曾遭发配、没官的一律归复原来属籍。从前受周兴、来俊臣等冤诬的人，都予平反昭雪，子女俱免配没，一律放归家中。

恢复国号为唐，郊庙社稷陵寝，宫制旗帜服色文字，全部恢复高宗在位时的旧制。迁武氏七庙至西京，仍命避讳。贬韦承庆为高要尉，流放崔神庆到钦州，流放房融到房州。

姚元之同张柬之等均是拥中宗复位的定策功臣，中宗复位后加封姚元之为梁县侯，食邑二百户。至武后迁居上阳宫时，姚元之与中宗一同前往看望武后。见了武后，元之竟呜咽流涕。自武后寝宫返还，张柬之、桓彦范对元之道：“今天是什么日子？难道是您流泪的时候吗？”

姚元之答道：“前日帮助公等讨伐诛杀凶逆，是不忘大义；今天痛别旧君，是不忘旧君对我的私恩，就算因这件事获罪，也心甘情愿。”

张柬之听后，入朝奏报给中宗，中宗即调姚元之出京都到亳州任刺史。

三

中宗复位之后，又复立韦氏为皇后，追赠韦后父玄贞为上洛王，母崔氏为王妃。

左拾遗贾虚己上疏道："异姓不封王，古今通制。今中兴伊始，万姓仰目观望，而先封后族为王，绝不是广德施仁的美意。况且先朝曾赠后族为太原王，可为前鉴不远。"接到奏疏，中宗并不批复。

原来中宗被流放在房州时，与韦后同遭幽禁尝尽艰辛，两人相亲相爱、情深意笃。每次有武后敕令使到来，中宗都惶惧异常，总欲自尽，韦后曾劝阻道："祸福无常，未必一定是赐死，何必这样慌张呢？"

每次都如韦后所言，并无祸事及身，中宗于是对韦后深信不疑，更加恩爱，并且向韦后发誓道："他时若再见天日，一定让你尽你所欲，我不会加以禁止。"

这次宫廷政变后，中宗得以复位，再立韦氏为后。韦氏就欲依昔日旧约，做自己想做的事。她要做的就是效仿武后故事，干预朝政，然后再进一步扩大权势，最后把持朝政，全操生杀予夺大权。

但韦后也深知，朝中大臣刚刚扳倒了武后，她若现在提出垂帘预政，必难成功，反而会动摇根基，所以她便没有立即提及垂帘一事。而是欲擒故纵，表面不提此事。

虽然韦后没有立即向中宗要权，但她却一直在向前推进着垂帘计划。那就是乞求外援，清除障碍，为垂帘开路、架桥。

韦后所结交的第一位外援朝臣，便是武后的侄子武三思。

武三思本是武后和张昌宗、张易之的死党，本应在诛除二张时一并除去。但中宗软弱，张柬之等又未把武三思放在眼中，视同草芥，所以武三思得以幸免。但朝臣中有识之士还是看到了这里所潜伏的危机和祸患。

先是二张被诛杀之后，武姓势力依然未动、仍居旧职。洛州长史薛季昶曾向张柬之、敬晖进言道："二张虽然伏诛，但产禄犹在（产禄，指汉吕产、吕禄二人，都是吕后的侄子，这里代指武后之侄武三思等人），斩草不除根，恐怕终将复生。"

柬之、敬晖道："大事已定，局势已安，还有什么可顾虑的？我看他们就像看菜板上的肉一样。"

薛季昶一边向外走，一边长叹一声，自言自语道："我辈恐怕死无葬身之地了。"

朝邑尉刘幽求也对桓彦范、敬晖道："三思还在，公等终将死无葬身之地，如果不趁早图划，除掉祸根，恐怕噬脐无及。"

桓彦范、敬晖听后，付诸一笑，全然不予理睬，视如耳旁风。

武三思在武后退位之后，深恐祸及自身，常彻夜不眠，即使入睡，也常梦见被捕杀，总是从梦中惊叫醒来。他暗想：按现在情势，不是长久之计，必须再找棵大树，以作长久依靠，想来想去，觉得还是从后宫入手最是捷径。但又苦于无人为之疏通。

一天早朝还宅，武三思满面笑容，喜不胜收，家里妻妾问三思何事如此兴高采烈。三思只道："天无绝人之路。"内情并未道出，妻妾催逼得紧，三思便带几分怒意训斥道："官场上的机枢，妇道人家，莫须多问。"

原来武三思高兴的是，旧日的情人上官婉儿成了中宗的新宠，被册封为婕妤，其母郑氏被封为沛国夫人。

武三思同上官婉儿如何成了情人，这要追溯到武后称帝后期的那段宫闱秘事。

这上官婉儿本是西台侍郎上官仪的孙女，在上官婉儿刚刚满月的时候，上官仪因犯罪，连其子即婉儿生父一并被杀。婉儿和生母也一同被没入宫廷为奴。

婉儿自幼长在宫中，又天性好学，所以诗词歌赋都很精通，尤其通晓文、告、制、诏之类的官场文书。更善书法，武周后期，婉儿被起用，负责起草诏命。

武后宠幸二张的时候，婉儿正是武后身边的红人，既起草诏命，又负责武后的生活起居。所以武后与二张从不避开婉儿。婉儿那时十四五岁，正是情窦初开的年华，迷上了张昌宗。

一日，武后未在宫中，婉儿遂与张昌宗躲入侧室偷情，正在两情相悦之时，武后回宫撞见，见此情景，怒火中烧，拔出金簪，就向婉儿头上刺去，未中要害，只伤了左额。武后怒吼道："胆大包天，竟敢亲近我的专宠，罪当处死。"

张昌宗见状急忙跪倒，叩头不止，替婉儿求情。武后见张昌宗叩头不止，恐伤了他，便余怒未消地道："看在昌宗面上，姑且饶你初犯，若敢再次妄为，定杀不免。"

婉儿听后，也顾不得头上流血的伤口，急忙叩头谢女皇不杀大恩。自此以后，婉儿不敢再接近张昌宗。

婉儿受了创伤之后，额上留下了一块疤痕，便常戴花钿，以掩盖伤痕。真是祸福相依，婉儿戴上遮羞花钿，不但未显累赘，反而更加显得娇媚可爱。宫中女娥不知内情，以为婉儿又创新意，争相效仿婉儿妆容。

虽然婉儿头上伤痕得巧饰免忧，但心头欲却是难消。此后不久，天赐良机，成就了婉儿求欢的心愿。

中宗共生有八个女儿，第七女安乐公主，是中宗被流放时，带韦后赴房州的道上生的，因无准备，所以脱下衣服，把婴儿包裹起来。因此取名为裹儿。到了十一二岁的时候，小公主已出落得如出水芙蓉。又加上天性聪慧，非常惹人喜爱。

至中宗结束了流放生涯，返回京都，复立为太子，领着安乐公主参见武后时，武后见了小公主，非常喜欢她的秀美聪慧，于是命安乐公主嫁给武三思的儿子武崇训。

安乐公主出嫁时，极其铺张，声势浩大。贵戚显宦，无不前往道贺。宰相李峤、苏味道，郎官沈佺期、宋之问等文士，都献诗道贺，满篇都是称颂之词。

上官婉儿为了迎合武三思，也写了诗赋分送中宗和武三思。

武三思常倚武氏势力，在宫中值宿，因有上次武崇训完婚时赠诗的缘由，便以道谢为名到婉儿处。实际武三思以往出入武后宫禁，早就对婉儿垂涎三尺，只是婉儿是武后身边的亲信，不敢贸然行事，一是怕婉儿不愿、上告御状，二是怕武后得知发怒。

婉儿自从和张昌宗有染以后，一直想找一个替代人物。但宫禁森严，男人不得擅入，所以未能如愿。

这次三思来到她的住处，婉儿便有意勾引，频频暗送秋波。三思本是情场老手，婉儿心意他一看便知，真是正中下怀。一个有情，一个有意，一拍即合。

这回中宗册封婉儿为婕妤，武三思知道可利用婉儿的关系取悦中宗。

婉儿自从被中宗召幸，他人便很难再靠近。婉儿未曾料及会成为中宗的嫔妃。嫁与这老夫，远不如三思。但皇权无上，不敢不从，只得自叹命不如人。

婉儿正愁无计与三思相通，闷闷不乐，便常到韦后处闲聊，闲聊之中看到了一线希望。

原来，韦后也是一个好淫妇人，平时虽与中宗十分亲热，但床笫之上很不满意，言谈之中偶有所露，婉儿天性机警，又是行家，早看出其中隐情，便使出柔媚手段取悦韦后。

一来二往，相处日久，韦后从心里信任婉儿，两人逐渐成了知己，有空便在一起交谈。婉儿通今博古，又久经情场，方方面面都能解开韦后许多疑难。

韦后从开始时与婉儿谈些历史、文学、花草、树木，逐渐无所不涉，男女情事也日益有所接触。开始时谈及男女床笫之事，还只是讲些宫中秘书上的记载，一些艳情掌故、传闻。随着时间的流逝，韦后和婉儿的话越说越深、越具体，逐渐引及自身。

一天，两人又谈起男女床笫之事，韦后问婉儿道：“婉儿，你已经受到皇上的宠幸，你觉得与皇上同房，滋味如何？我是觉得，好像吃了没削皮的哀家梨，一点滋味都没有，太没意思了。”

婉儿趁势迎合着韦后道："皇后与皇上共同患难几十年，理应同享安乐，请皇后想想，皇上自复位以后，今天册妃，明日选嫔，谁敢说声不是？难道皇上可以纵情行乐，皇后就不可以纵情行乐吗？我看太不公平了，尤其对皇后，付出那么多心血于患难之中服侍皇上，就更有失公平。"

这数语正说中了韦后的心声，但她不好直说，却故作嗔怪地道："你是个坏人！我等高居后、妃之位，岂可像乡村野妇一样，去和别人偷情呢。"

婉儿接着道："则天大圣皇帝，不也是皇后吗？你觉得如何？"

韦后听了婉儿的话，不禁一笑。婉儿知道韦后已经放心，便走近韦后，附在耳边，窃窃私语一番，韦后装作嗔怪样，推了一把婉儿，婉儿知韦后已认可，遂退去。

当天夜里，中宗正好留宿别宫，韦后独自一人在寝宫。婉儿便将武三思引入寝宫送给韦后。韦后对三思十分满意，自觉美不胜言。

自此以后，三思经常入宫。中宗与韦后在一起时，三思便到婉儿处寻欢，中宗与其他嫔妃在一起时，三思便前往韦后宫中作乐。真是一箭双雕，只瞒住了中宗一人。

得到了武三思的雨露恩泽，韦后与婉儿在中宗面前屡次说三思德才兼备，可委以重任。枕边风吹久了，果真起了作用，中宗竟提拔武三思做了司空，同中书门下三品。又晋婉儿为昭容，令她专掌诏命。不久又封散骑常侍武攸暨为定王，兼职司徒。

自此，武氏家族势力恢复。

张柬之、桓彦范、敬晖等当时拥中宗复位的老臣，见武氏势力越来越大，才后悔当初未听薛季昶和刘幽求的劝告。张柬之深知武氏势大的后果，便入朝面奏，请中宗削诸武职权，中宗不允。

张柬之哪里知道中宗与三思的关系。自从三思入宫，经常同中宗、韦后玩掷双陆游戏。双陆是当时的一种游艺器具，有一盘，类似棋盘，左右两端各有六路，故名双陆，有黑白马各十五只。黑马从右向左行，白马从左向右行，每次出马走步，都以掷骰子输赢为准，谁先出完为赢。

韦后喜欢同三思玩双陆游戏，实际只是借口，不过是愿同三思在一起厮混而已。总在一起玩，久而久之，中宗也迷上了，经常在韦后和三思玩时，在一旁帮着数筹码。偶尔三思家中有事，三两天不来宫中，中宗便换上便服到三思家中去相会。好似鱼水一样密切，如胶似漆。

监察御史崔皎为此事进谏中宗道："大唐国号刚刚得以恢复，则天皇帝还在西宫，人心还没有稳定。二张旧党、武氏宗亲俱在，陛下怎可微服私行，不注意防范而冒险呢？"

中宗非但没有采纳崔皎谏言，反而把崔皎的话，一五一十地转告给武三思。三思由此对崔皎恨之入骨，便想找机会除掉崔皎。

一天，三思同婉儿一起商量办法除掉崔皎。婉儿道："现在朝中大权，尚未控制在我们手中，无法任意处置这些人。还要想想怎样先把制发诏命大权偷揽过来。"

于是二人又进一步冥思苦想，还是婉儿来得快，拍了三思一掌道："有了，现在咱们造一种墨敕，只说由皇上手谕，不必经中书门下，便可直接施行。"

武三思兴奋得鼓掌笑道："妙、妙、妙，这样我们就可不经中书门下而直接发号施令了。"

墨敕本应是皇上亲笔御书，但中宗既懒又糊涂，所有墨敕，统统由婉儿代笔，是假是真外人无法辨明。

用墨敕的方法清除异己，既方便，又管用。第一个遭受毒害的便是中宗的儿子（非韦后所生）淮王重福。

重福不像其他庶子那样趋奉韦后，不会时常去拜谒送礼。于是韦后对重福十分不满，便说重福的妻室是二张的外甥女，必定同二张为一党，所以通过婉儿下了一道墨敕，将重福贬为均州刺史，并令州司在旁管束。

不久，有好谈妖怪、荒诞之事的术士郑普思、尚衣奉御叶静能，取媚韦后、婉儿。于是韦后向中宗推荐，中宗只是含糊其词地答应加官，并未具体说出任何职。婉儿又代笔写了道墨敕，授郑普思为秘书监，叶静能为国子祭酒。

自此，韦后、婉儿把持了朝官的任授实权。朝中党徒日益增多。韦后觉得垂帘时机已经成熟，便学着武后故例，当中宗视朝时，也在皇上御座左侧，隔着一道幔帐坐着，并干预朝政。朝中大臣对韦后听政十分不满，纷纷谏阻。

桓彦范奏道："臣伏见陛下每日临朝听政，皇后必施帷幔坐在殿上，与闻朝政。臣详看青史、历数往代，帝王与妇人谋及政事的，没有不破国亡身的。而且以阴乘阳，违天义，以妇凌夫，违人伦，违天不祥，违人不义。古人云'牝鸡司晨，有害无利'，言妇人不得参与国事，愿陛下览看古人之言，察古人之意，上以国家社稷为重，下以苍生为念，令皇后不要再上正殿，干预朝政，应请皇后稳居中宫，管好嫔妃宫女。"

中宗并不理睬，韦后依然每日同中宗一同视朝，渐成定例。韦后终于实现了垂帘听政的美梦。

第五章

乱朝纲排斥异己 助佞臣冤杀五王

一

韦后垂帘预政，朝中大臣屡次谏阻，中宗均置之不理，每日视朝依旧垂幔于御座之侧，令韦后并坐金殿之上。

垂帘之初，韦后因不知群臣将做出什么反应，也不知中宗将如何应变，所以对朝中大事只是耳听、心记，并不开口评断。经过桓彦范等大臣上疏谏阻韦后预政，而被中宗束之高阁，中宗依然践履房州旧约，任韦后为所欲为这几个回合的较量，韦后看清了中宗软弱的个性，也看清了朝臣对她垂帘预政，只是愤恨不满，并无扭转乾坤的力量，心中踏实了许多。

虽然韦后干预朝政，殿上垂帘，朝中文武未能奈何，此事已成定势，但韦后对那些反对她预政的朝臣，总是放心不下，唯恐他们结成同党，再次联合，重演长生殿逼武后让权的那一幕政变剧。那样岂不是打破了她二十几年的梦想，也将使二十几年的卧薪尝胆、纵横捭阖尽付东流。

不行，绝不能安于现状，必须加固堤防，稳定根基。她越想越觉不容乐观，那原已沉静下来的心情又像东流的黄河滔滔滚动起来。虽然心中十分不安，但又一时无计可施，只好从长计议，等待时机。

韦后心烦意乱，寝食难安。武三思又忙于在外结党营巢，常常一连数日不进后宫与韦后寻欢，韦后更觉忧烦、寂寞。

趋炎附势之徒，最善察言观色，韦后数日内郁郁寡欢，早被那喜谈妖妄之事的郑普思和叶静能看出。因为郑普思、叶静能经常到宫中给韦后谈些怪诞趣事，发现了韦后心绪不佳。他们忘不了韦后给他们加官晋爵的大德大恩。有恩不报非君子，他们两个商量了一番，决定找名闻京师的西域和尚慧范来为韦后消愁解闷。

这慧范，本是西域的出家僧人，会些妖术，颇似今天所说的特异功能。慧范长得非常壮伟，剃着光头，却留着一绺长须，微风吹来，长须在胸前飘荡，拂扫着蛋黄大小、磨得光可照人的大串佛珠，相貌上确有几分道骨仙风。

这慧范终年云游四方，为人看相治病，“普济众生”。刚来到京师时，并没有人十分注意。试想，偌大个京都，汇集着八方客旅，三教九流，黑白两道无所不有，区区一个和尚进了京都，就如同一阵西风卷进京城一粒细沙，只要没掉在谁的眼里，是不会有人在意的。

那么慧范是怎么在京师露了头的呢？有一天，慧范在小食街西头为人看相，正好一群京官的纨绔子弟从那里路过，看慧范相貌不凡，便起哄让他看相。其中一个十八九岁的公子道：“和尚，今天我们几个让你看看相，倘若说得对，重重有赏；若说得不对，你就收拾收拾，给本大爷滚出京城。”说着话从袖中摸出两锭银子，少说也有二十两，“啪”一声摔在小桌子上。

其余七八个公子附和道：“对，看你有何本领。”“若说得不对，把你胡子割下来，回去扎毽子踢。”“把那串珠子拆了，用弹弓打乌鸦！”“去你的吧，别胡扯了，快让这老家伙说说看。”

尽管这群公子出言不逊，慧范却毫无怒气，好似聋子未曾听见一样，平静如常，面无表情地道：“各位公子，不知要问过去、现在，还是将来？”

“少废话，先说我们刚才一个时辰内都干什么了？”还是最先掷出两锭银子的公子开了口。

慧范看着这公子的脸，有十五六秒钟时间，看得那公子有些不自然了，慧范把眼睛移开，面向众人道："既然各位公子要老衲道出真言，那就不要见怪了。这位公子一个时辰里，先是在青楼红罗帐里尽了鱼水之欢，后在酒楼喝了四爪龟汤。"

慧范说完，那个公子红着脸未发一言退了下去，心里暗暗佩服。

"也许是蒙上的，说我的。"又过来一个公子哥儿。

"这位公子，先在青楼外，调戏过一个卖落花生的二八女子，后在酒楼吃过牛肉包子，喝了莲子汤。"慧范从容地说。

看热闹的有几十号人，其余几个公子不敢再看，怕这和尚说出自己的丑事，让人见笑。那两锭银子就算付了相钱，一群公子扬长而去。

这群纨绔子弟回到家中，又向家人一番渲染。第二天，王公大臣中便有穿了便服来相面的。

开始时一些权贵便装亲往，后来干脆把慧范请到家中，为家人看相。如此一来，慧范便成了名门显贵的上宾。当然术士出身的郑普思、好追奇猎异的叶静能更少不了同慧范往来切磋。

郑普思、叶静能商量已定，便对韦后道："皇后，京中现有一高僧，名叫慧范，有奇异之术，能知过去、现在和将来，臣欲引见为皇后看相，预测吉凶祸福。"

韦后听到可预测吉凶，便道："明日午前即带进宫来见我。"

郑、叶二人便按韦后懿旨行事，于第二天将慧范带入宫中。

慧范因之前曾替二张说项，不敢暴露身份。而韦后因慧范相貌已变，也没认出他就是当年那个小胡僧。

慧范进入韦后寝宫，坐在瓷墩上，面向韦后看了片刻，然后将眼光向室内扫视一番，便低垂双眼，两手摘下佛珠，像数数一样，一边捻着，嘴一边一张一合，不发一言。

韦后看着面前这高僧，气宇不凡，体魄健壮，带着几分野性，又带着几分仙风，心中便有几分好感。她见高僧不言不语，也不便贸然开口，恐失了皇后的身份，双方就这样僵持着。大约过了有一刻钟的时间，还是由郑普思打破了沉默，他向着慧范道："大师请为皇后看相，预测未来。"

郑普思未敢让慧范给韦后看过去，万一说出丑行，岂不是自找苦吃？所以只说未来。

韦后心想，若只说未来，可以信口开河，因为短时间内无法验证真伪，也就无法说明他是否真有道行。所以韦后道："还是先说过去吧。"

韦后话说得不阴不阳，面部肌肉好似蜡塑的一样，一动不动，话如同从牙缝里挤出来的。

慧范听后，抬起睫毛很长的眼皮，也十分严肃，但声音却是非常洪亮："若说过去，请皇后退去左右，贫僧才敢直言。"

慧范的话一出口，声音震得那帷帐直动，使人身体都随着一颤一颤的。韦后也不自觉地耸动了一下双肩，但面部还是木然。

郑普思、叶静能听到慧范让屏退左右，知道慧范要说出韦后一些隐私，便非常知趣地立即站起身来，毕恭毕敬地道："皇后，臣等告退。"

韦后挥挥玉手，示意郑、叶退去。

见郑、叶二人退出，慧范压低了声音道："不知道皇后要老衲说哪方面的事，请明示。"

韦后沉思着，心中暗想：他若能看出我的隐私，我不让他说，他也知道，若看不出，让他说也说不出，不如让他说隐私事，正可试验道行。于是韦后道："请大师说一说宫闱秘事。"

"皇后先恕贫僧无罪。"慧范道。

"百无禁忌，言而无罪。"韦后道。

"贫僧大胆直言，皇后除当今圣上之外，与另一男性，有肌肤之爱，且近日未曾亲近。另有一事，贫僧不敢再说。"

"尽说无妨。"韦后红着脸道。

"皇后……皇后……皇后还想再求外遇。"慧范吞吞吐吐地说。

其实，这些事，外界早有传言，加上慧范善于察言观色，所以说到了点子上。

这慧范本是一个花和尚，在云游四方时不知与多少女人有染。这次进宫早有准备，要尽力勾上韦后，以求荣华。

韦后听到慧范说出自己全部的隐私和欲望，又见慧范的表情、神态不似从前，他明亮的双眼里射出了武三思见到自己时那种脉脉含情的柔光。韦后的心跳在加速，浑身感到燥热。

慧范看到韦后的表情中带着几分兴奋和激动，脸涨得绯红，便又进一步道："皇后，请让老衲看看手相。"

韦后这次没迟疑，伸出了玉手。慧范站起身来，向前跨了一大步，拉过皇后右手，俯下身来，仔细观看。皇后身上的香气直扑慧范口鼻。慧范尽管久历花丛，但同一国之母皇后靠得这样近，又拉着皇后白皙细腻的秀手，不免周身热血沸腾，口里也觉发干。

在那个年代，按传统儒家伦理道德，男女授受不亲。在深宫之中，一双男女拉手，已远远超出了传统道德规范和人情常理。

慧范见韦后并无推脱之意，便更加大胆，索性也不再看手相，而是双手握着皇后的手抚摸起来。韦后不但仍然没有逃避，反而将另一只手也递给了慧范。

事情发展到这一地步，两人各自用意，已是心照不宣，无须再明言了。

韦后用火辣辣的目光看着慧范道：“皇上今天在西苑射猎，傍晚才能还宫。”说着便拉着慧范走向龙床……

经过一番云雨，韦后觉得慧范“道行”远胜武三思。

为了来往方便自由，韦后以慧范参与了平定西域叛乱的谋划，立有大功为名，特授银青光禄大夫。自此慧范往来后宫，如同来往于自家寺庙一般。

韦后在后宫中与慧范是巫山云雨，前朝政事也是风云变幻。

张柬之、桓彦范等见中宗所施政令越来越出人意料，不合朝中事体，知是武三思和韦后、婉儿等在中间干预的结果。所以张柬之想先除掉武三思这个佞臣，再清君侧，便率朝中文武大臣上表说：臣等听说，五行交替兴衰，事物未曾有同时两盛的。天授之初，则天皇帝革命之时，李氏宗室诛杀、流发殆尽，未见到与诸武同时并封。今天陛下复唐维新，而诸武的封地、官职仍然如旧，都在京师，辟地开天以来，未有这样的道理，愿陛下以社稷长久为计，顺遐迩民心，削掉诸武王爵，以安抚朝野内外，这是天下最大的幸事。

中宗看了奏表未置可否，置诸一旁。其实张柬之、桓彦范始终低估了武三思家族的势力。柬之见表奏没有任何功效，知道这不是几份奏疏所能解决的问题了。

柬之、彦范便又生出一计，决定派考功员外郎崔湜作为耳目，去接近武三思，以抓住武三思的罪证，好将三思扳倒。崔湜正欲去接近三思，却被一桩公案给搅了。

慧范与韦后私通一事，外廷还不知道。但三思与韦后私通一事，朝野早已传得沸沸扬扬，只是中宗还不知内情。一来无人敢在三思、皇后头上惹事，二来，皇上即使接到检举揭发的奏章也不会处置三思，因为那样就等于承认自己戴了绿头巾。

但世上毕竟有刚烈勇为之士，在洛阳有一名叫韦月将的小官，将自己宗族有这样淫荡的皇后，视为奇耻大辱，便不顾死活，上书告武三思私通中宫皇后，请中宗奋起，再振朝纲，收斩武三思，以整肃宫闱。

当这个奏折由给事中拿到朝堂宣读时，朝中文武大臣不免大惊失色。中宗就是再有涵养，事涉中宫丑闻，使他在群臣面前难堪，也难以压住怒火。中宗一拍龙案，大声叱道："韦月将何人，竟敢侮辱朕躬，立即抓来处斩。"中宗命黄门承事立即传旨。这时殿阶之下走出一个官员，大声反对道："陛下，请收回成命，依大唐律例，未经审讯，不能问斩。"

中宗一听火冒三丈，连鞋都来不及穿好，拖着鞋走到殿门口，指着那官员道："朕已命令斩首，你为何不奉旨？你是何人？"其实中宗已看到是宋璟，只是一时气急，又问了一句。

"臣黄门侍郎宋璟。"宋璟理直气壮，毫不胆怯。接着说了一番道理："有人说皇后私通武三思，陛下不问而诛杀，是非不明，必定会引起更多的人窃窃议论此事，这样影响更坏。"

"朕不管这些，越快越好，处以死刑，才能解朕心头之恨。"中宗怒气未消，大声叱责宋璟。

“要杀，先杀了老臣，不然，臣不能奉旨。”宋璟丝毫不示弱。

宋璟在朝堂上公然抗旨，众朝臣都惊恐失色，为宋璟捏一把汗。

这时御史苏珦等五个大臣，连忙过来劝解，以缓和紧张气氛：“陛下，盛夏行刑，于时令不合，请皇上息雷霆之怒，待秋后再行刑。”

大理卿尹思贞也在殿下，他生怕将韦月将交他审问，知道这事不能乱问，弄不好自己还要坐罪，便心生一计，上前奏道：“依臣之见，不如先将韦月将流放到岭南，待秋后处死。”

“朕依你们，不过宋璟对朕不敬，着令贬调出京。”中宗缓和下来之后道。

按中宗旨意，对韦月将施以杖刑一百，流戍岭南。

三思对韦月将揭发自己隐私心怀愤恨，得知中宗有旨将其流放岭南，便写了一封密函，派亲信党徒快马送往广州，交给广州都督周仁轨。周仁轨接到三思密函打开一看，是三思让他待韦月将到岭南后，立即秘密将韦杀死。

周仁轨知道三思在朝中的地位，怎敢不依令行事？几个月后，韦月将尚未押到岭南，仁轨便命心腹家人，趁着一个漆黑的夜晚，将韦月将杀死在路上。罪犯死于押解途中的事，在那个年代已属常事，所以无人过问，便不了了之。

三思除掉了韦月将解了心头之恨，但对保护韦月将、不主张治其死罪的宋璟还余恨未消，便按中宗旨意，立刻将其调出京师，到广州做刺史。

尹思贞虽然躲过了审讯韦月将的案子，但因为不同意立即杀韦月将，也被武三思调出京师到青州做了刺史。

再说张柬之、敬晖等派崔湜做耳目，密探三思动静，因韦月将案未能及时行动。这回平静之后，崔湜便在好友侍御史周利用的引见下去见武三思。

哪料到崔湜是个见风使舵的人，他一面对张柬之等百般发誓，要除掉三思，待与三思往来之后，见三思为韦后、中宗所信赖，便将桓彦范、张柬之、敬晖的计划都密告三思，从而成为三思同党。三思向中宗推荐崔湜做了中书舍人。

二

三思得知桓彦范、敬晖、张柬之等已经将矛头对准自己，便想先下手除掉柬之等忠直大臣，以扫平道路。

桓彦范等屡次表奏，请中宗罢韦后垂帘预政，韦后对此事也耿耿于怀，也正想拔去这些眼中钉。韦后、三思都没有想出什么高招去铲除异己，可恶人也有恶助，因贪赃逃命的原殿中侍御史郑愔为他们献上了一条毒计。

郑愔原来为殿中侍御史，因是二张党羽，被贬到宣州做司士参军。但他不思悔过，在参军任上又贪污、受贿，被人告发，逃入东都，私下求拜武三思，三思立命请入。

武三思与郑愔过去一直很要好，二张被诛之后，三思一直忙于发展自己在京中的势力，所以未能顾及旧友。这次郑愔到来，两人免不了一番嘘寒问暖。寒暄过后，郑愔竟突然大哭起来，哭了一阵，又突然大笑不止。

郑愔这阵哭笑，弄得武三思丈二和尚摸不着头脑，如坠五里雾中，惊疑不定。他便拉住郑愔急问："贤弟何以先哭后笑？"

郑愔答道："愔初见大王不得不哭，因为恐大王将被诛杀。后又转念，今日大王已经遇到我，可以转祸为福，长保平安了，所以大笑。”

三思更觉得自己进了闷葫芦，不知东南西北，急忙追问道：“祸从何来，福自何降，请贤弟快些道来。”

郑愔答道：“大王虽得当今圣上宠信，但张柬之五人，出将入相，废太后（武则天）易如反掌。大王自视势力与太后谁大？”

三思忙道：“与太后相比，霄壤之别。”

郑愔接着道：“彼五人日夜咬牙切齿，谋划共食大王肉，灭大王宗族。大王不除去这五人，危如朝露，还能安然无恐吗？愔所以为大王担心呢！”

三思经郑愔一番高论，不觉打了一个寒战，心不免七上八下，难以平静。便引郑愔登楼，关上房门，非常谦恭地问道：“敢问贤弟，有何转祸为福的妙策？”

“妙策是有，不知大王能否做到。”郑愔道。

“请讲。”

郑愔笑着向三思靠近一步道：“先封五人为王，表面以尊崇，暗中夺去权柄，待他们手中无权，慢慢摆布，还怕他们不束手就死？”

“好计、好计！”三思连连称赞道。

于是三思将郑愔贪赃之罪通过关系一笔勾销，并且向中宗推荐郑愔做中书舍人，中宗照准。

除去张柬之等人绝非易事，这些人都是拥立中宗复位的功臣，又深得朝中多数大臣拥戴。三思想：若只靠我一个人的一面之词，中宗绝不会采纳，反而会生疑窦。他便想到内线韦后。

虽然韦后有了和尚慧范做面首，但她也未曾把武三思这老情人抛掉，还是很怀旧的，时常同武三思叙叙旧情。

郑愔献计的第三日傍晚，武三思来到后宫，以掷双陆为名，又到韦后寝宫，正巧中宗在婉儿处过夜。一对老情人又重温床第旧梦。云雨过后，三思趁着韦后高兴，便将除张柬之等人的计划向韦后说了。韦后问如何行事，三思道："可向皇上讲，张柬之五人恃功专宠，必将坐大，难以驾驭，过去可以拥皇上废太后，他日也会拥别人而废皇上。"

第二天夜里，中宗就宿中宫韦后处。但韦后闷闷不乐，不似往日那样温柔热情。中宗便拉着韦后的手关切地问道："爱妻何故愁眉不展，抑郁不乐？"

韦后故作娇嗔道："臣妾还不是为了皇上的江山社稷担忧。"

中宗不解地问道："当今四海升平，天下一统，何忧之有？"

韦后拉着中宗坐到龙床上，接着说道："现在朝中貌似平静，实际上潜伏着危机，上次桓彦范等上书，要求削除三思等的封号，实际是要剪除皇上的近臣。"

韦后说到这里，看了看中宗的神情，见中宗微微点头，表示赞许，便又接着把武三思教的那番话向中宗说了一遍。

中宗听后，皱起了眉头，坐在床边冥思苦想，约过了一刻钟，才缓缓地站起身来，在寝宫内来回踱步。

韦后见中宗一言不发，知道是在想对付张柬之等人的办法，便轻声说道："皇上明天同三思商议一下吧，也许他有些办法。"

第二天退朝后，中宗将三思引入后宫，这回不是掷双陆，而是商议除五人。中宗命三思坐在檀木椅上，把昨晚韦后的一番话，变成自己的意思说了出来。

三思心中暗想，中宗真是一个十足的糊涂虫。但表面还是洗耳恭听，并装出时有所悟的样子，频频点头。

中宗说完，便急不可待地问三思道：“爱卿有何妙计，缓解危局？”

武三思沉默许久，中宗急得直转。但武三思欲擒故纵，没有把早已定好的计策立刻说出来，而是做出非常为难的样子道：“皇上，此事关系重大，涉及社稷安危，容臣三思，再行奏报。”说完便站起身，告辞退出后宫。

三思走后，中宗一夜辗转反侧，满脑子都是这件事。第二天，中宗比每日起得都早，群臣还没到，他已到了大殿。

早朝时，各部官员奏事完毕，其实中宗也未曾细听，一概以“待议”应付了事。他留下武三思，令其他文武群臣退去。

“爱卿，计划可曾拟好？”中宗这次也顾不得回后宫再说，便在大殿上问起。

韦后也从帷幔后面出来，坐在中宗身边，看了武三思两眼，示意他时候已到，可以和盘托出了。这一细微动作，中宗当然是无法察觉的。

武三思向前走了几步凑近中宗和韦后，压低声音，又带几分神秘地说：“依臣愚见，采用明予暗夺之计，削弱他们的势力。”

中宗生来愚钝，复位以来，朝政先依张柬之、桓彦范等的谋划，后依韦后、三思的策略，自己从未真正独自做出过重大决断。就韦月将告奸一事，决断得利落，但还被宋璟给推翻了。所以听了三思说的“明予暗夺”四字还是不明其中奥妙，便有些不耐烦地说道：“快说，快说，不要绕圈子了。”

三思见火候已到，便把郑愔的谋划说了出来。

中宗听了之后，心中平静了许多，精神也觉放松下来，便令内侍备马去球场击球。中宗只顾高兴，哪管韦后和三思，话也没扔一句便转身出了殿门。

三思和韦后见中宗走了，相视一笑。

第二日早朝，未待群臣奏事，中宗便先颁新诏："封张柬之为汉阳王，桓彦范为扶阳王，敬晖为平阳王，袁恕己为南阳王，崔玄玮为博陵王。"张柬之听到被封为王，心中立刻明白了自己的末日将临，他深知物盛而衰的规律，异姓封王古来少有。他来不及多想，又继续听诏书下文：以后，汉阳王、扶阳王、平阳王、南阳王、博陵王不再参与政事，只朔、望（初一、十五）两日来朝，其余时日，均可游乐，不加禁束，以养身心。

接着又宣诏，任唐休璟、豆卢钦望为尚书省左、右仆射，韦安石为中书令，魏元忠为侍中。豆卢钦望按武三思事先的指令，上奏中宗自称不敢参与政事，只任仆射，不兼宰相职务。

按唐朝制度，因为太宗李世民曾任过尚书省尚书令，其后大臣不敢再居任此职，所以自太宗后，尚书省只设左右仆射，不设尚书令，但仆射必兼中书、门下两省职务，故叫同三品。

右羽林将军杨元琰，因拥立中宗复位有功，封弘农郡公，这次见武三思专宠，独揽朝政，并夺了张柬之、桓彦范、敬晖、袁恕己、崔玄玮等大功臣干预政事的权力，自知三思还将继续株连整治神龙政变的同谋，祸及自身已不会久远了，所以上表中宗，请恩准自己削发为僧，辞去官职。

中宗接到杨元琰奏表，予以驳回，不准杨元琰出家为僧。

这次元琰上表请求出家未被恩准，好友敬晖同元琰开玩笑道："何不先与我说这件事？我若早知，一定劝皇上恩准，剃了你的头，岂不是一件趣事！"说完朗声长笑。

杨元琰严肃地说："功成名就，一定要引退，否则一定会有祸患，元琰自请削发为僧，完全发自内心，以免再蹈前人覆辙。"

敬晖听了元琰的话，非常惊奇，然后微微点头，表示赞许，心中不免感到一种从未有过的凄凉。从此以后，敬晖的话语明显少了，他不似从前那样慷慨而谈，趣味横生，经常抚床长叹，愤恨不已，有时愤慨至极，便以手指敲床，五指流血常常不知，但已受制于武三思，无法摆脱困境，再整旗鼓。因此，他对政变之初未听刘幽求的劝告而铲除诸武追悔莫及。

敬晖心中的愤恨，常常同张柬之等政变同人谈起，柬之亦长叹不已，并对敬晖道："当今皇上，过去做英王时，都传说他英勇刚烈。政变时，我留诸武不杀，是希望皇上亲自诛锄诸武，以树立声威。哪里知道，传闻有误。现在我等大势已去，方知当初失策，又有什么办法呢！"

杨元琰此后又几次上表，坚持要皇上恩准出家。中宗仍然不准，只是改任他为卫尉卿。

张柬之也害怕祸及自身，因此奏请中宗，要求退休，回老家养病。柬之系襄州人，中宗就任他为襄州刺史，并写诗为柬之送行。

张柬之在襄州任上，对下属官员管束颇严，吏治十分清明，对亲眷、故友也无所放纵。曾有几位乡亲和旧好触犯了刑律，向柬之求情，以求除处罚。但柬之深明大义，都按律条严惩不贷。

柬之在襄州期间，正赶上黄河南北十七州遭水灾，洪波泛滥，一片泽国，以致危及荆襄，汉水也随之猛涨，冲击城廓。柬之遂命人修筑数道堤防，减缓水势，所以襄州父老百姓得以逃脱水害，百姓称颂柬之功德，数年不衰。

右卫参军宋务光因黄河、洛水相继泛滥成灾，民不聊生，便上书言事道：

水，属防性，所示征兆应在臣妾，臣以为，这是后庭（韦后）干预外政，引起上苍震怒，乃令洪水成灾。现在应充分重视上天的警示，断绝祸患的根源。太子本是国家未来的根本，应该及早确立，以周国体。外戚势力太盛，必须加以抑制。

中宗接到奏表，归与韦后商议，韦后道："对待武氏家族，可以采取明收暗予的策略，在封爵上降等，在官职上加权，既平息了众怒，又没伤着三思等信臣，岂不是两全其美的办法？"

韦后这番心意，未及中宗颁诏早已告诉了三思。九日后中宗下诏，降武三思为德静郡王，武攸暨为乐寿郡王，武懿宗等十二人皆削去王爵，改封公爵。

为了进一步讨好中宗和韦后，武三思暗中联络百官，共同上表，为中宗、韦后加尊号，上中宗尊号为"应天皇帝"，上韦后尊号为"顺天皇后"。暗示中宗、韦后坐朝以临天下，都是顺应上天的意志。天意不可违，既然合乎天意，就无所不畅，无事不成，无功不就。

中宗见百官上表所上尊号，心中不觉大喜过望。他以为这是自己英明睿智，治国有方，上应天意，下顺民心，而深得百官拥戴，便仿效高宗、武后故事，与韦后谒谢太庙，大赦天下，并下诏：相王李旦及太平公主，均加封食邑万户。文武百官都增爵位和俸禄。令全国万民聚饮三日。

三日以后，有上阳宫内侍来报："启禀皇上，太后今病情急剧加重，恐有不测，请皇上往省。"

三

中宗急忙到大殿视朝，刚坐下，便向群臣道：“今母后病重，朕要前去省视，各部奏事，且待明日早朝。”说完退入内廷。

武后见了中宗，先是沉默许久，中宗站在一旁，未敢擅问。过了有一刻钟，她才看着中宗，声音微弱地说着什么。开始很难听清，中宗便俯下身子，把头凑近武后的脸，这才听清，原来是叮咛嘱咐中宗，让他保护诸武，不要因她的辞世而诛杀诸武。

武后的声音逐渐又大起来，周围的人都可清晰地听见了。

武后越说越激动，以至于到了涕泗横流的程度。中宗从宫女手中接过丝帕，为武后拭去脸上的鼻涕和眼泪。武后用一种从未有过的柔和目光看着中宗，断续但很清晰地说道：“我已活到了八十三岁，别人做不到的事情，我都亲自做过了，已无任何遗恨，但回忆往事如同梦境……自此以后，不必再称我为皇帝，仍以太后相称罢了。”说到这里，武后的气力明显不足，呼吸也急促起来，过了好一阵子，又渐趋平静。

武后仍然直直地望着中宗道：“你先回去吧，明日再说。”说完闭上眼睛不再说话了。中宗同韦后等退了出去。

到了半夜的时候，中宗刚欲就寝，又有宫人来报道：“皇上，太后晕过去了。”

中宗急忙召韦后、婉儿等嫔妃，急速赶奔上阳宫。到了武后寝室，见相王李旦、太平公主等人已都到了，床前挤着密密麻麻的一群人。众人见皇上驾到，便自动让开，中宗走近武后跟前，急切地喊道："母后，母后，母后……"

武后双眼依然紧闭着，嘴里一直说着什么，但难以分辨清楚辞意，好像鬼话一般。

这时太平公主也跟着呼叫，又把姜汤慢慢灌入，武后这才有些清醒。中宗、韦后俯身凑近，问了几句。武后双目仍像先前一样直视着中宗，有些惊恐地说道："啊哟，你等都来了，为何要我老命？"说完，又昏迷过去。中宗这些人也不知她所说的是真话，还是呓语，都不觉发愣。中宗令御医急速抢救，御医费了许多气力，才使武后又苏醒过来。

武后瞧着中宗，那眼光中含着哀婉、凄凉、懊悔，仿佛又有些陌生。是的，是一种陌生的神情。几十年里她始终醉心于权力和淫乐，未曾给予中宗以一丝母爱，她并不了解中宗的内心世界，她所给予中宗的是怒叱，是流放，是死的威胁。所以此时此刻，她不知面对的到底算是亲子，还是政敌，她也无法预测，中宗对她是爱还是恨。所以她那哀婉、凄凉、懊悔的目光中，时而又现出迷茫和惊异。

武后用这种错综复杂的目光，注视中宗许久。面对此情此景，中宗的心里，也是起伏跌宕，思绪万千。对武后，对一位女皇，他太熟悉了；作为自己的母亲，他太陌生了。对她的雄才伟略，他敬畏；对她的残忍、卑鄙，他憎恨；对生他的母亲将亡，他有哀痛；对一个缺少亲情的女人，他有同情和怜悯；对一个政敌将亡，他又有几分喜悦。

这对母子、君臣、政敌对视了良久。武后干咳了两声，又对中宗道："我已病入膏肓，不可药救，我今天才信二竖为灾呀。"

从武后的言语看，她现在十分清醒。因为她能恰当地引用历史典故二竖为灾来形容她的现状。

武后接着对中宗道：“王皇后、萧妃二人，我以前待她们太过分了，你应赦免她们的亲属。褚遂良、韩瑗、柳奭等遗嗣，都应放归，这是我的至嘱！”

“人之将死，其言也善”，此语着实不谬。武后所说王皇后、萧妃、褚遂良、韩瑗、柳奭等事，均是武后称帝前，为排除异己所构筑的几宗冤案。所以今日将死之时，予以昭雪。

原来，武后被高宗李治召入宫时，立为昭仪，逐渐受到高宗的恩宠。当时皇后王氏、淑妃萧氏与武氏争宠，互相毁谤。高宗倾向武昭仪，逐渐疏远王皇后和萧淑妃。不久废王皇后和萧淑妃为庶人，关在别院，刚开始被关进别院时萧氏大骂道：“愿我死后为猫，阿武（武后）为老鼠，生生世世扼其喉，食其肉。”武后怒，自那以后宫中不许养猫。

王皇后、萧淑妃刚被关进别院之时，高宗想念二人，便偷着去看二人，到了囚室，见房子封闭得非常严密，只开一个小口，只能来回递送食具。高宗不免有些悲伤，叫道：“皇后、淑妃在哪？”

王皇后哭着答道：“妾等有罪，废弃为宫中婢女，哪里还有尊称，叫作皇后？”说完痛哭不已。过了一会儿，又接着道：“今天至尊想到过去，能否使妾等再见日月，准予出入房门，在院中活动，并改此院为‘同心院’，那对妾等即同再生之恩。”

高宗道：“朕立刻令人办理。”

武后听说了这件事，命人打王皇后和萧淑妃各一百杖，砍去手脚，扔在瓷瓮中，并恨恨不已地说道：“让这两个妇人骨醉。”

过了数日，王氏、萧氏因流血净尽而死，武后将王皇后之母及兄弟、萧氏兄弟，一并发配岭外。武后又追改王皇后姓为蟒氏，萧淑妃姓为枭氏，加以丑化侮辱。

王皇后、萧淑妃被残杀后，武后黑天、白日都经常见到二人披发滴血，像死时的样子，在自己面前走动，有时又突然扑向自己，伸出带血双手，紧紧扼住自己喉咙。

武后在宫中经常“见鬼”，心神总是不宁，由于严重的睡眠不足，武后精力感到十分倦怠。她命人请来巫师驱鬼，又搬到了蓬莱宫，但王氏、萧氏“二鬼”仍然旦夕跟随左右。所以后来武后很少在长安（西都），而多住在东都洛阳。

褚遂良、韩瑗、柳奭三人，在武后被高宗召回宫时都在朝为官。

褚遂良是太宗李世民的老臣。太宗在弥留之际，曾召国舅长孙无忌和褚遂良到床前，嘱后事道：“卿等均有忠烈之性，朕久已知晓。过去，汉武帝托孤给霍光，刘备托孤给诸葛亮，今天朕将后事，一并交给二卿。太子仁孝，二卿久已知道，一定要竭诚辅佐，以永保大唐江山。”然后，又对太子（高宗李治）说道：“有无忌、遂良在，国家之事，你可无忧了。”从此遂良以顾命大臣资格辅佐高宗。

永徽六年（655），高宗想废皇后王氏，立昭仪武氏为皇后，召太尉长孙无忌，司空李勣，尚书左仆射于志宁，吏部尚书、同中书门下三品褚遂良共同筹划。入宫前，遂良对无忌道：“皇上要废中宫，今天一定是商议这件事，今天我要谏阻，各位认为如何？”

长孙无忌道：“明公必须极力谏阻，我一定继你之后再谏。”

进入大殿后，高宗吞吐再三，几次看向长孙无忌，硬着头皮道：“世上最大罪过，就是没有子嗣，断绝宗脉。现在皇后未生子女，而昭仪（武则天）有子，现在朕要废皇后，立武昭仪为后，公等认为如何？”

遂良立刻答道：“皇后出身名门，先帝做主所娶，侍奉先帝（太宗），遵守妇道，未曾有错。先帝病重时，曾拉着陛下的手对臣说：‘朕的好儿子、好儿媳，现在都交给你了。’陛下当时亲听嘱咐，言犹在耳。皇后自那以后，未听说有什么过错，不可废。臣不敢曲意赞同，而违背先帝的遗命，故请陛下三思。臣知这是触犯龙颜，罪该万死。臣只想不辜负先帝对臣的厚恩，不想顺着陛下，而求保全性命。”

遂良说完，把笏板扔在大殿的台阶上，说道：“还陛下此笏。”并解下头巾，叩头不止，以致头破，血流满面。高宗大怒，命人将他拉了出去。

长孙无忌见状，怕高宗加罪，便奏道：“遂良受先朝顾命，有罪不应加刑。”

第二天，高宗对司空李勣道：“册立武昭仪之事，遂良固执不从，遂良既然是顾命大臣，认为不可，这件事应该就此罢休。”

李勣道：“这是陛下家事，不该问外人。”

高宗听李勣这么一说，便又心动，册立武昭仪为皇后，将遂良降为潭州都督。

褚遂良直谏被贬之前，黄门侍郎、同中书门下三品韩瑗也数次犯颜直谏，反对立武昭仪为后，而且言词激烈。待遂良因直谏遭贬，韩瑗又上疏为遂良鸣冤叫屈。

武后对褚遂良、韩瑗恨之入骨，所以让许敬宗、李义府等人，捏造罪状陷害，再贬遂良为爱州刺史，贬韩瑗为振州刺史。不久又陷害韩瑗与长孙无忌谋反，派使臣去追杀，未到振州，韩瑗已死于任上，使者恐怕有诈，又开棺验尸，证明无误。但将其子孙都发配岭南。

柳奭，本是王皇后舅舅，王皇后被废处死，武后将柳奭发配岭南，是怕他在朝中联络诸臣，再兴风浪。

武后这次将亡之际，也想最后积些阴德，所以再三叮嘱中宗。

武后同中宗说完，便对太平公主道："你是我的爱女，聪明像我，但千万不要为聪明所误。"

不愧为一代女皇，八十多岁还是如此精明，她对太平公主的叮咛，绝非无端而发。她是在几十年的共同生活中，经过政治风雨的吹打，从太平公主身上看到了隐患。

在众多的儿女中，武后最娇宠和喜欢太平公主，常说几个儿子都不成器，唯有太平公主像自己，尚算可造之材。所以几十年里她都刻意加以栽培，也对太平公主十分信赖。无论是军国大政，还是宫闱隐私，武后从不隐瞒太平公主。但她也深知，太平公主有同她一样的野心，有同她一样的权欲，却缺少她所拥有的睿智、谋略和狡诈。其实，她所叮咛的不要为聪明所误，隐含着太平公主自以为聪明，实际并非都是聪明，所以自误。武后不幸而言中，几年以后，太平公主因阴谋欲废玄宗，事败而被赐死。

武后叮嘱了太平公主，便转眼四处看着，当看到韦后、婉儿二人时，只是摇头，并不说话。是赞赏还是失望，是担心还是忧虑，韦后、婉儿不解，中宗也无从判断。

余下诸人，武后只是淡淡地扫视一下，便若有所思地呆呆地看着幔帐，众人也不敢再问，都静静地肃立着，室内死一样的沉静，彼此之间怦怦的心跳声都能清晰地听到。

武后像是困倦了，圆睁的双眼慢慢地合上了，并逐渐传出均匀的呼吸声。中宗见武后睡熟了，便挥手示意众人退下，自己留下看护。

两日后，武后安然地死去。

武后死后，中宗传武后遗旨，除去帝号，尊谥武后为“则天大圣皇后”，赦免王氏、萧氏二族和褚遂良、韩瑗、柳奭家属，并恢复三人原来爵位。

中宗命中书令魏元忠暂时总摄朝中大政，自己按惯例居丧三日，不问朝政。武三思假托武后遗诏，慰谕魏元忠，赐封邑百户，以笼络元忠为己所用。魏元忠捧读伪诏，感激涕零。朝中大臣有人看见魏元忠流泪，私下议论道：“大事他都忘了。”暗指当年被二张诬告，武后贬他去岭南一事。

中宗居丧三日已满，即由元忠归政。中宗下诏，安排武后与高宗合葬事宜。

给事中严善思入奏道：“鬼神最喜静，不应轻率行事而亵渎神灵，现在要将太后同先帝合葬，恐怕开启陵墓，会惊动先帝。而且合葬并不是古制，不如在陵旁另选择吉祥宝地营造陵寝，更为慎重可靠。”

严善思的奏言，并非只是从有恐亵渎先帝神灵的角度，谏阻合葬。他的真正目的是不使武后同高宗合葬。因为武氏在高宗死后，临朝称帝，改易了大唐国号，诛杀无数李氏宗亲，建立了新朝。从这个角度看，武后是唐朝的叛逆，对高宗李治她又是不守妇道的妻室。她与高宗合葬有辱大唐，有辱高宗。所以严善思假借神鬼，比照古制，极力反对。

中宗不听严善思的谏阻，命令工匠打开了高宗陵墓，将武后与高宗合葬。

李治（高宗）的陵墓叫乾陵，建在长安西面乾州（今陕西省乾县）的梁山上，是光宝元年（684）武后下令修建的。陵墓占了整个山麓，设有内外两层城墙，墙内有献殿、下宫等建筑。司马道（神路）的两侧矗立着许多石雕：石马、石人、珍禽、祥兽，还有代表外邦六十一国酋长们的石像。在陵园大门前面有一座“述圣纪碑”，是记载高宗李治业绩的。碑高二十二尺五寸，共七节，因此又叫“七节碑”。七节的含义是代表日、月和金、木、水、火、土五行。碑文是武则天亲自撰写的，主要是颂扬高宗文治武功。碑文由中宗李显书写，由著名石工刻凿。

武后在弥留之际，曾考虑过自己死后碑文如何撰写。她知道自己的儿子中宗懦弱，不会说她的坏话，肯定会把自己夸赞得完美无缺，就像她当初夸赞她的丈夫高宗一样。但她知道这样一块碑，肯定会遭到后人的批评、指责。所以在临终前她密告中宗，在她死后，在乾陵高宗的“述圣纪碑”对面，立一座“无字碑”，即上面一个字也不要写，任凭后人去褒贬评说。

武后寿终正寝之后，中宗李显即按武后生前嘱托，造了一座碑身正面上端雕着两条飞龙，碑顶刻着八个螭（古代传说中的一种没有角的龙）头的“无字碑”。

一千多年过去了，这座“无字碑”依然立在梁山脚下，迎送朝阳夕晖、春风秋雨，碑身上依然光秃秃不着一字，保留着原有风貌。但一千多年来，对这位中国历史上唯一女皇的评说，却是文章、诗词不计其数。个中观点也是仁者见仁，智者见智，众说纷纭，莫衷一是。

是的，又有谁真正地了解武曌其人呢？还是郭沫若先生说得好：“没字碑头镌字满，谁人能识古坤元？”

尽管武三思深受中宗宠信，又有韦后当内线，但武后的死，让他仍觉失去了一堵挡风墙。桓彦范、敬晖、袁恕己、崔玄時仍在京师，他感到这些政敌对他的威胁比以往更大了，所以三思又构想着打击桓彦范等人的新计划。

一天早朝后，文武群臣都退了下去，武三思迟迟未退，待群臣退净后，三思紧赶几步追上了刚走下大殿的中宗，并喊道："陛下，臣有事密奏。"

中宗听到喊声，回头一看，见是三思，便停下脚步，挥退内侍，返回殿上，坐到了龙椅上，接着对三思道："武爱卿，有何要事，但讲无妨。"

武三思见左右已无人，便走上大殿，立在中宗左侧，俯下身，压低了声音，带着几分神秘地对中宗道："桓彦范等虽已不预政事，但仍在京师，门人、故旧常与四人往来，通报朝政，实为幕后操纵。先前陛下罢五人知政事，五人仍然心怀愤恨，倘若利用在京师之便，联络旧党，重演政变故事，那可是社稷大祸。依臣之见，不若再授实职，分散各州，使他们不能聚谋，从而免除后患。"

中宗于是采纳了三思意见，任桓彦范为洺州刺史，敬晖为滑州刺史，袁恕己为豫州刺史，崔玄時为梁州刺史，立即赴任。三思暂时舒了一口气。

再说韦后自从同慧范同床共枕之后，如鱼得水，难舍难离，大有一日不见如隔三秋的感觉。

为了使慧范能在朝中站得更稳，韦后自从鼓动中宗授了慧范银青光禄大夫以后，一直寻找机会为慧范加官晋爵。

慧范虽然成了银青光禄大夫，但始终没有爵位。所以每次进宫都央求韦后替他疏通晋爵。他深知韦后十分依恋自己，生怕有朝一日自己离她而去。所以慧范抓住了韦后的这种心理，常常说起朝臣的私下议论。无非是朝臣如何说他无功受禄，不应居朝为官，应外放州府，等等。其实他自己也未曾听见，一是自己内心有鬼，总是做贼心虚这样去猜测；二是通过这种方法，促使韦后加快行动步伐，为他谋划晋爵。正好皇家要建造一座寺庙，韦后便向中宗推荐慧范做工程总监，并极力夸赞慧范道："慧范大师，不但精通佛学，而且通晓天文地理，又善占星之术，让他督建寺庙，既符合佛教规范，又应天顺时。"

中宗采纳了韦后意见，授命慧范督造皇家寺庙"圣普寺"。圣普寺建成后，韦后又鼓动中宗赐予慧范郡公爵位。自此，慧范已是内通中宫，外有官爵，有恃无恐地出入后宫。

慧范巩固了在朝中的地位，同韦后的来往更加频繁了。原来没有慧范介入时，韦后对武三思视若救星、至宝。自从慧范闯入韦后的宫闱之后，韦后对武三思便日渐疏远。

武三思见韦后喜新厌旧，知道这棵大树难以久靠乘凉。朝中政敌又视自己如虎狼，无时不在寻找时机除掉自己。桓彦范等外患尚未尽除，韦后又日成内忧。他感到形势危急，深恐有一天会腹背受敌，形成受人夹击之势。

武三思想到自己的处境，寝食难安，昼思夜虑，谋划着彻底解除内忧外患的良策。左思右想，觉得不可两面作战，必须先解燃眉之急，除去外患，然后再解内忧。

心想事成，常是人们对善良之人的一种真诚而又美好的祝愿。可善良之人并非总是心想事成，往往会经历艰辛和磨难。在一定的历史时期，倒是奸恶小人常常心想事成，万事亨通。武三思正欲排挤朝中正直之士，机会便来了。

驸马都尉王同皎，神龙元年同张柬之、桓彦范一同起兵拥立中宗复位，后来又同张柬之等屡次谋议铲除诸武。武三思早就想除掉王同皎，只因同皎是当朝驸马，一时难以扳倒。

王同皎见当初拥立中宗复位的功臣旧好，都为三思排挤外放，且三思弄权，在朝中大树同党，因此心中十分不平，常常同亲友议论国政，愤慨至极，便大骂武三思和韦后，并招集壮士，准备劫杀武三思。起初这些事并无人外泄，后来却坏在了一个赫赫有名的文人手里，这个人便是宋之问。

宋之问是武后称帝时期的著名诗人，二十岁时，就已闻名于世，尤其擅长五言诗。在当时，宋之问的五言诗是首屈一指。宋之问在文学上有很深的造诣，但在品行上却缺少傲骨，总是趋炎附势。在张昌宗、张易之兄弟专宠时，宋投靠二张，写了许多诗吹捧谄媚二张，并经常跟从二张、武后游宴。一次，武后游洛阳龙门，命随行官赋诗，左史东方虬诗先成，武后赐给东方虬一件锦袍。宋之问诗写成后，武后称赞他的诗写得更好，便收回赐给东方虬的锦袍赏给了宋之问。

张易之、张昌宗被杀之后，宋之问因曾依附二张，作为逆党被贬到泷州做参军。不久后逃回，同他弟弟宋之逊一起隐藏在洛阳人张仲之家里。张仲之与驸马都尉王同皎共同谋划杀武三思的事，都被宋之问、宋之逊听到了。为了投靠武三思，“立功赎罪”，宋之问便让宋之逊的儿子宋昙和外甥校书郎李悛到武三思那里告密。

武三思令宋昙和李悛出面告发，说王同皎同张仲之、祖延庆、周憬等网结壮士，密谋杀害武三思，并企图废除皇后。

其实，张仲之、王同皎等人原本并没有要废皇后的意图，但武三思非要给他们加上这一条罪状，目的是要引起韦后的愤怒，这样武三思就等于又借一把刀，杀起人来更保险，更迅速。

果然不出武三思所料，韦后听到有人要图谋废除自己，勃然大怒、暴跳如雷，便催中宗立即传旨，拘审张、王、祖等人。中宗便命御史大夫李承嘉、监察御史姚绍之审理此案。审理了两日，也未能定下罪名。三思恐夜长梦多，便又向中宗推荐侍中杨再思和刑部尚书韦巨源参与案件审理。中宗欣然允诺，传旨付行。

杨再思本在西京留守，因投靠了武三思，得以召还东都，任了侍中。韦巨源也早已拜倒在武三思脚下。这二人均是武三思爪牙，三思让二人参与此案审理，目的是早置张、王等于死地。

杨再思、韦巨源对武三思的意图心领神会，第二天一开堂，带上张仲之，二人并不问话，便先令役隶施刑。两个役隶拿出拶指将张仲之十指夹住，一边一个拉紧绳索，逐渐加力。杨再思见张仲之已痛得头上流下了汗珠，这时才开口道："从速招来，免受皮肉之苦。"

张仲之大声道："武三思淫污宫掖，何人不知？难道你们没有长耳目吗？"

杨、韦二人见一时问不出结果，便命役隶将张仲之捆绑起来，送回监狱。两个役隶拖着张仲之向外走去，张仲之回过头来大骂不止。姚绍之叱令役隶道："给他点厉害尝尝，免得乱咬。"

一个役隶举起行刑大杖向张仲之左臂砸下，只听"咔嚓"一声，张仲之刚才还挣扎不止的左臂立即垂了下去，不由自主地前后悬荡着。

张仲之仍然大呼道："你们这些奸臣，打断了我的胳膊，但封不住我的嘴，苍天在上，我死也要到上天那告你们。看你们能长享富贵吗？你们的末日不远了。"两个役隶揪住张仲之的头发把他拉了出去。

杨再思、韦巨源等按三思的旨意，将王同皎、张仲之、祖延庆定为死罪。

听到王同皎已被定死罪，同皎妻子新宁公主急忙进宫向父皇和母后求情道："念在同皎是臣女亲夫分上，乞父皇、母后法外开恩，免他不死，削职为民，与臣女常相厮守，别无他求。"

韦后道："他图谋叛逆，罪不可恕，死罪难逃，待他死后，再为你择选夫婿。"

新宁公主见韦后决意要杀同皎，自己已无力回天，便含泪而去。

王同皎、张仲之、祖延庆终未能幸免，一并被处以死罪。临刑时，同皎面不改色，昂然直立，遥望着浮云山，犹如欣赏一幅迷人的画卷，而陷入了无边的遐想。

武当丞周憬在差役前去逮捕他时，从后门逃了出去，躲藏在比干庙里。当周憬听到王同皎等被杀的消息后，一种悲愤之情油然而生，他走到比干的神像前，流着悲愤的泪水道："比干，你是古时忠臣，应知我心，武三思与韦后淫乱，为害国家，将来总有一天枭首于市，只恨我不能目睹，但九泉之下我会感知的。"说完抽出利剑，自刎而死。

王同皎等被杀之后，宋之问由于告发有功被武三思推荐为鸿胪主簿，后又做了修文馆学士。宋之问在官场上卖友求荣，在文场上也表现得十分卑鄙。

宋之问有个外甥叫刘希夷，也是个进士。刘希夷很有诗才，二十几岁时已在诗坛有了一席之地。有一年春天，刘希夷写了一首歌行体长诗，题目叫《代悲白头吟》，共二十六行，其中有个联句："年年岁岁花相似，岁岁年年人不同。"宋之问对这个联句非常欣赏。那时刘希夷的这首诗刚刚终韵，还没有在外流传，宋之问便要刘希夷把这两句诗让给他，准备用到自己的诗里。刘希夷没有同意。宋之问恼羞成怒，就命仆人用装上泥土的袋子压在刘希夷头上，使刘希夷窒息而死。一位才华横溢、品德高尚的诗人，就这样被扼杀了，死时年仅二十八岁。

宋之问虽终生恋慕荣华，但他的仕途并不平坦，几起几伏，最后也未得善终。睿宗李旦即位后，以其曾依附张易之、张昌宗、武三思，构陷忠良而将其发配钦州，先天元年（712）被赐死。

宋之问虽然在朝为官着实缺乏傲世风骨，为世人所耻笑，但他在文学上的成就，尤其是对近体律诗的开创贡献是巨大的，对后世的影响也是深远的。他的前期诗作，多为歌功颂德、献媚取宠的词句，没有太高价值。但他在逆境中所完成的作品，却充满着真情实感，脱去雕琢之气，如他在流配途中写的《题大庾岭北驿》便是发自肺腑的作品：

阳月南飞雁，（十月南飞的大雁，）

传闻至此回。（据说到此就要北回。）

我行殊未已，（我的行程却未终止，）

何日复归来。（不知什么时候才能归来。）

江静潮初落，（江水平静，浪潮刚刚落去，）

林昏瘴不开。（暗暗林丛笼罩着一片瘴霭。）

明朝望乡处，（明晨过岭时回望故乡，）

应见陇头梅。（但愿能见到陇头红梅绽开。）

四

武三思除去了王同皎，但桓彦范等犹在，仍然是块心病，所以他便借王同皎一案之机，进一步构陷桓彦范等人。他诬称桓彦范、敬晖、袁恕己、崔玄時等人都是王同皎的同谋，于是降桓彦范为亳州刺史，敬晖为朗州刺史，袁恕己为郢州刺史，崔玄時为均州刺史，并将当年参与政变的赵承恩、薛思行等人也一并外调。

不久以后，武三思又令中书舍人郑愔诬告敬晖等人密谋发动政变。

郑愔的状书很快转到了中宗手中，中宗见桓彦范、敬晖、崔玄時、袁恕己又暗联张柬之再图废立，愤恨不已，便立即按武三思的意图下诏贬敬晖为崖州司马，桓彦范为陇州司马，张柬之为新州司马，袁恕己为窦州司马，崔玄時为白州司马。

武三思虽然已将张柬之等人贬为了司马这样的外廷小官，并且远离了京师，但怕斩草不除根，春风吹又生。自己现在之所以能玩张柬之等人于手掌之上，就是因为当年张柬之棋错一着，未将自己杀掉，所以自己才再度得势。已有前车之鉴，不可重蹈覆辙，男子汉大丈夫，不做则已，做不可休，休即有患。他决心置张柬之、桓彦范等人于死地，于是又想出个一箭双雕的计划。

自从韦后同胡僧慧范私通之后，武三思就被晾在一边，所以三思总是感到酸溜溜的不是滋味。他始终想找机会除掉慧范，以巩固自己与韦后的关系，但苦于机会难寻。这次这么一逼，他茅塞顿开，便在慧范身上做起了文章。

于是武三思派人去召他的亲信。自从武三思受中宗宠信以后，身边已有一些爪牙，甘为其效命。没出一个时辰，宗楚客、周利用、纪处讷等人，乘轿的乘轿，骑马的骑马，先后来到武三思私邸。

武三思令家仆摆上酒席，畅饮起来，酒过三巡，菜过五味，宗楚客等便问三思召他们来有何要事，武三思沉着地道："时光尚早，莫谈公事。我等已多日未曾聚饮，今日先开怀畅饮，叙谈叙谈，然后再慢慢商议。"

三思说完，便"啪、啪"击了两声亮掌，只见五位二八佳人，一身珠光宝气，一步三摇，两步六摆地从屏风之后走出，仿佛是仙女下凡翩翩而至，来到席前，双膝跪在锦垫之上。有美女侑觞，宗楚客、周利用等不觉兴致勃然。

三思同五位党徒宴饮嬉戏，不知不觉已过去两个时辰，感到该是商议"公事"的时候了。武三思因何称之为"公事"？在他的逻辑中，与他自己和自己的私党有直接利害关系的事，是属"公事"，与己无关的国事才算"私事"。颠倒黑白，是武三思的人生逻辑。

这时只听武三思干咳了两声，这是武三思的习惯，也是武三思为手下立的规矩。只要他干咳两声，便是训话、做指示的信号。

听到信号，那五位侍女向五位客人深深地鞠了一躬，便飘然转出内室。

周利用见五位侍女已经出门，便正视着三思道："王爷有何吩咐，利用等赴汤蹈火在所不辞，还请王爷明示。"

宗楚客、纪处讷也附和道："王爷对我等恩同再造，岂敢不报大德。"

武三思见都已有了态度，便将贼头向前探了半尺，压低了嗓音道："张柬之、桓彦范、敬晖等老儿不除，必为我等后患。为我等将来计，应商议良策，尽除为上。"

周利用等相互对视了一阵，又沉思半晌，而后相继摊开两手，都说没有好主意。

武三思见无人献策，便将自己的高招说了出来："皇后近来在宫中与慧范秃驴搅在一起，偷情已有数月，内宫上下无人不知，只是瞒住皇上一人。我计划把皇后的丑事，用大字写出来，张贴在天津桥上，让洛阳的老百姓都知道这一丑闻，再传入朝中，让皇上闻之。"

武三思说到这停了下来。周利用忙说："这样一来，皇帝知道了，追究下来，如何应付？"

三思"嘿嘿嘿"爆发出了一阵奸笑，然后胸有成竹地道："我要的就是皇帝大发龙威，强令彻底查究。"

周利用等听得目瞪口呆，仍然是不解其中奥妙。

三思接着道："待皇帝一追究，我便派人调查此案，然后就说经查是张柬之、桓彦范等五人密令亲信张贴的，目的是要废韦皇后，并打击皇上的尊严。"

"对，高！这样皇上一定会对五人恨之入骨，必定下诏处死。那我们就可高枕无忧了。"五个人附和着，奉承着。

纪处讷想了想说："这样一来，对皇后的面子，倒是不太好看。"

武三思道："这是一石……"三思本想说是一石二鸟，既打张、桓等五人，也打皇后的锐气，让皇后不敢胡来。但他话到嘴边又改了。"这是一石……一石击浑一池水，我们好浑水摸鱼。"他不能说出吃醋那层意思，那样有失面子。

纪处讷、宗楚客、周利用等问道："不知王爷准备何时行动？"

三思道："就在今夜。"

于是几人便令仆人找来笔墨，用变体字写了揭露皇后丑行的"大字报"，命家人趁夜静无人贴到了天津桥上。

三思之所以选择天津桥，是因为这座桥具有特殊的地理位置。

天津桥，是洛阳城南洛水之上的一座石拱桥，横跨洛水，是进出东都洛阳的交通要道，商旅、官、兵往来频繁，桥上行人络绎不绝。

桥身东西两侧，又是夏季聚泳的所在。在大桥的北端，有一座牌楼，两边各有一座华表。这里常常聚集着来往行人在此休息，侃谈天下奇闻逸事，所以这里成了奇闻秘事的集散地。谁要想猎奇、消遣，便拿着一块毡垫、草垫，或拎一把小凳，在这里一坐，不须多久，准有人前来同你搭话。你侃天南，他侃地北，你说云中雁，他道海底鲜，你讲宫中秘事，他述乡野奇闻，海阔天空，古今中外，有说不尽的话题，讲不完的故事。

这天津桥头，就是朝中官吏也常常过来猎取奇闻，然后作为欢聚宴饮的佐料。当然，来到这里不可大张仪仗，明锣开路，那样就把侃客都吓跑了。所以来的即使是高官，也都是至多带个仆人，还要装作朋友的样子，穿上商人或书生的服装。只有如此乔装打扮，才能有人同你侃，才能听到稀奇古怪的事。

尽管天津桥热闹繁华，但是管理还是井井有条，乱贴、乱画的事几乎没有。

武三思令家人将“大字报”贴在桥上的那天早晨，这天津桥，可就失去了往日的秩序，一片混乱。因为在这座桥上很少有人见过贴东西的，而且这次贴的还不是一般的招贴，而是事关皇家隐私的大事，这要是查出来，可是脑袋搬家的大祸。所以这里是人山人海。挤进去不容易，要想出来更不容易。试想里三层、外三层地围着，外面的人心里又急，想进去的，哪个不是身强力壮的？所以挤得是水泄不通。

大约中午时分，只见十几位捕快在一个校尉的指挥下，呼喝着冲上桥来。

围观的人一见官兵来到，便像听了火枪鸣响的麻雀，忽一下向四外散去。唯恐被这贴膏药贴上。这贴膏药要是给谁贴上，可不是治病的，那是要命的。有的在里层已无路可逃，有会水的干脆一纵身跳进了洛水河，顺水逃去。几个跑得慢的被捕快擒住。

原来桥上有“大字报”的事没有两个时辰便传到了洛阳府尹那里。这可是关“天”的事，府尹岂敢怠慢，即刻命人前去查看。

校尉抓了几位嫌疑犯，并揭了那张大黄纸，飞速回报府尹。

府尹大人接过那张黄纸，见上面歪斜着写有十六个大字：“皇后偷汉，内宫淫乱，若问此人，胡僧慧范。”

府尹不敢拖延，立命将人犯及那张黄纸一并送入刑部。因为这事太大，一个小小的府尹岂敢妄加审理。刑部接到案报，又推到监察御史那里，这监察御史中有一位叫李承嘉的是武三思的亲信。他接到这个案子，不敢立即上奏皇上，想压下来，他知道这事不好管，管不好会开罪皇上和皇后。但他又一转念，万一压下来，出了什么麻烦，还是吃不了兜着走，所以他便到武三思私邸请示武三思。

三思便如此这般地部署一番，李承嘉诺诺称是退去。

第二天早朝时，武三思同李承嘉站在了一起，中宗、韦皇后坐在龙椅上，各部长官还没有奏事，只见李承嘉附在武三思的耳边，窃窃私语，三思连摆手带摇头。

吏部长官和户部长官都已奏完本部要事，三思同李承嘉仍在那私语，这在大殿之上是没有过的事。其实刚上朝中宗就看到三思二人在那交头接耳私议，只是中宗不好意思对三思发作，毕竟是一号宠臣，怎么也得给留些面子。可是中宗一看，两人没完没了，便耐着性子，和颜悦色地问道："武爱卿，李爱卿，何事议论不止？"

武三思听到皇上问话，慌忙道："这……这……这，也没有什么大事。"

中宗见三思如此反常，吞吞吐吐，觉得其中必有隐情，便追问道："没有大事，在朝堂之上窃窃私语，朕倒有些奇怪，朕就要听听你们的小事，快快道来。"

三思见皇上非要追根儿，便推李承嘉上前，李承嘉又连连后退，反推三思向前，示意他说。这样推推闪闪，不但皇上疑窦丛生，就是文武大臣也是迷惑不解。

这时李承嘉正好又被三思推到了前面，中宗命令道："不要推来推去，有什么事，李爱卿你说与朕听！"

李承嘉见皇上指名，不敢再推，便向前几步，对皇上道："事关圣上家事，臣不敢妄言。"

"恕你无罪，但讲无妨。"中宗说道。

这时李承嘉朗声道："臣昨日接到刑部转来的洛阳府一个案子，是，是……"他说到这，回头向两班文武看了两遍。中宗道："但讲无妨，但讲无妨。"

"是在天津桥上揭下的一张黄纸。"

"黄纸有何大碍，以致如此吞吐。"中宗不悦地叱责道。

李承嘉接着道："纸上写有四句话，十六个字。"说着拿出黄纸。

"读。"中宗不阴不阳地说。

李承嘉又看了看文武两边，吞吞吐吐，蚊子声蚊子气地读道："皇后偷汉，内宫淫乱，若问此人，胡僧慧范。”

李承嘉前面那八个字读得声音特轻，中宗压根儿没听见，只听到“若问此人，胡僧慧范”八个字，便怒叱道：“难道朕所给你的俸禄还不够吃饭的不成？说话有气无力，再读一遍！”

李承嘉见中宗震怒，不敢再卖关子了，于是提提嗓门，大声地将“皇后偷汉，内宫淫乱”八个字清楚地读了出来。其实不是读，是在喊口号。

中宗听了目瞪口呆，韦后听了脸立刻刷地红到了脖根儿，百官听了面面相觑。

过了约有五分钟，朝堂上下一声没有，彼此之间呼吸的声音，都清晰可辨。不知是谁，太惊愕了，把手中的象牙笏板掉在了地上，“啪啦”一声，把所有的人都惊醒了。

只见中宗举起右手，“啪”一声拍在龙案上，大吼道：“什么人如此大胆，造谣中伤，侮辱朕躬，立即带人，从速查清，再来面奏，超过三日不能复命，要你项上人头。”说完一扬手道：“退朝！”

李承嘉听到三日不能查清，要取项上人头，头上立刻沁出了汗珠。皇上可是金口玉牙，说啥是啥，自己不觉两脚无根。

李承嘉退朝之后，急忙拉住三思，请他出主意。

三思低声道：“今晚到我府上。”

掌灯时分，李承嘉乘轿来到武三思私邸。李承嘉一下轿，便被家人引入内室。

李承嘉进了内室，一看是灯火通明，几十支碗口粗细的大红蜡烛上下高低错落，都插在纯金和纯银的大烛台上，一桌上等的酒席已经排好，只有武三思坐在酒桌的西首。

李承嘉见了三思忙作揖问候，三思道："家里人，不必多礼，老夫已恭候多时了，请御史入座，与老夫小酌几杯，先莫谈'公事'。"前面已经说过，三思总公私颠倒，这里"公事"是指铲除张柬之、桓彦范的事。

其实今天朝堂上，那番表演是三思同李承嘉早就预谋、排练好的，是故意让中宗先发问，并催逼，然后再抖开包袱，中宗果然中了三思诡计。

几杯酒下肚，只听武三思干咳了两声道："御史大人，依老夫之见，明日先审那几位穷鬼。一定让他们招认是桓彦范等人指使他们张贴的。"

李承嘉频频点头称是。两人又将具体步骤商议一番，便又继续饮酒作乐，直到子夜时分李承嘉才恋恋不舍地离开武府。

第二天，李承嘉开始审问抓来的那几个看热闹的人。李承嘉不问青红皂白，便命役隶各打了几十大板，然后一个一个单独提审，并告诉那些人，如果承认是桓彦范等指使，既可免受皮肉之苦，又可很快获释。

那几个"嫌疑犯"由于不堪重刑折磨，便纷纷画押"招供"，俱说是桓彦范等五人以钱买通，让他们前去张贴的。

李承嘉于当日下午便进宫面圣，奏报审案结果道："经臣等严加盘查，一干人犯俱已供认，这张榜文，是桓彦范、敬晖、张柬之、袁恕己、崔玄暐等叫他们去张贴的。虽是以废后为名，实际是要图谋废君，请陛下传旨，按谋反罪，诛灭九族。"

中宗听后还有些不太相信，没有立即答复。回到宫中，韦后向中宗大骂桓、张等人道："我早说这几个人是奸诈小人，现在又来诽谤我，将来还不连陛下都不放在眼里？现在不处置，恐怕做出更越轨的事，那时就追悔莫及了。"

安乐公主也秉承其公公武三思的旨意，在一旁添油加醋地说道："父皇，你还蒙在鼓里呢！听说这几个人罢知政事之后，常有往来，关系仍十分密切，他们破坏父皇母后的声誉，是别有用心！”

中宗听到他们密结谋事，心中便觉得事情就不那么简单了。于是下诏准李承嘉所奏，将桓彦范等一干人立即诛杀，并夷灭九族。

大理丞李朝隐听到这一消息，便上书奏道：“敬晖等既然未经拘问对质，不可立刻肆意诛杀九族。应差遣御史审对，确实招供，方可行刑。”

大理卿裴谈奏道：“敬晖等人只该按圣旨断罪，无须再等审问，请一并处斩，抄家流放族人。”

中宗同意裴谈请求，但念及桓彦范等五人曾赐不死铁券，免其死罪，便流放桓彦范到瀼州，敬晖到崖州，张柬之到泷州，袁恕已到环州，崔玄暐到白州，并终身禁锢。五家子弟年龄十六岁以上的都流放到岭外。

武三思见这次“天津桥诽文一计”未能置这五人于死地，便又想到韦后和婉儿。

天津桥揭露韦后同慧范隐私一事，令中宗非常愤怒，真想杀掉慧范，但一杀慧范就等于承认韦后与慧范确有其事，况且皇后与慧范私通，又无人证实，自己也未曾发现，不可草率。尽管没有真凭实据证明韦后与慧范有染，但中宗自从看到那张榜文，心里总觉不是滋味，所以传旨将慧范驱逐出洛阳，永远不许慧范踏进洛阳城门。

韦后并不知榜文一事系三思所导演，慧范被驱出东都洛阳之后，她耐不住寂寞，便几次召三思入宫，重温旧梦。

武三思趁入宫机会，与韦后商议除掉桓彦范等五人的办法。韦后对桓彦范等人早已恨之入骨，只愁没办法除掉。武三思便献计道：“依臣之见，不如让婉儿背着皇上写一道墨敕，派人杀掉五人。”

韦后听后，觉得此计可行，便召婉儿密议，婉儿表示同意，二人便各自分头行动。

原来武三思矫诏杀人这一招，并不是他自己想出来的，是中书舍人崔湜，即当初张柬之派到武三思那卧底的那个人提出来的。张柬之、敬晖何曾想到崔湜倒戈杀了自己一个回马枪，反将自己置于死地。

不几日，婉儿按韦后的意图写了一道墨敕交给了韦后，韦后便立即召武三思入宫，将墨敕交付三思。

武三思即刻命令大理正周利用摄右台侍御史，出使岭外，带着伪造的圣旨，追杀五人。周利用这次出使，既是为武三思出力，也是为自己出气。周利用曾因依附权要人物，阿谀奉承，为桓彦范、敬晖等人憎恨，被外贬为嘉州司马，是武三思将其召回京都做了刑官，所以这次周利用非常愿意执行这一任务。

周利用拿到墨敕便日夜兼程，前往桓彦范等人的流放地。

尽管周利用日夜兼程，还是未能亲手杀死自己的“仇人”张柬之、崔玄暐。张柬之被流放泷州时，已是八十岁的老人，经不起长途跋涉，竟死于途中。崔玄暐几次被贬，愤恨难平，积郁成疾，在前往流放地白州的途中病死。

周利用紧赶慢赶抓住了敬晖、桓彦范、袁恕己三人。

周利用为了解心头之恨，命随从采取不同刑法去残杀三人。

先是将桓彦范拴在一个小竹筏后面，命人骑上快马拉着竹筏在沙石路和山野上乱跑。彦范的衣裤很快被草木锐石刮磨而尽，身上肌肤暴露无遗。马依然在飞跑着，很快就血肉模糊，难辨面目。带着鲜血的肉，一片一块飞落着，血水由于马跑得太快而四处飞溅，两三百米长的山路上撒满彦范的血肉。几百米过后，彦范身上的肉已经所剩无几，露出了白花花的肋骨、腿骨和臂骨。周利用见彦范已只存有一副骨架，便令停了下来，仔细一看，彦范还有一口气。便立即命人用木杖击打数百下，直到肢骨尽断，彻底断气才罢休。

周利用残杀了桓彦范之后，又命人将敬晖剥光衣服，绑上四肢，让几个士兵轮流用锋利的匕首，一小块一小块地从敬晖身上往下割肉，并将割下的肉扔在路旁喂成群的野狗。大约一个时辰的时间，敬晖已只剩一堆骨头，其实早已断气身亡。

周利用对袁恕己又换了一种手段，弄了数升野葛汁，给恕己灌了进去，由于毒性发作，愤懑难忍，恕己便用手掘地，取土而食，十指指甲已磨得精光，露出了骨头。周利用见恕己几个时辰仍然不死，便命人用石头、木棍乱砸、乱打，直到脑裂、骨断气绝而止。

李承嘉由于审理有功，经武三思推荐，被提拔为金紫光禄大夫，晋封襄武郡公。

韦后念李承嘉审理定了五人死罪，“忠”心可嘉，特赐彩帛五百段、瑞锦被一张。

裴谈因主张按中宗初命诛杀五人，韦后也很高兴，便让中宗擢拜裴谈为刑部尚书。

因大理丞李朝隐力主不杀桓彦范等人，并要求重新审理，当面对质，韦后、武三思对他极为不满，将其贬为闻喜县令。

周利用为除掉桓彦范五人立下“汗马功劳”，韦后、武三思让中宗擢拜周利用为御史中丞。

至此，韦后、武三思内外联手除去了朝中异己势力，完全把持了朝政。武三思较之韦后更为高兴，他不但除去了政敌，而且还除去了慧范这个情敌。既可在外朝为所欲为，又可在内宫寻欢作乐。

韦后此时已不满足于垂帘听政，她在考虑着怎样登上帝位，做一代女皇，并开始付诸行动。

第六章

结新党三思擅权　谋废立母女献谗

一

武三思先后通过各种手段将张柬之、桓彦范、敬晖、崔玄玮、袁恕己五人除掉，并将王同皎等一些正直朝臣残杀，将宋璟、李朝隐等一批诤臣外放。在朝中，武三思的劲敌已消灭殆尽。余下的少数正直之士，都自知势不能敌，只能摇头叹息，无可奈何。

至此，武三思已是权倾朝野，不可一世，盛气凌人。

为了进一步巩固在朝中的势力，武三思大开私门，网结新党。引为心腹的有十几人，都各居要位。下面略举数人，便可见三思势力之大。

宗楚客，蒲州河东人，是武则天堂姐的儿子。在武则天时同其兄宗秦客、其弟宗晋卿一同在朝为官。后来弟兄三人因贪赃一起被流放到岭南（今广东、广西一带）。在流放地宗秦客得不治之病而死，宗楚客和宗晋卿被召回，屡次晋升，官至兵部侍郎。中宗时期武三思用事，宗楚客便投靠武三思。武三思推荐他做了兵部尚书、同中书门下三品，也就是宰相之一。他弟弟也投在三思门下做了将作大匠（掌管宫室、宗庙、路寝、陵园的土木营建），是当时非常实惠的职务。

纪处讷，秦州上邦人，是武三思的连襟。开始三思并未想把他引为朋党，但有一事使三思颇受感动，所以予以擢拔引为知己。

纪处讷的妻子是三思妻子的亲姐姐，就是现在说的大姨子，长得如花似玉，比三思的妻子风流数倍。由于是近亲，所以两家来往非常频繁，三思也经常到处讷家去饮酒作乐，尽管当时礼仪男女有别，但都是一家人，不十分避讳。所以每次三思去做客，处讷妻都在一旁侍奉、劝酒。因为当时，纪处讷还是京城的一个小吏，家中奴仆也十分有限。

三思本是一个好色之徒，常常在酒桌上直勾勾地看着处讷妻。处讷妻也是一个风流种，见三思仪表堂堂，又是朝中大红人，所以不但不回避，反而有意卖弄风骚。

纪处讷本是无耻之徒，他看到三思总是色眯眯地看着夫人，心中不但不气，反而非常兴奋。既然如此，处讷要使美人计，钓三思这条大鱼。

处讷主意打定以后，便经常邀三思到家中做客，这正中三思下怀。这样一个愿请，一个愿去，配合得十分自然。处讷的这项钓鱼计划，拟在夏季实现。

每至天气十分炎热的日子，处讷便邀三思到家饮酒，每次都令其妻作陪。由于天气炎热，所以处讷妻每次都穿得非常轻薄。处讷妻见处讷并不责备，而且还每次都叫她作陪，也猜到了处讷用意。处讷唯恐妻子不帮忙完成计划，他哪里知道夫人是求之不得，甘愿奉献。

三思对处讷的一番盛情，心中自然感谢，便将纪处讷推荐为太府卿。太府卿是执掌国家贡赋财货、贸易、仓储、百官俸秩的官员，从三品，是经济主管，位置十分显要。

宗楚客、纪处讷靠武三思登上要位，声名大震，京都人称二人为“宗纪”。

武三思又擢任曾为自己献策夺了桓彦范等五人权柄的郑愔为侍御史（执掌纠劾非法、督察外官，或奉使执行特定任务），又擢拔卖友反戈的崔湜为兵部侍郎，并擢崔湜父亲崔挹为礼部侍郎（侍郎，即各部副长官）。

在武三思的同党中最著名的是当时人称为“五狗”的御史中丞周利用、侍御史冉祖雍、太仆丞李俊、光禄丞宋之逊、监察御史姚绍之。

这五个人之所以被称为“五狗”，是因为这五人终日伺候于武三思家门，一经三思呼唤，便立即趋至，无不唯唯听命，并做三思耳目，四处刺探内幕、隐情，犹如家养良犬，因而被时人称为“三思五狗”。

武三思的地位日益坚固，行为也日益猖狂，并常对人讲：“我不知世上什么人是善，什么人是恶。只要对我善便是善人，只要对我恶便是恶人。”那些趋炎附势的官，听到这样的话，便纷纷向武三思献媚。

有些官职低的巴结不上武三思，便巴结三思的“五狗”，“五狗”家也成了求官求荣的一条要道，宾客总是盈门。

三思的“五狗”，辗转勾引，狗风越结越大，在三思周围，聚集着成群的狗奴。这些狗奴之中也不乏疯狗，发作起来四处乱吠乱咬，使得京城内外不得安宁。

神龙二年（706），这时中宗继位已经有一年半的时间了，但始终未再谈及册立太子一事。在中宗刚继位时，因相王李旦诛杀张易之有功，进号为安国相王，迁太尉，加实封。中宗并立李旦为皇太弟，准备由他继承皇位。李旦对做皇帝毫无兴趣，所以屡次上表和面圣，坚决不接受，中宗便收回成命，再未商议立储之事。

太子乃国之储贰，关系国家安危。所以朝中大臣纷纷奏请立太子。相王李旦对中宗道：“陛下登基已一载有余，尚未册立太子，臣弟以为，应速立太子，以固邦国，以安人心。”

太平公主也奏请道：“太子一日不立，诸子一日不安，皆怀觊觎，难免相互诽谤，扰乱圣心。为安稳计，应速立太子。”

中宗平素大事小情无不同韦后、三思商议，但唯独这次立储，倒大显龙威，来了一次独断。第二日上朝，便在殿堂上突然宣布立卫王重俊为太子。

这一爆炸新闻，立即引起朝中和宫内的关注，并由此而引出一连串的风波。

这突然立储一事，朝中一般大臣，只是惊讶而已，但韦后、武三思和安乐公主却感到既震惊，又十分愤怒。

韦后首先发难，要中宗收回成命，理由是重俊不是韦后所生，非嫡出。中宗道："卿只生一子，已被母后杀害，自古立储非嫡即长，现重福流放在外，故只有立重俊为太子，这是顺理成章。"

韦后虽然怏怏不乐，但也无言加以反驳。

原来韦后生有一子，就是前回提到的重润，在中宗复位前因得罪张易之、张昌宗，被武后迫令自杀。中宗即位后有意立次子重福为太子，但韦后诬陷重福与张易之兄弟暗中联结加罪重润，重福因而被外放到均州，不许参与政事。

武三思之所以愤怒，是因为中宗册立太子这样的大事，居然未同他商议。但三思历来狡黠，见事已成定局，多言已无意义，反会开罪储君，便默不作声，但心中却耿耿不忘。

安乐公主，即前回书所说的韦后在去房州途中所生的小公主，小名裹儿。安乐公主自恃中宗、韦后恩宠殊常，所以欲以女统男，妄想做皇帝。

安乐公主这次突然听到立重俊为太子的消息，不免又气又急，便入宫面见中宗。

安乐公主以韦后已无子为由，要求中宗立自己为皇太女，废掉不是嫡出的重俊。中宗已动心，准备册立安乐公主为皇太女，但觉尚有不妥，便召宰相魏元忠商议，元忠奏道：“公主为皇太女，驸马都尉当作何称？”中宗也觉好笑，便罢议此事。

安乐公主听说了魏元忠的话，愤愤然道：“元忠是块山东木头，懂得什么礼法？阿母子尚为天子，天子女就不能做天子了吗？”“阿母子”，是当时宫人对武则天的私下称谓。中宗见女儿生气，便百般劝慰，并且令她开府置官，除不置长史以外，其他府僚均按亲王规格仪礼，安乐公主这才稍平怒气。

安乐公主得中宗圣旨，便回去筹划开府事宜。

立储风波平息后，中宗便令各部准备还驻长安。并令工部务必在十一月以前将西京长安皇宫破损殿宇、宫路修缮完毕。工部领旨后便组织工匠开始维修。

将重俊立为太子，安乐公主、韦后虽然力阻，但中宗仍是坚持不变。韦后、安乐公主见立即重新册立这条途径已经堵死，便采取迂回战术，破坏太子的根基，打击太子的威势。

太子重俊虽然不是嫡出，但自幼聪慧过人，颇得中宗器重。武则天在位时也很喜欢重俊，圣历元年（698）就封重俊为义兴郡王，长安年间（703 年前后）又授予卫尉员外少卿。中宗复位后，于神龙元年（705）封其为卫王，任洛州牧，赐封采邑千户。不久又提拔其为左卫大将军，遥领扬州大都督。

重俊性格倔强，做事不计后果，又多不合礼法，自身有些勇力，故常好斗。在他没有做太子时，虽然早对武三思、韦后、安乐公主的行为看不惯，但因有二哥重福的前车之鉴，还是忍气吞声，强压火气，未曾爆发。

重俊自从被立为太子，觉得自己的根基已经牢固，自以为对未来天子没有敢不恭敬听命的，所以在宫廷内外都是盛气凌人。

尽管重俊已成为太子，成了未来的皇帝，但他的妹妹安乐公主，并不把他放在眼里。安乐公主明白，重俊虽为太子，但在父皇、母后心中的地位远不及自己重要。这一点安乐公主的估计丝毫也不过分。

安乐公主是中宗、韦后患难中所生，在流放地同他们共同度过了担惊受怕的十几年艰苦生活。安乐公主自幼聪明乖巧、容貌娇柔、能歌善舞，在流放地，为中宗、韦后解除了无数生活中的烦恼。中宗能以其软弱的性格度过那段朝夕难保的流放生涯，一方面是依靠韦后的坚强支持，另一方面便是依靠安乐小公主所给予他的精神上的安慰，唤起他对未来的无限憧憬。所以中宗对安乐公主异常宠爱，有求必应，若不是朝臣反对，就立安乐公主为皇太女了。虽然皇太女未立成，中宗也采取了补救措施。就是下诏准安乐、长宁公主开府置官，除不设长史外，一切比照亲王规格设置属僚。

安乐公主由于自幼生长在流放地，没有受到正规的教育，回宫后又受武后、中宗、韦后的骄宠，整日沉迷于嬉游之中，再加上受到武后、韦后两位国母私生活的熏染，行为举止越来越乖戾放荡，不合礼教和法度。

安乐公主开府后，皇家帝族府僚，本应择选饱学治世之才来充任，从而起到纯化世风、倡导民俗的典范作用，为李氏天下增添几分光彩。但事实恰恰相反。

安乐公主选任府僚，没有什么规矩和标准，随心所欲，完全凭自己的爱好，所任用的府僚多是她外出游玩结识的市井中人。在安乐公主府中可以看见世间百态，在那里三教九流无所不包。

有一次，公主带着几个家人去斗鸡场游玩。因为公主外出游玩多数是便装简从，市民并看不出她的身份，她自己也觉得自由，方便得多。但她所带的人，可都是混世高手，有能打的，有能说的，有能唱的，有能偷的。

当公主一行人来到斗鸡场时，人已围了三四层，两只斗鸡斗得正凶。有一只黑色斗鸡的主人也穿一身黑衣，连鞋帽也都是清一色深黑；两条眉毛浓浓的，双睛深陷足有半寸；两只手的十指，细长细长；整个人瘦得像根干柴棒。走起路来，飘飘忽忽的，好像风吹着一个纸人似的。若是有根绳在身上拴着，肯定会被人当成玩偶，看上去，就像一个黑色的幽灵。另一只白色斗鸡的主人，正好相反，从头到脚清一色雪白。人胖得像个肉团，几乎高宽相等，一双手伸出来也看不出是拳还是掌，十个指头就像切成段的香肠，他要是一动不动在那里一坐，都会让人以为是一个面捏的佛像。走起路来，一步挪不了四寸，而且发出像猪一样的哼哼声。

安乐公主一看才明白原委，之所以这么多人围看，并不是单看斗鸡，也是看这对斗鸡主人。安乐公主想凑近些去看，但人太多又挤不进去。要是大喊大叫，硬冲硬挤，还怕搅了场子，那就没戏了。她叫过“鬼精灵”（在安乐公主身边的人，都以绰号称呼，久而久之他们的真名实姓，相互之间都反而忘了）道：“还不想主意，让我进到里层看热闹。”

“鬼精灵”做个“鬼”脸道：“好办，看我的。”

“鬼精灵”说完，便从衣袋里摸出一把十分锋利的小刀，向围观的人群挤了过去。看热闹的人，前面的都蹲着，后面的人看久了也累得疲倦，便双手拄在膝盖骨上，猫着腰在那看。鬼精灵在人群后面站了一会儿又蹲了一会儿，便退了回来，对公主道：“站在那等着，一会儿就有人腾地方。”

果然不假，只听接连“吱嘎、吱嘎”几声，那几个人紧忙捂住了自己后裤裆，并回头去看，一见后面站着一位妇女，更觉得不好意思，急忙躲到一边去了。公主趁机进去，抢了一个前排位置。原来是“鬼精灵”给那些人的裤子割开的小口裂大了。

这时，两只鸡已斗得满脸是血，羽毛也落了一地，四只翅膀一扇，羽毛四处乱飞。两个斗鸡的主人，虽然没有出血，但都大汗淋漓，而且仍在不住扇着两条胳膊如斗鸡一样，在那里喊：“上，上，加油，加油，向上跳，鹐头鹐头。”

无论是鸡，还是人，斗得都十分激烈和壮观，整整斗了两个时辰，双方未见胜负。这时，已过了午时，两只鸡虽未见高低，但也都是筋疲力尽，趴在地上张着大嘴喘粗气。主人也是一样，不同的是坐在地上，不是趴着。

公主见战斗已经停止，双方都在休整，便令“鬼精灵”跳进斗鸡场。只见“鬼精灵”在“幽灵”那说了一会儿，又到“面团”那说了几句，便见双方都各自收拾道具，把斗鸡装进鸡笼。围观的人可急了：“没有输赢，怎么不斗了，这不是扫兴吗！”有胆大力气大的还甩出一串脏话。

“幽灵”和“面团”也不理睬，都满面笑容地走了。这两位何以如此高兴？因为听“鬼精灵”说让他们俩到安乐公主府里去做官，这不是飞来的喜事吗？

就这样安乐公主府上，又多了两个府僚。她所选的府僚多数都是“学”有专长的玩家，诗书文章的事不须懂。

在自己府上，安乐公主是绝对的权威人物，在朝廷中她也是炙手可热的人物。别看没有官职，但大小官员都畏之如虎，她可以使人一夜之间成为四品大员，也可以一朝之内使人官职全无，成为平民百姓一个。

安乐公主不但贪玩，而且十分贪财。为了捞取钱财，便利用中宗的骄宠卖官、卖狱。京城和地方都知安乐公主贪财，所以送钱送物的人络绎不绝。

有些犯了刑法，被官府收审或治罪的人，只要给安乐公主送上足够的银两，公主派家人去有关衙门招呼一声，便可无罪释放。因为谁也不想因为一个囚徒而丢了官职。

一些地方官吏，为了加官晋爵，都纷纷走安乐公主的关系。送得多的得官大，送得少的得官小。安乐公主为人加官晋爵的方法简单得很，如不太越格的，安乐公主进宫，求见父皇或母后，令吏部办个手续，就算擢拔了，无须考察。安乐公主如果知道所卖的官职太高，怕父皇不同意，便先拟好一份诏书，把要提拔的人的新授官职写清楚，然后进宫，拿到中宗面前，用手将所拟诏文盖住，请中宗签名。中宗总笑着道："皇儿，又搞什么新名堂？"也不看所写内容，便欣然签字。

安乐公主就是这样简单地卖了一官又一官。试想，公主这样卖官，唯钱是举，朝中、地方的官吏素质岂能提高？正常的选官程序也遭到了破坏，官位也日益紊乱，官员大量超编。

安乐公主将卖官鬻狱所得钱财，用以营造府第，购买游玩用具。

由于安乐公主府中玩物甚多，而且稀奇古怪的东西不少，所以中宗、韦后经常去游玩。

安乐公主上有中宗、韦后撑腰，下有所引荐的私党在朝中呼应，根本不把太子放在眼里，而且是当面抗衡。

太子册立不久，一次太子仪仗和公主仪仗在洛阳城中相遇，按礼法，公主必须避让，恭送太子。但安乐公主就是不让。太子重俊亦是气盛，不肯失面子，二人相持半个时辰，最后各自掉转仪仗绕道而行。自此太子对安乐公主更加不满。

二

太子李重俊虽然做了储君，但并未将主要精力用于研读经史、熟悉朝政、思考治国安邦的大计。而是在两位太子宾客即两位驸马爷武崇训（安乐公主丈夫）和杨璬的陪同下整日游玩，常领太监和幕僚踢球、摔跤，或出城打猎。

重俊成为太子之前，就对武三思专权时有不满，但未敢得罪。成为太子之后，自觉根基已固，便想找机会羞辱三思。

有一天太子踢球回来，正好在宫门前遇上三思，三思也未避让，太子心中更加不悦，便喊道："武大人，听说你说过'你不知什么是好人、什么是坏人，只要对你好，就是好人，对你不好，就是坏人'。假如我因某事对你不好，那我就是坏人吗？"

太子本以为三思不敢说自己就是坏人，使三思进入进退两难的境地，使他自己否认自己的观点，未承想三思奸笑一声朗声回答道："如果太子恨我，千方百计要杀我，我还说你是好人，那么我不就成了坏人了吗？难道你自己会说自己是坏人吗？"说完哈哈大笑，扬长而去。

太子辱人未成，反遭其辱，怒骂道："岂有此理！"

经过这次交锋，重俊知道自己在朝中地位并不像他想象的那样乐观。

经过这次交锋，武三思也知道了自己在太子心目中的位置，他对儿子崇训道："重俊这小儿，早已对我耿耿于怀，否则不会在那么多人面前质问我。如果我们不早做打算，把这小儿扳倒，一旦他继承了皇位，一定没有我们好果子吃，说不定连命都断送在他的手里。”

武崇训接着道：“我在太子府同太子游玩，他总是对我横眉竖目，动辄还训斥一番，我心中早就对他不满了。但我想，现在还不能激化矛盾，因为皇上对他还很器重。”

三思道：“看来我儿已成人了，看得如此清楚。以为父之见，必须先破坏他在皇上心目中的形象，使皇上对他产生怀疑，然后再进一步打击他，直至废了他的太子。那时候我们再置他于死地。”

武三思做事，历来讲究一不做，二不休，对异己势力不除则已，除必除根，不使再生，而成后患。

崇训只是看清目前不能盲动，对于如何步步为营，步步紧逼，使其走上绝路，还是一筹莫展，而且听了武三思的话觉得有些迷茫，便追问父亲道：“不知如何行动？”

三思四下看了看，对崇训道：“除去太子小儿，非你的力量所能奏效，必须借助皇上的宝贝女儿安乐公主和皇后的力量。”

“公主是咱家人，肯定会出力的。”崇训又大彻大悟般地说了一句。

“必须把利害关系给公主讲清。”三思便如此这般地说了有一刻钟。

崇训领了父亲的锦囊妙计之后，眉开眼笑地回到了自己的府邸。

崇训回到公主府，公主外出打猎还未归来，崇训便令膳食总管准备酒菜，等公主一回府便开宴。

戌时左右，公主带着随从前呼后拥地回府了。崇训迎出室外，接过公主脱下的外衣，一同来到了餐厅。

公主因骑马射猎已是十分饥饿，坐下便自顾自地吃了起来，吃到半饱，便开始兴高采烈地谈起打猎时的趣事。

安乐公主讲了半天，崇训也没有搭话，公主有些不高兴地道："你听着没有？"

"听呢！听呢！"崇训答道。

"那怎么像块木头似的，没有反应呢？"公主嗔怪着追问了一句。

崇训皱了皱眉头说道："我担心，咱们的快乐日子不会太久远了，当今圣上百年之后，太子继位，恐怕没有我们好果子吃。"

公主道："何以见得？"

崇训沉思片刻道："你同太子本非一母所生，前不久你还要求父皇立你为皇太女废掉太子，近来你又对太子不恭……"

公主一想前几天和太子狭路相逢未肯让路时，太子眼中已露出凶光，便觉得崇训的话颇有道理，于是问崇训如何挽回局势。

崇训道："设法使太子做出有失礼法的事，让父皇对他产生怀疑，再请母后帮助说服皇上。"

公主听后，点头称是，但又提醒崇训，不可做得太过，反被太子抓住把柄。

公主和崇训的计划尚未付诸实施，转瞬已到十一月。中宗下诏，帝、后、三省六部、文武官属一并迁往西京长安。

中宗之所以要迁回长安，政治目的是次要的，主要是因韦后同胡僧慧范的风流韵事已闹得洛阳城中沸沸扬扬，大街小巷议论纷纷，成了老百姓茶余饭后的笑料。中宗觉得在洛阳城里驻驾，精神上总有一种无形的压力，好像处处有人指着自己后背议论品评。每当他到中宫韦后那里，总有着一种胡人的气息，尽管他自己对这事并不十分相信，但心头的醋意也总是挥之不去，常常泛起。本来天津桥一事一发生，他就决定立即起驾返回西京，离开这是非之地，只是由于西京长安已是多年未回，殿宇有些破损，需要时间加以修缮。

十一月的河洛流域，正是千里冰封、万里雪飘的季节，天气奇寒。按常理不应这个季节起动圣驾迁移，但中宗对洛阳城太讨厌了，多住一日，都是一种精神上的折磨，肉体上的自残。所以中宗得到工部奏报说西京修缮完毕，便不顾天气奇寒，立即下诏起驾。

韦后对冬天迁移颇不赞成，屡劝中宗明春起驾。韦后对洛阳宫有着特殊的情感，非常留恋给她带来幸福和欢乐的这块土地。每次一提移驾的事，韦后脸上立即露出愠色。

也许是一种逆反心理，中宗一听韦后反对及早起驾返还西京，心中就醋意大发。好像韦后留在洛阳，就会给自己戴上绿帽子似的，心中总不是滋味。因此，韦后越是反对，中宗态度越是坚决。

韦后终是阻拦不住，浩浩荡荡的西迁队伍随着中宗的銮驾自洛阳出发了。

这可是难有的热闹场面，洛阳城的老百姓倾城而出，从皇宫一直排到西城门外数里。但都不是站在路旁，而是在禁军的指挥下，站在离驿道一百米左右的雪地上。

皇上的全部仪仗、百官的车马、后宫嫔妃乘舆，五彩缤纷，绵延十几里，人喧马啸，尘土飞扬，一派盛大景象。

皇上坐在八匹纯红大马拉的龙辇上，拉开雕窗向驿路两旁巡视，见人山人海，都来送驾。洛阳百姓对自己如此爱戴，真是大出自己所料，不觉心中升腾起一股暖流。

假如中宗要真的知道了老百姓几年来已不堪皇家贵戚的欺压与掠夺，这是来送“瘟神”，是抱着庆贺的心情而站于冰雪之上的，那么就会有一股寒泉注入他的心田。

还是一句民谚说得好，聪明反被聪明误，人太聪明了，往往会有许多烦恼。如果中宗聪明，知道百姓的来意，那他岂不心凉半截，两天也睡不好觉。因为他糊涂，所以心里甜滋滋的，充满欢快，并随着龙辇有节奏的摇动，进入了梦乡。

天子銮驾西迁，不但随行人员劳顿不堪，沿途州、郡、县，为万余人的膳食供奉，忙得也是不可开交。

经过四天四夜的跋涉，西迁返京队伍终于进了长安。接着又是数日的奔忙，各自安排就绪，长安宫内又恢复了往日秩序。

十几日的时间，朝廷上下只顾忙于安顿人马、整顿家园，未得闲暇顾及政事与个人之间的恩怨。

现在各自后方已经安稳，便又开始了新一轮的权势角逐。

安乐公主和驸马武崇训商议打击太子的计划在洛阳城未能实现，这次一到长安，刚刚安稳，二人便将计划付诸实施。

一天近午时的时候，安乐公主和武崇训一同进宫去拜谒皇上和韦后。冤家偏逢窄路，这时太子重俊也自宫外而来，刚好下马准备入宫门。按礼法，公主、崇训必须回避，起码要退让。但安乐公主、武崇训已运好劲要与太子较量，怎肯错过机会，二人便抢前要进。太子怎肯示弱，冲过去用马鞭拦住二人道：“岂有此理，见到太子不拜姑且不论，还敢争路，你好不懂皇家礼数，把太子置于何地？真是没有修养，还不快快退下。”

公主、崇训不但未退，反而针锋相对，推开太子的马鞭，抢进了宫门。

武崇训故意在太子耳边小声地骂道："你这狗奴才，早晚要被废掉，有什么了不起的，走着瞧吧！"说完故意露着微笑，好像说的是家常话一般。

太子重俊脾气原本暴烈，做事又爱冲动，他不知安乐公主和武崇训有意激他引起事端，闻听崇训侮辱性的语言，暴跳如雷，举起马鞭狠狠地向武崇训手上打去。太子自幼喜欢拳脚，颇有些功力，加上心头气怒，所以这一鞭打下去力度不小。只见崇训手背立刻绽开了一道三寸长的口子，鲜血渐渐地渗了出来，崇训也不去擦。

重俊出了心头怒气，也不进宫，上马扬长而去。

安乐公主拉着崇训直奔韦后寝宫，正巧中宗也在韦后那里品茗。中宗正说着香茶煮得有点老，杀了原有的清香，忽听外面一阵哭声由远而近。他很快就听出来是安乐公主的哭声，以为发生了什么大事，不觉一惊，手中的宝玉茶盏一抖，滚烫的茶水荡到了中宗手上。"哎哟"一声，中宗将玉杯扔在了地上，茶水又溅到韦后身上和手上，韦后也"哎哟、哎哟"直揉手。

宫女要去给中宗拿烫伤药，走得急，正与进来的安乐公主撞了个满怀，公主正在气头上，顺手就是一记耳光，宫女没敢说话，捂着脸走了出去。

中宗见安乐公主已经哭成了一个泪人，鼻涕流得挺长，还挂在鼻尖上，也顾不得烫伤，急忙上前哄劝道："裹儿，有谁敢欺负你，让父皇为你出气。"这时武崇训带着一手血，撞了进来。中宗以为是夫妻俩吵架动了手，便对崇训道："训儿，何事闹得这样激烈，有话夫妇俩慢慢说，细商量嘛！"

崇训道："父皇，训儿什么时候同裹儿吵过架？"

"什么，不是你们俩的事？难道还有人敢欺负你们？"中宗吃惊地问。

“快去拿刀伤白药！”韦后命令身边的宫女，宫女一溜烟跑了出去。

韦后见宫女拿来药，对崇训道：“先敷上药，慢慢讲，一切有父皇、母后为你们做主。”

公主、崇训相继坐在锦墩上，公主开始叙述刚刚发生的事。这公主在社会上闯荡惯了，什么恶作剧她都做过，什么戏都演过，编造故事更是她的拿手好戏，添枝加叶、颠倒黑白地开始演绎起来：“父皇、母后，可要为儿做主啊。”说着又鼻涕一把泪一把地哭起来。

“但说无妨，定与我儿做主。”中宗拍着公主的后背说。

“刚才，我和崇训进宫给父皇、母后请安，我们在前先进了宫门，这时太子从后面骑马赶到。先前我们并未看见太子皇兄，等我们听见有马蹄声，回头一看是太子，下了马向宫门走来。我们已经进了宫门，避让已来不及了，便站在宫门里等着太子过去。没想到太子一进宫门便大骂我们不守礼法，抢道先行，有意同他过不去。我解释说：‘我们实在是没看见。’太子便骂我们有眼无珠。”

崇训接着说道：“我看太子训斥裹儿，便上前解释，太子骂我狗奴才，滚一边去，并举起马鞭乱打，因训儿躲闪得快，只打着一鞭。”说着把手举给中宗看。

中宗知道重俊做事不守礼法，不拘小节，但没想到居然动手打起驸马来了。正在沉思，听公主哭得更厉害了。

中宗急忙过去哄劝，公主附在中宗胸前哭着道：“现在父皇健在，太子竟如此待我，等父皇百年之后，太子做了皇上，非杀了我们不可，裹儿莫不如现在就死了好，免得日后受罪。”说着去墙上摘七星宝剑，被崇训上前拦住。

中宗这时气得脸色都白了，忙唤婉儿觐见。不多时婉儿来到中宫面圣，中宗道："太子重俊无故辱骂公主，鞭打驸马都尉，有失太子威仪，若不加斥责，必有大患继之。婉儿，速制墨敕，严加斥责，警告不许再犯。"

婉儿领旨去起草诏书。公主和崇训见计划已实现了第一步，尽管皮肉受些苦，也算值得，便双双回府。

婉儿刚刚回到自己寝宫没多久，宫女禀报说，武王爷到。

婉儿急忙将武三思引入内室，命贴身宫女守住外门。三思见了婉儿道："是否见到皇上？"

婉儿撒娇说："王爷的消息可真灵啊，长八只耳朵？"三思嘱托婉儿下诏一定要够火候，不可不痛不痒。并让婉儿赞扬武氏家族，婉儿自然欣然应允。

第二日，早朝一开始，中宗便命太监宣读训斥太子的诏书。诏书中大加赞扬了武氏诸人对朝廷的功绩和三思等人的美德，把太子骂得体无完肤，一无是处。

太子听后，敢怒而不敢言，但心中对武氏和公主更加憎恨。

韦后自从太子鞭打驸马之后，便常在中宗面前说太子的坏话。公主、驸马与太子发生冲突的当天，公主与崇训走后，韦后对中宗耳语了好一阵。她对中宗道："当初立重俊为太子，我就不同意，要不是你事前未同我商量，我说什么也不能让他做太子。后来我建议你废掉他，你就是不听。这么多年……"韦后又开始摆功、摆历史，越说越兴奋。

"这么多年，从房州到回宫后，我说的事哪一件没有兑现？哪有估计、分析错的？皇城里这点事，早都装在我心里了。你那几个皇子、公主，我看得更透。当初我就说，重俊不是做太子的材料，太鲁莽、太粗俗、太无计谋、太无远见、太无亲情，这二年他来这里请安的次数都是可数的。”

韦后越说越气，不免口干，便喝了一口茶水，继续道：“我看他不但没把公主放在眼里，就连你这个做皇帝的父亲也不在他的眼里。如果他真有父子之情，本知道你度过那段艰苦的流放生活，全仗裹儿在身边照顾、解闷，你又最疼爱裹儿，裹儿受委屈就如同用刀捅你的心一样，还会那样对待裹儿吗？这不存心想让你生气，哪还有一点孝道？百事孝当先，孝道不修，还能君临天下、治国安邦吗？我看早晚还有对你下手那一天呢！”

中宗听着韦后的话，越听越觉得有道理。一回想几十年的风风雨雨，韦后说的许多话，出的许多主意，还真的都灵验。中宗暗想这次立储一事未同皇后商议确实是一件失误的事，但生米已经煮成熟饭，只好先观察观察，不能轻易就把饭给倒掉。

韦后见中宗沉思着，没有一句反驳的话，知道已说中要害。一同生活了几十年，韦后对中宗太了解了，中宗的一言一行、一举一动都瞒不过她的眼睛。

中宗见韦后突然停下不说了，便抬起“龙”头看看这只“金凤凰”，韦后见中宗还等下文，便又继续道：“皇上，以我之见，还是小心考察，多加防范为好，免得祸起肘腋。”

中宗连连点头道：“皇后说得是，待我多方面考察考察，再做处置。万一太子不像我们想象的那样，岂不冤枉了他？从长计议，两手准备吧！”

不几日，安乐公主又到中宗那里告状，说重俊自从被立为太子，从不读书、学习、关心国事，而是整日嬉戏游玩，有时打猎到深夜才回宫，并扬言将来一定报仇。

中宗每次到婉儿那过夜，婉儿也把宫中大臣及嫔妃中的传闻说与皇上听，多数是和太子相关的。什么对大臣不恭了，对嫔妃无礼了，整日沉迷于声色犬马、不学无术了，等等。

武三思时常在退朝之后单独奏请中宗，为社稷久远计，对太子严加训诫，使其成为大器，以担负起振兴唐室、光大祖业的重任。

从表面上看，三思是关心太子的成长、唐朝的未来，实际是借此机会从反面衬托太子难当大任、不成器，将来必毁了李家基业。

四面八方都来抨击太子，使得中宗越来越对太子没有了信心，时常产生怀疑。

韦后一面关心着太子的废立，一面仍然寻求自身的物质和精神享受。自从慧范被逐出朝廷之后，韦后还没有找到能代替慧范为自己做可心面首的人。虽然武三思时常进宫，但韦后越来越觉得三思老不堪用，越来越乏味了。她还想通过上次推荐慧范的郑普思再介绍人选进宫。

不料，韦后还未召见郑普思，普思妻第五氏便来宫中拜见韦后，请韦后救普思。

这第五氏非常擅长装神弄鬼，搞些妖术，韦后自从认识并推荐郑普思做了秘书监之后，第五氏便经常到韦后那同韦后谈鬼怪荒诞之事，深得韦后宠信。第五氏还将自己的女儿送进宫中，皇上多次召幸，所以这次第五氏来求韦后解围。

原来郑普思和其妻第五氏都会些数术之学，便是平时说的算卦、观象之类的事。一次普思摇卦，卦象显现，普思有帝王之相。江湖数术之道，常常欺人，有时也能欺己。

普思见卦象清晰，信以为真，便暗中结交绿林中人和一些江湖人士，私下聚集在雍州、岐州，进行军事训练。由于人越来越多，声势越来越大，没有不透风的墙，这件事被报到了西京留守苏瓌那里。苏瓌便派人将郑普思抓了起来，严加拷问，准备拟成死罪。韦后听了第五氏的请求，便让中宗下诏令苏瓌放了郑普思，中宗下诏勿予治罪。

可西京留守苏瓌又在早朝时，力争要治郑普思之罪。中宗斥责苏瓌证据不足，有失公正，明显偏袒郑普思。

这时侍御史范献忠奏请中宗道："请陛下传旨，立即将苏瓌斩首。"

中宗问道："苏瓌何罪，处以死刑？"

范献忠道："苏瓌身为留守大臣，知道郑普思阴结朋党，准备作乱，不先将其斩杀，然后再行奏报圣上，而使郑普思活到今天，得以巧词诡辩，蛊惑圣听，使圣上难辨是非。难道这样的大罪，还不该杀吗？臣听说，能做帝王的人是死不了的。郑普思阴谋作乱，要做皇帝，果然没有人治其死罪，看来一定能做皇帝。臣知道郑普思是个无耻小人，非人君之材，将来称帝，百姓必然遭殃，臣也死无葬身之地。臣不愿将来北面称臣来辅佐侍奉这样的皇帝，臣也请皇上赐臣一死，算尽忠于陛下。"

魏元忠也补充道："苏瓌是两代老臣，经他判处的人犯不计其数，用刑从不偏枉，未曾有冤屈的。郑普思谋乱，人证、物证俱在，按法当处死刑。"

中宗无言以对，不得已下诏流放郑普思到儋州，将其同党全部诛杀。真是法随人定，首恶不诛，胁从者反被诛杀，可见中宗治国无法。

中宗返还西京之后，先是太子、公主纠纷，后有普思作乱。好不容易都平息下去，忽又有突厥可汗默啜率兵入侵灵州鸣沙县境。

担任灵武军大总管的沙吒忠义率兵迎敌，见默啜军容严整，威风八面，士卒也是精神饱满，心中已生出七分惧怕。

待两军一交锋，唐军一员大将被默啜手下斩首，沙吒忠义自己掉转马头，扔下士卒飞奔而逃。将士见主帅已逃，哪里还有心恋战，都纷纷后退。群龙无首，一片混乱。

默啜趁机挥兵冲杀过来，唐朝官军溃不成军，自相践踏，惨死无数，加上突厥军斩杀的，鸣沙一战，沙吒忠义所部死亡三万余人。

突厥军又乘胜追击，侵入原州、会州境内，掠走陇右牧马一万多匹而去。

中宗闻报，下诏命内外文武百官献平突厥之策，并许诺，谁能斩杀默啜，便授予左卫大将军之职。

右补阙卢俌上疏给中宗道："郤缺懂礼乐，通诗书，而做了晋国的元帅。杜预射箭不能穿透写字用的小木片，做统兵将领却取得了平叛的胜利。中军主帅在于用谋，不能只取其匹夫之勇，如沙吒忠义虽然骁勇，但不可担大任，而且一战先逃，以致兵败。应该先正军法，赏罚分明，敌人自然正视，不敢轻举妄动。另外，边境各州刺史，应择选精明强干的，使边境各州广积物资、粮草，敌人来则御敌，去则常备以应突变。"

中宗连连称善，但并未付诸实施。

人祸未已，天灾又至。黄河流域久旱无雨，饥荒四起。中宗不求人治减灾，反而求于鬼神，命武攸暨、武三思谒高宗陵墓即乾陵求雨于则天武后。事有凑巧，正好天降大雨。中宗大喜过望，下诏把已经在则天武后病亡时废掉的崇恩庙又予以恢复，并下令置官守庙，崇恩庙斋郎以五品以上充任。这一诏命宣布后朝中议论不止。

太常博士杨孚上奏中宗道："太庙（皇家庙）皆以七品以下子弟为斋郎（官

名)，现在武氏崇恩庙斋郎取五品以上子弟充任，不知道太庙处在什么地位？”

于是中宗命太庙斋郎也以五品子弟充任。

杨孚又奏曰：“臣下若同君主一个标准，都是大逆越位。把君主降到了和臣下去比较，而采用一个标准，那就更不合礼法了。”

中宗才收回提高崇恩庙斋郎品级的诏令。

韦后几次想找机会出外游玩，都被家事和军事所冲挤，一直闷闷不乐。中宗见韦后不悦，便问道：“近来皇后一直闷闷不乐，不知何故？”

韦后道：“自东都前年冬看胡戏以来，再未曾外出游幸，整日都是奏表、诏书、边关、内陆，忙得不可开交，身心搞得十分疲乏，想找个机会出去玩玩，轻松轻松，不知皇上意下如何？”

中宗本是爱热闹的，最近一些杂事，搅得他也有些头昏脑涨，便附和着道：“朕早有此意，只是未得闲暇。明日即去裹儿那游玩。”

于是中宗命内侍到安乐公主府传旨，准备明日迎驾。

安乐公主、武崇训闻听这一消息，心中大喜，觉得既可高高兴兴地玩一番，又可再一次打击太子的气势，真正好事成双。

安乐公主立即召集府内大小管事的二百多位，来到歌舞堂。

这件事是公主的老本行，驾轻就熟，只是这次要特别用点心，因为父皇、母后都要驾临，要乘机好好露一手让父皇、母后看一看。

公主府上下为迎接皇上的到来，整整忙了一天一夜。

第二日辰时，中宗全副仪仗，自皇宫起驾，穿街过巷来到了公主府。

圣驾一到府门，中宗就大觉新奇。

两尊巨大石狮，口中喷出浓浓的烟雾，袅袅升腾，又慢慢向四处飘散，逐渐形成了一处方圆足有二百米大小的烟雾世界，朦朦胧胧，飘飘渺渺，如同仙境。飘过来的烟雾，充满清香，吸一口顿觉神清气爽。

中宗正在奇怪这是什么烟，忽然看见眼前云雾之中几位美女飘然而至，全都穿着长袖纱裙，两袖随着轻风挥舞，恰似神话中嫦娥奔月的形态。

中宗正要细看，几位美女又忽然不知去向。

原来，公主用烟雾做掩护，把几位舞女放在滑车上，由人推出，舞了一会儿，又迅速拉回，便造成了忽隐忽现的效果。

烟雾逐渐散开，眼前的一切又恢复了原貌。

中宗命令随从快向里走，他忙着要看新花样。

虽然是二月天气，但公主府内却已是百花盛开。

只见桃树、梨树、杏树、李树，都绽开了红、白、粉、紫的各色花朵（均是用绢绸做的）。

树丛中又传来百鸟齐鸣，犹如春天一般。但中宗四处观看并不见飞鸟，不知是什么名堂，便下了龙辇，问路旁的杂役。杂役跪下叩头禀道：“臣民不敢回答，公主有令，不得向皇上泄密，请皇上恕罪。”

“恕你无罪，起来吧！”

中宗、韦后、婉儿及一群宫娥和侍卫继续前行。

有两棵杨树在路的一左一右，中宗走到两树中间。他一看，树高足有十丈，树上又各有四五个鸟窝，黑乎乎的。中宗正要问那是什么鸟的窝，突然见到两棵树上各站着一只巨鸟，翅膀足有三尺长，头上长着一簇长长的毛，鸟嘴张着，里面含着两颗大球，直径约有半尺。

中宗正觉得奇怪，忽见那两只大鸟，扇着一双翅膀向树下飞来。随后，大鸟口中的大球突然吐出，只听“咔”的一声，两球都裂开了，从中落下两幅锦缎，宽有一尺多，长有四尺，一幅上面写着“恭迎皇上”，另一幅写着“恭迎皇后”。

中宗看后，禁不住哈哈大笑起来。这时只见两只大鸟又扇着翅膀飞回树上，口里还衔着那两幅锦缎并发出悦耳的叫声，两双明亮的大眼睛，直直地盯着树下一行人。

中宗正要继续前行，突然从路两旁的灌木丛中跳出十几头大狮子，张着血盆大口直吼叫，身上的毛拖着地，并一跃一跃地向宫女身上扑去。

几个胆小的宫女当时吓倒在地晕了过去，十几头狮子这才跳回树丛。

中宗也被这突如其来的野兽吓了一跳，但他知道肯定是假的。因为公主不会用真狮子来吃父皇啊。

一阵鼓乐传来，前面一队迎亲的走来。花轿之上坐着一位如花似玉的姑娘，用手扶着轿门，向中宗直笑。

待花轿离中宗二十步左右时，只听一阵快节奏的音乐声起，八名轿夫突然跳跃起来，颠得轿上姑娘头直碰轿顶。颠轿的花样翻新，横竖、左右翻转自如。

突然轿身来了一个大倒个，中宗、韦后都倒吸了一口凉气，定睛一看，那轿中姑娘安然无恙。花轿这时已颠到了中宗面前，轿中姑娘笑容可掬地走下轿来，韦后一看，原来是安乐公主。公主拜见了父皇、母后，便带着众人向府中杂耍场走去，去看杂耍。

中宗、韦后在安乐公主府里整整玩了一个通宵，第二日早晨才起驾回宫。

第七章

保嗣位太子兴兵　杀后党三思被诛

一

韦后与安乐公主串通武三思欲废掉太子李重俊，立安乐公主为“皇太女”的阴谋，传到东宫，重俊恨得牙根紧咬，彻夜不眠。

重俊知道自己非韦后所生，一直不为韦后所容，安乐公主和她的丈夫武崇训也根本不把他当作太子看待。唐人习俗，有以“奴”为小名的，因此，长辈称小辈也常常呼“奴”。安乐公主和武崇训见到重俊，不仅没有君臣之礼，反而呼之为“奴”，这使重俊在众大臣面前十分难堪。回到东宫，重俊在心中暗自发誓：“有朝一日，必杀了这两个狗奴！”

重俊心中虽然这样想，但忌韦后权势，父皇懦弱，一直不敢采取行动。

现在，他感到自己不得不考虑以非常的手段来保住大唐江山继承人的位置。

重俊躺在床上，辗转反侧，自高宗以来立废太子的往事，一幕幕在眼前浮现：

高宗共有八个儿子，其中有四个是他与武后所生，即李弘、李贤、李显、李旦。武则天被立为皇后不久，高宗便在显庆元年（656）立李弘为太子。李弘虽是武后所生，却品德清正，仁孝谦谨，不像他母亲那样狡狯奸诈，善弄权术。因此，深得高宗喜爱。

李弘身为太子，对武后专权多有劝谏，遂触动了她那根想称帝、君临天下的神经，母子因此失和。武后害死萧淑妃后，宫中还幽禁着萧淑妃与高宗生的两个女儿，即义阳公主和宣城公主。两位公主年龄都已三十开外，武后尚不许她们出嫁。一天，李弘对武后说：“母后，儿臣听说萧淑妃所生义阳、宣城两位公主尚在宫中，年逾三十，没有外嫁。现在萧淑妃已死多年，母后何必还将她的女儿留在宫中抵罪呢？依儿臣之见，不如选择贤良望族之家，遣嫁公主，天下人都会称颂你的仁德。”

武后听了这话，心中怏然不快，但李弘说得入情入理，又不便发怒，便对李弘说道：“就依我儿之见，过几天我便为两个公主选配人家。”

谁知第二天，武后就将义阳公主和宣城公主下嫁给高宗的两个卫士。

此事过后，武后心中不免嘀咕起来，李弘现在仅是太子，对幽禁公主这样的小事也加以干涉，那么高宗百年之后，军国大事更不容她插手了。看来，在高宗之后，太子必定大权亲揽，她只能望权兴叹，甭想让人山呼万岁，万民朝拜了。

想到这里，武后心中烦躁起来。要想君临天下，必先除掉太子，可是太子毕竟是自己身上掉下的肉啊。她仿佛看到李弘满身血污地站在她面前，厉声斥责道：“母后！自古以来母以子贵，儿臣继承父业，执掌大唐江山，母后为万民敬仰之国母，地位何其崇高！又何必断母子亲情，惨然加害于我！”

武后实在不愿看到这种场面。然而，那高高在上的金銮殿，千古一帝的女皇风采也实在让她难割舍。在亲情与权欲的情感冲突中，武后经过多日的痛苦抉择，终于做出了满足权欲的决定。

唐高宗得知太子与武后不睦，颇不以为意，认为二人毕竟是母子，只要多接触便能和好如初。当时武后居住在合璧宫，为修补武后与太子的感情，高宗经常带太子到武后宫中欢宴。上元二年（675）初夏，高宗又带李弘临幸合璧宫，武后一改常态，对李弘亲热备至，不断问这问那。席间，武后亲自端起一杯酒走到李弘面前说：“弘儿！你忠孝全节，日后定能弘扬祖宗基业，过去我听了小人谗言，对我儿多有疏远，今日我儿饮了此酒，方不辜负母亲厚望！”

李弘听了这话，连忙跪下接了酒杯，一饮而尽，对武后说：“儿臣不孝，对母后多有冒犯，承蒙母后垂爱，儿臣今后定要孝敬母后，决不使母后为儿臣分神。”

高宗看到这个场面，开心大笑，对李弘说道：“来，来，今日我父子不醉不归。”

他万万没有想到，武后在太子的酒杯中投了毒药，他们的儿子将要命赴黄泉了。

李弘回到东宫，就感到腹中膨胀，痛苦难忍，几次服药也没有效果。有人把太子病情急报高宗，高宗闻后大惊，令太医前来诊治，太医也查不出病因。李弘在床上呻吟了好几日，终于不治而亡，年仅二十四岁。

高宗对李弘本来钟爱异常，陡遭此变，几乎痛不欲生，经侍臣多方劝慰，才止住悲痛，传令厚葬太子，所有丧葬制度，竟许使用皇帝礼仪，谥为孝敬皇帝，这是从古未有的。高宗根本就没有想到，李弘是死在他自己母亲的手中。

李弘葬后，高宗册立他与武后生的第二个儿子李贤为太子。

当时朝中有一个正谏大夫明崇俨以妖术左道为武后所信任，他暗中对武后说：“太子面相福薄，难以继承大业，只有英王（李显）相貌类似太宗皇帝，相王（李旦）貌当大贵，两子中择立一人，方可无虑。”

武后听了明崇俨的妄言，心中又产生了废太子之意，只因李贤处事明审，无过可指，遂勉强容忍。但把她自己撰写的《孝子传》《少阳正范》等书，以赏赐的名义送给李贤，书中暗寓训斥之意。

李贤自幼聪明，明崇俨向武后说他不宜为太子的话早有人告诉他了，现在见母后又赐《孝子传》给他，两事叠加，李贤窥破了武后的用心，于是母子间产生嫌隙。

调露元年（679），武后怂恿高宗巡幸东都洛阳。原来武后害死王皇后和萧淑妃后，虽然得立为皇后，一时快志，但也心中不得安宁，往往是梦寐之中，看见王皇后和萧淑妃披头散发，面目狰狞前来索命。后来疑久成病，明明醒着，也觉二人站在身旁。为避开二人，她让高宗在都城长安东北另造一座蓬莱宫，雕梁画栋，很是华丽，比旧宫宏壮数倍。武后于是迁居于此，高宗也移仗过来，称故宫为西内，新宫为东内。武后本意是迁到此地，梦中就不会见到王皇后和萧淑妃的阴魂了。哪知疑心生暗鬼，二人挥之不去，依旧相随，梦中骚扰。

明崇俨听说后，向武后献策说离开长安，东幸洛阳，以定鬼祟，武后便依计而行。来到洛阳，果然心神安定，王皇后、萧淑妃鬼魂不再骚扰。

不久，明崇俨有事从东都西归，途中被盗贼所杀。武后怀疑是太子李贤指使人干的，于是让高宗下诏搜捕罪犯，数月过去，没有结果。

太子李贤心中畏惧武后加害，精神颓废下来，留在长安，不理政务，整日与妇人饮酒为伴。司议郎韦承庆多次谏阻，李贤非但不听，反而斥责韦承庆多事。韦承庆于是报告了武后，武后一看废掉李贤的机会终于来了，便将李贤召到洛阳，同时派亲信薛元超、裴炎、高智周等人前往东宫搜查。薛元超等人从东宫搜出皂甲数百具，武后便以此为证据，指使三人诬告李贤谋反，并将明崇俨被杀一事也加在李贤身上，要求高宗废掉太子。

高宗对此事信疑参半，本不想对李贤治罪。武后却说："陛下为天下万民之主，执法必严，才能安定天下。今太子谋反，正应大义灭亲，万万不可赦太子一人而乱国家法纪。"

"皇后此言重了，太子沉溺酒色有失德义，但朕不能以几百副皂甲就定他死罪啊！这样吧，废他为庶人，以诫后者。"

武后听高宗这样说，也不好强争，只好听凭高宗处理。高宗暂时保住了李贤的性命。武后当政后，还是派左金吾将军丘神勣到李贤流放的巴州，将其杀死。

李重俊想着这些本朝往事，不由得顿觉心寒，宫中执更的军士已敲过三更，他仍无睡意，此后发生的事情，又涌上心头。

李贤被废，太子位置依序轮到老三英王李显，这年李显刚满二十五岁。

李显做梦也没想到自己会当上太子，成为储君。

公元 684 年，高宗病死，李显继位，即唐中宗，就是李重俊的父亲。

此时，正当武后权势日盛，筹划当女皇之时。为巩固自己的权力和政治地位，武后起用酷吏，重用武氏外戚，建立势力庞大的后党集团。而中宗登基之后，认为再也不必为自己的地位而担心了，为了讨好韦后，他提拔岳丈韦玄贞为豫州刺史。这使武后极为不满，当她听到中宗还要把天下给韦玄贞的气话更是怒火中烧，于是断然废掉中宗，贬为庐陵王。

可怜的中宗只当了五十六天的皇帝，便徙居房陵（今湖北省房县），开始了被幽禁十四年的生活。

中宗被废，四子李旦从相王位置登上皇帝宝座，是为睿宗。睿宗虽穿上了龙袍，但只能"居于别殿"，不能过问政事，这是武后准备当女皇采取的措施。经过一阵紧锣密鼓的谋划，各方面的条件均告成熟，武后终于在载初元年（690）的九月九日，革唐命，改国号为周，史称“武周”。并改元为天授，降睿宗为皇嗣，自加尊号曰“圣神皇帝”，正式君临天下。

武曌称帝后，皇嗣李旦改姓武氏，她的侄子武承嗣、武三思等武氏一族有二十三人封王，诸武势盛。这时，武承嗣、武三思便积极活动，营求立为太子，企图继承武曌的皇位。

武曌称帝的第二年，便有凤阁舍人张嘉福指使洛阳王庆之等数百人，上表请立武承嗣为太子，在朝廷掀起了一场废立太子的轩然大波。

文昌右相岑长倩和地官尚书格元辅等对此议坚决反对，他们对武曌说：“皇嗣李旦现在东宫，怎么能奢谈立外姓人为太子呢？请陛下降诏痛责上书者，以定众心。”

岑长倩支持李唐宗室的行动，招来了诸武亲贵的忌恨，他们勾结酷吏来俊臣诬陷岑长倩及其他朝臣数十人“谋反”，大肆诛杀。

同时，王庆之等人进一步向武曌进逼，武曌鉴于李唐宗室和忠于他们的力量还很强大，不宜废掉皇嗣李旦，便命李昭德杖杀王庆之于宫门外。

武氏亲贵集团并未因王庆之被杖杀而罢休。长寿二年（693），武承嗣组织了五千人，向武曌上尊号为“金轮圣神皇帝”。第二年又进一步组织二万六千余人向武曌上表，上尊号曰“越古金轮圣神皇帝”，竭力争取武曌信任。同时，又暗中指使人告发皇嗣李旦“潜有异谋”，武曌命令来俊臣严刑审问李旦左右，虽然不久便停案，但母子关系又紧张起来。

至此，武曌既感到儿子不可靠，又觉得武氏诸侄也不完全可以信赖，在皇位继承问题上，长期徘徊，犹豫不决，这是个引人苦恼的难题。

皇位继承问题的苦恼，随着武曌一天天的衰老而日益加深。在武曌七十六岁这年，武承嗣接连托人向武曌进言，再次“营求为太子”，但遭到宰相狄仁杰、李昭德等大臣的强烈反对。狄仁杰看出了武曌对李旦、武承嗣都失去信任，便建议将庐陵王李显迎回都城，武曌为现实所迫只好同意。

想到此，天已大亮，重俊起床披衣，命下人熄灭宫灯，独坐案边，对自己目前处境再三权衡。

他知道父皇中宗之所以能再次登基，全赖狄仁杰、李昭德、张柬之等老臣的衷心拥戴，而现今这些老臣死的死了，没有死的也被韦后与武三思贬到边远之地，满朝文武多为韦后党羽，有谁肯为他这个即将临难的太子伸张大义呢？

况且父皇昏弱惧内，朝政由韦后一手控制。名义上她是欲立安乐公主为皇太女，实则为自己日后登基做准备。纵观历朝各代，有几个太子是在母后亲政后得善终的呢？此事不仅关系到自己的身家性命，而且关系到李唐江山社稷的安危。

重俊不愿再想下去，他立即起身，命下人备轿，连早餐也不用，急忙来到丞相兼兵部尚书魏元忠府邸，密谋起兵诛杀后党武三思等人。

魏元忠是李唐老臣，对宗室忠心耿耿。武后当政时，他任洛阳令、御史中丞，为酷吏周兴、来俊臣所陷害，被判处斩刑。行刑前，已有宗室诸王及家人三十余口被杀，尸体横陈东市，血流遍地，魏元忠面不改色，从容镇定，对围观的人大声说：“大丈夫今日就长眠在这里了！”

然后，徐徐跪下，引颈就刑，观者为之动容。

突然有人从远处高喊：“刀下留人！圣上隆恩，赦魏中丞死罪！”

声音传到市中，众人欢叫不止，魏元忠仍长跪不起，监刑官命他站立起来，魏元忠却说："未见诏书，不能企盼重生！"

话音刚落，凤阁舍人王隐客飞马来到，宣读了武瞾的诏书，魏元忠叩谢之后，整衣还家，面上依旧毫无欢喜之色，时人称赞不已。

死罪可除，活罪不免，魏元忠被流放到费州。不久，武瞾又召他回京，复为丞相。先贬后升，使人臣既畏惧又感恩，这就是武瞾的用人作风。

后来，周兴、来俊臣被诛，受他们诬陷的人纷纷向魏元忠投诉，魏元忠一一奏明武瞾，使他们官复旧职。一次，武瞾大宴群臣，酒行到面酣耳热之时，武瞾对魏元忠开玩笑说："卿多次被人攻毁贬官，这究竟是为什么呢？"

"臣犹如在莽原上奔跑的野鹿，那些专门网罗罪名陷害忠良的酷吏就像是凶狠的猎人，他们只需要用臣下的肉做羹，杀臣下以邀幸，可臣下却又何罪之有？"

武瞾听了大笑不止。

庐陵王还宫之后，张昌宗、张易之正以年轻风流受宠于武瞾，势倾朝野。就连武氏集团中的武承嗣、武三思也巴结二张，"皆候易之门庭，争执鞭辔"。魏元忠却不买这两个粉面男宠的账，他上书武瞾说："臣下承蒙先帝垂爱，又受陛下恩厚，不能殉忠尽节，让张宗昌、张易之这样奸佞的小人在陛下身边而不能清除，这实在是臣下的罪过。"

意思是让武瞾赶走二张，廓清掖廷。张易之兄弟二人得知后，对魏元忠极为愤怒，便在武瞾面前进谗言，欲置魏元忠于死地。

长安三年（703）初秋，武瞾因年事已高，偶染风寒，便卧病在床。张昌宗、张易之害怕万一武瞾去世，自己会被魏元忠杀掉，于是诬陷魏元忠与司礼丞高戬。魏元忠因此被贬岭南。二张私下商议说："太后年岁大了，我们不如拥戴太子，这样才是长久之计。”

两年后，张柬之诛杀二张，逼武曌退位，拥中宗登基，魏元忠被中宗从岭南召回，任命为宰相。

魏元忠这次复出，看到韦后与武三思惑乱朝政，大树奸党，心中非常不满。但他深知中宗为人懦弱，一切由韦后做主。在武周时代，他刚直犯上，虽屡遭贬放，却终能保全性命，这是因为武曌在残忍之中，不时透出英明。可现在不同了，皇上毫无阳刚之气，在位之际不能阻止皇后与人私通，更如何能保全大臣呢？所以，他再也不敢犯颜直谏了，遇事只看别人的脸色随声附和，朝野人士对他十分失望。

酸枣县尉袁楚客曾写信给魏元忠说：“现在皇帝刚刚即位，应当使自己的德行焕然一新，提拔任用君子，贬斥小人，以振朝纲。您怎么能安于恩宠，对任何有亏圣德的行为都缄默无言呢？现在还不早定太子之位，并选择师傅加以辅导教诲，这是第一个过失。允许公主建置官署辟用僚属，这是第二个过失。过分推崇佛家弟子，使得他们奔走游说权贵之家，借机广收财物，是第三个过失。演唱滑稽歌舞的卑贱小人，窃据官位俸禄，是第四个过失。每当有关部门选用贤才的时候，应辟者只有靠行贿或依附权贵之门才能受到任用，是第五个过失。皇帝宠爱提拔近千人之多，从而埋下变乱的祸根，是第六个过失。对王公贵族过分赏赐，以致这些人奢侈成风，互相攀比，是第七个过失。大量增加正员之外的员外官，耗费钱财坑害百姓，是第八个过失。宫女可以在宫禁之外居住，并不受限制地出入宫门，与外人交往勾结，大行请托之风，是第九个过失。旁门左道之徒蛊惑皇帝而得以窃据俸禄职位，是第十个过失。当今朝政有十大过失，您不尽力匡正，谁还能匡正呢？”

魏元忠读罢来信，羞愧不已。所以，当中宗就立安乐公主为皇太女征求他意见时，他还是直言：“此事万不可行，从古至今，没有听说废男立女之举。况公主加号‘皇太女’，那么，驸马都尉又加什么称号！”

中宗听了，不置可否。

却说这日魏元忠晨睡方醒，未及梳洗，忽听家人来报：“太子殿下驾到！”

魏元忠急忙整好衣冠，出门迎接。

“不知太子殿下大驾光临，臣有失远迎，万望殿下恕罪。”

“宰相不必多礼，我一早来到府上，是有要事与宰相商讨。”

魏元忠慌忙把李重俊让于堂上，重俊挥退随从，对元忠说：“宰相是否知道武三思串通韦后，欲立安乐公主为皇太女之事？”

“前几日圣上已问过臣下，臣答此事万万不可。”

“韦后、安乐公主、武三思、上官婉儿自恃父皇宠信，狼狈为奸，今天名义上是欲立皇太女，实则是想在父皇百年之后，乱我大唐江山。我个人进退尚无所谓，可如果一旦让这伙妇人奸党得逞，我祖上四代人创下的这百年基业，岂不毁于一旦！”

“殿下所言极是。那武三思早有篡位野心，武后在世时，他便想当太子。现在又私通后宫，立儿媳安乐公主为皇太女，无疑是想借安乐公主之手，僭夺我大唐江山。臣位列宰相，不能纠偏斥妄，清侧宫廷，使圣上蒙蔽，而令奸臣佞子当道，有负圣恩，有朝一日，将无颜面对列祖列宗在天之灵！”

说罢，泪流满面，唏嘘难止。

重俊见状，心中一酸，也不禁潸然泪下。

“宰相，时至今日，哭也无用，你我二人不能做楚囚相对，应该想一个万全之策！”

元忠拭去泪水，对重俊说：“殿下还记否，当年太宗皇帝为匡扶社稷而发动玄武门之变，张柬之、桓彦范、敬晖、李多祚等人为扶圣上复位而诛杀张宗昌、张易之二贼之事？”

“太宗皇帝乃千古英主，张柬之等乃我李唐江山肱股之臣，我岂能忘却！”

“今日韦后统政，武三思广树党羽，使主上蒙尘，臣以为不效太宗皇帝夺门之变、张柬之除奸之举，恐怕难以矫正时弊。”

“宰相见解，与我相同。我早就想杀尽这群奸党，今夜我便起兵！”

“殿下！此事关系重大，韦后、武三思、上官婉儿在朝中经营多年，党羽成群，爪牙众多。朝中大臣或是其走卒或被其胁迫，我们力量不足，应广泛联络，培植亲信，然后举兵，则大事可成。现在急于……”

“宰相不必多虑，我意已决。奸人惑乱朝纲，世人皆知。现在不除，日后更难图之。左羽林大将军李多祚受我家三代皇恩，定会起兵助我。宰相就在府中等好消息吧！”

重俊说罢，起身便走。

元忠知太子决心已定，再争也无济于事，反而干扰他的信心，也不多留，送重俊到门外。这时，他的儿子太仆少卿魏升从外边回来，魏元忠指着儿子说：“臣年老了，行动多有不便，特遣我儿随同殿下，以替老臣供殿下驱使！”

重俊也不便多说，当即带上魏升直奔李多祚将军府而去。

望着太子远去的背影，魏元忠长叹一声：“唉！太子临危靖难，勇气可嘉，然而谋事不全，恐难以善终！”

说罢，掩面回府。

太子来到李多祚府中，对李多祚说："先前张宗昌、张易之二贼恃武后专宠，惑乱天下使朝纲不振，幸赖将军与张柬之等合力剪除。现今武三思、上官婉儿与韦后串通，淫乱后宫，并谋立安乐公主为皇太女，僭夺篡位，社稷将倾。不知将军此次能否与我一同举兵除秽，荡平奸党，而再建殊勋于天下？"

"臣终生食皇家俸禄，受三帝之恩，誓与此等乱国之蠡贼不两立！今殿下欲为国除奸，为民灭害，多祚不才，断无坐视以保全禄位之理！此次武三思等人淫恶，与二张无异，天怒人怨，我早有心除此佞贼，只是苦于无人倡议。"

重俊听后大喜道："今得将军相助，大事可成！我方才从魏府来，魏宰相对诛灭乱贼极为赞成，但对何时动手尚有疑虑。不知将军以为如何？"

"呵！魏宰相果然锐气不如从前了，当年灭二张，反手即定，今日太子亲自出马，难道我们还怕他武三思不成！除恶之事，说干就干，多虑反倒遭乱。只要太子矫制圣上诏书一封，我发羽林军三百，定让这群狗男女身首异处。"

"好！将军豪人快语，今晚子夜时分，我们举兵灭贼！"

李多祚立即传令，邀部将李思冲、李成况、独孤祎、沙吒忠义等前来商议。众将军平日里就看不惯武三思耀武扬威小人得志的丑相，只是敢怒而不敢言，今日听说要杀武三思，都摩拳擦掌，跃跃欲试。

众人商定，先由太子假皇帝密诏，诈称武三思与上官婉儿串通谋反，企图弑逆。然后由李多祚率羽林军兵围武三思府邸，除掉武三思、武崇训、安乐公主后，再挥军入宫，诛杀韦后及上官婉儿。同时，派太子亲信成王千里率兵守住宫门，以防止韦后等人逃脱。

计议已定，李多祚率众将对天盟誓："扫清妖孽，匡扶大唐，赴汤蹈火，万死不辞。"

这样，经过一阵匆忙而紧张的准备，一场宫廷政变即将发动了。

这一天是唐中宗景龙元年（707）七月初六。

二

入夜，武三思府中华灯高照，欢戏之声四溢。

武三思白日在宫中与韦后、上官婉儿厮混一天，傍晚才回到府上，兴犹未尽，命家人再摆上酒宴，唤出妻妾，同饮助兴。自武三思与韦后私通后，妻妾难得在家中见到他这般神态，多争先劝酒献媚，武崇训也在旁陪宴。

酒过数巡，武三思神飞体外，身不应心，望他的妻妾，也都是粉上桃腮，手舞足蹈，便对武崇训说："女人是妖魔，也是宝贝。妖魔能迷住你的情性，宝贝能抬高你的身价。你父就是凭借女人方得到今日华第美宅金玉满堂，你看那李显老儿，只被女人迷住，却不想我用女人也能拿他的江山。呵……"

众妻妾和武崇训听了这话，也一齐大笑起来。

这时，李重俊同李多祚已用三百羽林骑兵将武三思府团团围住。李多祚听见里面笑声不断，恶狠狠地骂道："武三思这个狗奴！死到临头还不知道，也太张狂了。"

"休要管他，赶快让军士们冲进去！"太子开始下达命令。

武三思正喝得兴起，猛然听得府外人喊马嘶，免不得惊疑起来："来人，快看一看外边发生什么事情！"

正说着，外边跑进来一个家奴，上气不接下气地说："大人，大事、大事不好了。”

“什么大事不好？”武三思厉声喝问。

“羽、羽林大将李、李多祚，带人杀、杀进府来了！”

武三思一听“李多祚”三个字，顿时吓出一身冷汗，酒也醒了。他知道张昌宗、张易之二人的命运，今日降临到他的头上了。

“快！快来人把门给我守住！”武三思拼命地叫喊。

众妻妾见状，“妈呀”一声，四处逃散。武崇训站在一旁，脸色煞白，浑身瑟瑟发抖，不知如何是好。

“砰！”门被撞开，李多祚带羽林兵冲了进来，将武三思一家团团围住。李多祚用宝剑将武三思逼住，大喝一声：“来呀，给我将这群狗贼全部拿下！”

众军士得令，一齐上前，将武三思一家十几口五花大绑之后，带出门外，推到太子李重俊马前。太子看到武三思，真是仇人相见，分外眼红，厉声说道：“你这个乱臣贼子，淫乱后宫，妖言惑上，把持朝政，残害忠良，逼死张柬之和崔玄暐、剐死敬晖、杖毙桓彦范、捶杀袁恕己。为僭夺我大唐江山，又与你的恶子武崇训串通淫后韦氏，谋立李裹儿为皇太女，实属罪孽滔天，恶贯满盈。我不杀你，上何以对列祖列宗，下何以对冤死的文武忠臣及黎民百姓！”

说罢，自拔佩剑，将武三思、武崇训父子二人斩杀于马下。众军士也乱刀将武三思妻妾十几人砍死。

“带李裹儿过来！”太子回头喊道。

直到这时，李多祚才想起刚才抓捕武三思时并没有见到安乐公主。他急忙命军士再入府中搜查。军士搜遍各处，也不见安乐公主，李多祚正在着急之际，一名军士从丫环口中得知安乐公主早上入宫，并未回来。

重俊诛灭武三思全家后，又命令左金吾大将军成王李千里和他的儿子李禧分头把守宫城各门，自己和李多祚带领兵马从肃章门夺关杀入宫中，四处搜寻上官婉儿。宫中惊慌不安，中宗、韦后、安乐公主都惶恐无计。韦后脸色阴沉，埋怨中宗说："我早知道李重俊是一个弑君篡位的东西，多次要你废了他，可你就是下不了决心。现在好了，大祸临头，你看怎么办吧？"

中宗哭丧着脸说："俊儿竟敢谋反，我怎么会想到，你光责怪我有什么用？"

这时，上官婉儿趿拉着木屐，拖着长长的衣带跑过来，口中不停地叫嚷："太子称兵作乱，正在四处乱搜，皇上和皇后还不赶紧找个地方避难。"

"宫门外到处是乱兵，我们到哪里安身呢？"

"臣妾听说太子一伙是从肃章门进来的，我们可走小路到玄武门那里。玄武门有宿卫兵驻守，比这里安全。到那里皇上再派人传诏兵部尚书宗楚客调兵平乱。"

中宗听上官婉儿说得有道理，就带着她们向玄武门逃去。半路上，遇着右羽林大将军刘景仁踉跄跑来，见到中宗跪下，问太子发兵如何应付。上官婉儿抢先说："养兵千日，用兵一时，刘将军所掌乃拱卫宫廷之职，难道还要听任叛兵冒犯圣威吗？"

"你还不快去调兵入卫，守住玄武门，再报知兵部尚书宗楚客等，速来保护！"韦后经上官婉儿一提醒，立即向刘景仁下命令。

刘景仁听了，飞步而去。

中宗带领韦后、安乐公主、上官婉儿刚登上玄武门楼，刘景仁率一百余亲兵已经来到。中宗即命他屯兵楼下，保卫自己。既而侍中杨再思、宫卫令杨思勖、中书令李峤、兵部尚书宗楚客、左卫将军纪处讷等前来护驾，众人带兵合计二千余，超过李重俊兵马近十倍。中宗命令他们驻扎在太极殿，闭门固守。

此时，李多祚率军先来到玄武门楼下，想冲上楼去，但受到刘景仁的抵抗。

中宗听见楼下有厮杀声，便据栏俯视，看到李多祚便说："朕向来待卿不薄，卿为什么率军谋反？"

"武三思等淫乱宫台，陛下难道不知？臣等奉太子令，已杀了武三思父子，只有宫闱尚未肃清，只要清除武氏在宫中的同党，臣立即退兵，自请处罪，虽死无恨。"李多祚昂首对答。

中宗听说武三思父子已经被杀，不由得吃了一惊。特别是韦后、安乐公主、上官婉儿三人更是兔死狐悲，流泪不止。急得中宗越发惶急，不知所为。

又听得李多祚在楼下大声呼叫："上官婉儿勾引武三思入宫，乃是第一个罪犯。请陛下忍痛割爱，交出这贱人，臣等好息兵回府。"

中宗回顾上官婉儿，只见她面露惊恐，突然向前下跪道："臣妾并无勾引武三思的情事，请陛下明断。臣妾死不足惜，但恐叛臣是想先抓住我上官婉儿，其次再抓住皇后，最后是要抓住皇帝。"

中宗说："朕在宫中，若真有这事，岂能不知？朕岂能将你交与叛臣？你快起来，商决讨逆方法。"婉儿听了这话，才放心地起来。

宫闱令杨思勖在旁献计说："李多祚挟持太子，举兵犯阙，这些叛臣逆贼，人人应诛。臣虽不才，愿率领禁军，出去却敌。"

中宗见有人敢冒死出战，胆气也壮了起来，对杨思勖说："卿能冒死救驾，朕不胜感激，希望卿多加小心！”

杨思勖得谕，下楼来到太极殿，宗楚客即拨一千人马，由他统率。他便披甲上马，领兵出来。

李多祚因为中宗还没有答复，便按兵不动，尚在等待。李重俊这时刚到这里，不明情况，也在犹豫不决，他希望中宗能问起兵的原因。

李多祚的女婿羽林中郎将野呼利，是这次行动的前锋总管，见楼门忽然打开，急忙驰马欲入，正碰上杨思勖领兵杀出来，慌急中躲避不及，被杨思勖一剑刺死。杨思勖杀了野呼利，信心大增，挥军齐出，与李多祚交战。李多祚的二三百人被攻得措手不及，纷纷后退。

上官婉儿在楼上观战，见杨思勖得胜，便对中宗说：“皇上快看，叛军军心已乱，如果这时皇上能亲自向叛军宣布李多祚和太子叛逆，悬重赏，杀首罪，重赏之下，必有勇夫。凭皇上的威德，一定能遇难呈祥，化险为夷。”

上官婉儿不愧是一女中枭杰，时机掌握得恰到好处。中宗经她这么一说，便对下面高喊：“叛军听着！朕在此楼，你们这些人都是朕的宿卫亲兵，食朕俸禄。你们都知道犯上作乱要夷灭九族，为什么还和李多祚造反呢？如果你们能杀掉谋反的人，不仅可以免罪，朕还可以赏赐给你们享不尽的荣华富贵。”

李多祚的军士本来以为是皇帝要他们杀武三思的，现在眼见皇帝宣布李多祚为叛逆，大家如梦初醒，顿时泄了气。李多祚见军心动摇，急切督军向前，冷不防有一人从背后砍了他一刀，倒地身死。李思冲等将领在前后夹击下战死于乱军之中，魏升也被杀死。

李重俊见事情走到这一步，知道大势已去，仰面向门楼上说：“父皇，儿臣因为武三思及上官婉儿勾结为奸，淫乱后宫，才为父皇杀之，事情是迫不得已，原本不想惊动圣驾。父皇听信谗言，不相信儿臣，儿臣无话可说。儿臣将远走他乡，有一句话忠告父皇，宫中奸佞不除，将来早晚会危害父皇，万望父皇多加防范。”说完，率亲信百余人夺门而去。

中宗心里明白，这场事变是立皇太女之议逼出来的。听了太子这番表白，他心中惨然若失。

成王李千里父子，闻听李多祚攻到玄武门下，也率军攻打右延明门，眼看就杀死宗楚客、纪处讷了，却遇宫中宿卫援兵赶来，寡不敌众，兵败被杀。

李重俊率百余骑冲出都城后，宗楚客派果毅将军赵思慎带兵紧追不舍，只好逃向终南山。行至鄠县（今陕西省西安市鄠邑区北）时，随从仅有数人，人困马乏。遇到一片树林，李重俊让随从下马休息，自己也倒地睡着了。他的随从见其此后将流浪异地，大事无成，后面追兵又近，便计议杀之以邀功。遂在李重俊熟睡中将其杀害，献首级于赵思慎。

赵思慎携带李重俊首级回到京城请功，安乐公主悲丈夫武崇训和公公武三思惨死，逼中宗用李重俊的头祭祀于武三思和武崇训灵前并献入太庙，然后在朝堂之上悬首示众。

这场宫廷政变，最终以太子李重俊惨死而宣告平息，它标志着李唐正统集团从韦后手中争夺政权的初次尝试失败。但是，太子以牺牲个人性命的悲壮结局，换取了诛灭武三思、武崇训父子的局部成果，这不能不说是为日后韦后伏诛创造了契机。不过李重俊谋略不周，大意轻敌，兵逼城下又犹豫不决，终于难逃败运，也实在令人惋惜。

李重俊死后，留有一个儿子叫李宗晖，因为是皇帝嫡孙，免于诛杀，被幽居别所。睿宗即位后，封李宗晖为湖阳郡王。唐玄宗天宝年间，拜太常员外卿，后年老善终于家。

韦后、安乐公主、上官婉儿在这次政变中侥幸不死，危机一过，她们就开始施展淫威。一面胁迫中宗封赏有关立功党徒，追谥武三思父子，一面又穷治太子余党，搞得朝野沸沸扬扬，乌烟瘴气。真可谓狂澜已住，而余波未平。

七月初八，中宗对平灭李重俊和李多祚有功人员，大肆封赏。加授宫闱令杨思勖为银青光禄大夫，代理内常侍职务，杨再思为中书令，纪处讷为侍中。追赠武三思为太尉、梁宣王，追赠武崇训为开府仪同三司、鲁中王，并降诏大赦天下。武三思父子下葬之日，中宗、韦后亲自为其举哀，宣布罢朝五天，以示哀痛。及韦后被李隆基诛杀，相王李旦登基，因武三思和武崇训父子都是惑乱朝政、图谋不轨，遂下诏削其封号，开棺曝尸，将他们的坟墓夷为平地，这是后话。

安乐公主对中宗这些封赏犹不满足，她请求："过去永泰公主改葬之时，父皇号其墓为陵，今驸马之墓，也请父皇号其为陵。"

永泰公主是中宗的第七女。中宗从房州回宫之后，由武后做主，将其嫁给武承嗣的儿子魏王武延基。她与中宗长子李重润（原名重照，因照与曌相通，犯武则天讳，改为重润）兄妹关系极好，有时回东宫探望父母，兄妹相见，不免道及张昌宗、张易之的秽行。二张听说外边议论纷纷，便请武后不要再召幸他们，以免滋生谤语。这实际上是以此激怒武后。武后自得二张后，一日不能离，突然听到二张这种表态，不由得恼羞成怒，立即宣旨勒令李重润兄妹和武延基自杀。

中宗登基，追念这一双儿女正当妙龄华年，无辜被诛，含冤未白，特追赠李重润为懿德太子，陪葬乾陵，号墓为陵。永泰公主也享有这种以墓为陵的礼仪。

给事中卢粲听说安乐公主想沿用永泰公主的先例为武崇训建陵的事，上书驳斥说：“永泰公主的事情属于圣上特意降恩。现在鲁王武崇训只是皇帝的女婿，不能与永泰公主相提并论。”

中宗阅后，给卢粲下手谕说：“安乐公主同永泰公主没有什么区别，都是朕的爱女。况且，合葬之理，古今也没有什么不同。”把驸马换成公主，已有允许之意。

卢粲又上奏道：“陛下钟爱公主，将对女儿的慈爱推及女婿，但驸马终究是臣子，怎么能使得君臣上下没有尊卑贵贱之分呢？爱屋及乌，人之常理。但此例一开，君主的尊严又何以体现！”

中宗这才将此议搁起。

安乐公主恨卢粲多言坏事，便擅拟敕令一张，让中宗盖上印玺，将他外放为陈州刺史。安乐公主此举，全系做给人看的，表面上是让宫廷内外认为她与武崇训伉俪情深，为将来同穴而表显荣。实则是想证明，在一场劫难后，她仍有生杀予夺大权。

韦后对中宗在这场劫难中所持的立场非常满意，为表示她的心意，特地带领王公大臣们向中宗敬上“应天神龙皇帝”的称号，中宗喜滋滋地接受了。接着，韦后又建议将玄武门改为“神武门”，玄武楼改为“得胜楼”，中宗一概照准。宗楚客看到皇帝已有了尊号，也赶紧来拍韦后的马屁，他联名文武百官上表要求加封韦后为“顺天翊顺皇后”，中宗也欣然同意。

韦后把中宗哄迷糊之后，开始回过头来穷追李重俊的“余党”，她心中非常明白，李重俊能在极短的时间里发动政变，说明朝臣中还有李氏的忠臣，如不借此机会清除，留下隐患，说不定什么时候又会闹出乱子来。到那时，就不一定有这次的侥幸了。于是，她对中宗说：“皇上！这次太子构逆，朝中必定还有支持者，如不清除，永为后患。请皇上令有司彻底查清此事，一则可杜绝隐患，二则也可令那些乱臣贼子有所畏惧。”

中宗依韦后之言，命令宗楚客负责此事。宗楚客是依附韦后而升官的，他因为人奸猾狡诈，坏主意颇多而受韦后和安乐公主宠信。将李重俊的人头祭于武三思灵前，就是他为谄媚韦后而给中宗出的主意。同时，宗楚客这个人野心也非常大，他曾暗中对亲信说：“当初我位卑之时，心中非常羡慕宰相，等到当上宰相，又想成为天子，如果能面南而坐一日，我死也心满意足了。”

现在他大权在握，当然不会错过这个既能向韦后邀功，又能将他的政敌置于死地的机会。

宗楚客先派人将李多祚、李千里等家属尽数杀光，并请求中宗仿武则天故事，把李千里一族人由李姓改为“蝮”姓。然后又把李重俊的亲信十几人斩首于东京。就连太子起兵时所通过的各个宫门的守门军士也全部逮捕，判处流放。

当时太子被杀，首级被放朝堂之上示众，东宫僚属之中没人敢于靠近太子的尸身。只有永和县丞宁嘉勖不忍见太子曝尸于烈日下，脱下衣服裹住太子的头颅放声痛哭。宗楚客闻听大怒，立即把同情太子的宁嘉勖贬为兴平丞，后又想加以杀害。

大理卿郑惟忠得知后，上书中宗：“现在大案刚刚了结，人心尚未安定，如果再重治无辜者，那么天下因此辗转不安的也太多了！”

中宗阅后，心有允诺之意。岂知，宗楚客与韦后、安乐公主却已把矛头对准了太平公主和相王李旦。

太平公主和相王李旦是中宗仅存在世的一对兄妹。李旦为人宽和仁厚，谦恭严谨，而且淡泊名利，从不做非分之争。太平公主则是武则天的宠女，权势极大，韦后当初对她极力巴结，才勉强保住了中宗的性命。而现在她大权在握，难以容下这二人了，因此想借整肃太子余党之机，除掉他们，为日后韦后临朝扫除障碍。

这样，韦后与安乐公主、宗楚客躲在宫中，日夜策划诬陷李旦与太平公主。他们指使侍御史冉祖雍上奏告发相王李旦及太平公主，说他们两人“与李重俊同谋造反，请陛下降旨法办”。

中宗阅过大吃一惊，急忙选派吏部侍郎兼御史中丞萧至忠负责审理此案。

萧至忠虽然也依附于韦后、安乐公主以求功名，但他良知未泯，不愿看到李氏宗亲兄妹再次相残，便流着眼泪对中宗说：“陛下富贵已极，拥有五湖四海，却不能容得下一弟一妹，难道还要让人罗织罪名，把他们陷害至死吗？陛下当初困窘之时，太平公主极力保全，相王做太子时，曾坚决地请求太后允许他把帝位让给陛下，为此多日吃不下饭，这是海内外臣民所共知的事情。像他们这样的人怎么会谋反呢？陛下不该仅凭冉祖雍毫无根据的一面之词，就怀疑自己的弟弟妹妹。”

右补阙吴兢洞悉了韦后等人的阴谋后，也当面向中宗谏言：“自文明年间（684）以来，大唐的宗庙祭祀，屡次险遭倾覆之灾。陛下重登帝位之后，恩泽遍及宗室九族，访求被太后流放到烟瘴之地的王室子孙，让他们再回朝堂，为的是社稷长存，宗亲兴旺。况且相王与太平公主乃陛下手足至亲，普天之下还有几个这样的人？但乱臣贼子日夜策划，竟想置他们于死地，这是乱国的根苗。臣以为，如果委以重任，即使是非亲非故的人也必然举足轻重；若是削夺了权势，那么即使是骨肉至亲也一定会无关紧要。”

说到这里，吴兢停顿一下，看到中宗听得入神，便接着说：“自古以来，君主因信任异姓之人和猜忌骨肉同胞而亡国破家的，已不可胜数。现在大唐宗室子弟所剩无几，陛下登基的时间也还不长，但竟然有一个儿子因兴兵起事而被杀，另一个儿子因违背父命而流落远方，现在只剩下一弟一妹可以相处，陛下难道不知珍惜这骨肉之情吗？目前皇宫外边，街坊酒肆，童叟妇孺都传唱着汉文帝容不下淮南王的歌谣，陛下对此不能不引起警惕！”

中宗虽然昏聩惧内，但也并非痴呆无知。萧至忠和吴兢的话，句句入理，寓意长远，令他不能不慎重对待。加之他平日与太平公主、李旦相处得很好，于是，他下令结束此案的调查，不许重提此事。

李旦、太平公主终于度过了这场劫难。

陷害李氏宗亲不成，韦后一伙又把矛头指向宰相魏元忠。魏元忠的儿子在政变中被杀，朝中有正直之士暗中替他惋惜。魏元忠回答说：“最大的恶人武三思已经被除掉了，这是天下值得庆幸的事情。为除奸佞，即使我的儿子被处以极刑，又有什么值得我忧伤惋惜的呢？只可惜太子因此而死，这才是我最伤心的。”

有人把这句话密报给中宗，中宗因为魏元忠曾任东宫校检左庶子，为自己的属官，又被高宗和武后所看重，所以，并不想追究这件事。

但韦后却指使宗楚客、纪处讷等人一起向中宗证明魏元忠说过这样的话，并且声称：“魏元忠与太子一同谋反，应将他诛灭三族。”

中宗没有同意。

魏元忠看到韦后一党欲置自己于死地，为求自保，上表请求解除官职和爵位，回家做一个闲散官员。中宗了解他的处境，亲自提笔写了敕令，同意他辞去宰相之职，以齐国公的身份退休，每月仍可在初一、十五两个日子入朝参见。

岂知宗楚客穷追不舍，他提升右卫郎将姚廷筠为御史中丞，指使他弹劾魏元忠。

姚廷筠在奏折中引经据典地说："侯君集是开国元勋，在他因谋反而即将被处死之际，太宗皇帝请求诸位大臣宽宥他的死罪，大臣们没有同意，只能挥泪将其斩首。此后的房遗爱、薛万彻、齐王李祐犯上作乱，虽然也都是皇亲国戚，最终也被依法处死。魏元忠既不是宗室亲戚，又没有像侯君集那样大的功勋，而他本人竟与李多祚等人阴谋造反，他的儿子又亲自参加作乱，这就应当被抄家灭门。但他的同党为了营救他而百般辩解，迷惑陛下，而陛下仁爱施恩，也试图宽恕他的罪行。现在臣之所以不惜冒触犯圣上旨意的危险也要请求陛下依法严惩魏元忠，是因为这件事关系到大唐的宗庙社稷呀。"

中宗听了这番危言耸听的歪论之后，居然无话可说。魏元忠又被大理寺重新审讯之后，贬为渠州司马。

对此，宗楚客又让给事中冉祖雍上奏说："魏元忠既然已经犯有大逆之罪，就不应该到渠州出任佐官。"

杨再思、李峤等后党齐声附和。

中宗虽然懦弱，但也不能被臣下逼着做他不愿做的事情，他恼怒地训斥道："魏元忠为朝廷效命多年，朕特意对他从轻发落，现在制命已经付诸行动，哪里能够屡次更改！再说对魏元忠的处理是轻还是重，应当由朕自己来决定，你们三番五次上奏请求严加惩处，早已严重地违背了朕的旨意！”

杨再思等人万万没有想到平日软绵绵的皇上，今日竟能说出这样刚决的话来，吓得魂飞胆破，连忙跪下叩头不止，请求宽恕。

宗楚客并不死心，过了些时候，又让袁守一弹劾魏元忠说：“李重俊虽然贵为太子，但陛下仍将他明正典刑；魏元忠既无大功又非皇亲国戚，为什么唯独他可以逍遥法外！”

中宗被他们纠缠不过，不得已再贬魏元忠为务州尉。魏元忠当时年过七十余，经受不住长途流徙之苦，行至四川涪陵而死。

魏元忠本名真宰，他少年做太学生时，曾与诸生被高宗接见赏赐，不知拜谢就出来，仪举自安。高宗目送他的背影对身边人说：“这个学生不懂朝廷礼仪，但看他是名不虚称，真是宰相之才。”后为避武后母亲的讳，才改名为元忠。在武周朝，他以刚直闻名，晚年再入朝秉政，虽自损早年刚直，但也不与韦后一伙合污，最终被贬致死。景龙四年（710），韦后伏诛，李旦即位，追赠为尚书左仆射齐国公。唐玄宗开元六年（718）追谥为“贞”。

当时习艺馆有一个叫苏安恒的教习，自视清高，善做不切实际的空想，又好发奇言。太子重俊诛杀武三思后，苏安恒自己说：“这是我出的主意。”太子失败后，有人告发了他，宗楚客立即将他杀了。

中宗虽然局部地阻止了韦氏一伙的滥杀行为，但他并没有从这场事件中吸取任何教训，仍重蹈武周时的旧辙，政权依然操纵在韦后集团手中，使武周后期的弊政，变本加厉地发展起来。

第八章

母与女尽情淫乐 主与仆祸国殃民

一

李重俊被杀，魏元忠贬死，相王李旦不敢预政，这使韦后和安乐公主更加放肆，再加上宗楚客、纪处讷等人为之奔走，事事效力，因此后宫就是朝廷，韦后就是主宰。

她们母女二人及韦后的妹妹郕国夫人、上官婉儿、上官婉儿的母亲沛国夫人郑氏、尚宫柴氏和陇西夫人赵氏等人，全都仗势去干预朝政，大肆收受贿赂，卖官鬻爵。不管是屠夫、酒色之徒，还是为他人当奴婢的人，只要向这些人行贿三十万钱，就能得到由皇帝亲自用敕书任命的官职。由于这种任命是用斜封的文书送至中书省的，因而这类官员被称为“斜封官”。如果行贿三万钱，行贿的就可以被剃度为僧尼，免除徭役。

她们受贿之后所任命的员外官、员外同正官、试官、摄官、检校官、判官、知官共计数千人之多。在西京和东都两地，分别设置两员吏部侍郎，每年四次选授官职，选任官员达数万人。在这些人当中，有相当一部分人是巨商大贾，甚至还有一些是卖艺的和巫师。结果是“台寺之内，朱紫盈满”。员外散官的数量是正职的数倍，正职受到这些人的牵制，无法正常处理公务。同时，国库开支大大增加，国库府储全部用来支付俸禄都不够。因为滥官充斥，政出多门，以致宰相、御史和员外官总数超过以往十倍之多，官厅也无所可坐，被当时人戏称为“三无坐处”。

当时掌握官职选任大权的是中书侍郎兼吏部侍郎、同平章事崔湜。

崔湜进士出身，年少貌美，善于文辞。桓彦范任宰相时，提升他为考功员外郎。当时桓彦范与武三思斗争激烈，怕武三思暗中陷害，便派崔湜投靠武三思，以便随时了解武三思的活动。后来，他看到中宗对张柬之、桓彦范这些功臣日益疏远，武三思受宠日深，便卖身投靠武三思，出卖了桓彦范，把桓彦范的计划报告了武三思，因而被提拔为中书舍人。桓彦范被流放后，崔湜又落井下石，劝武三思杀掉桓彦范以绝后患。武三思说："此事重大，必须要有一心腹人前去干才行，可是谁能为我担这重任呢？"

"小人妻兄周利贞不才，但能担当此任。"崔湜推荐了大舅子。

周利贞杀了桓彦范后，武三思赏他为御史中丞。崔湜也因此被武三思器重，经常伴随左右。

武三思死，韦后寂寞难耐，便想到了崔湜，秘密和他通奸。崔湜也学武三思的手段，极力讨好上官婉儿，背着韦后，数次在宫外与上官婉儿私通。

有了韦后、上官婉儿这两棵大树的荫庇，崔湜肆无忌惮地贪赃受贿，在名额之外用人。中宗时选官，每年都由吏部注拟出限额，由于走崔湜门路的人太多，名额不够，崔湜便自作主张，占用以后之年的缺额，滥授官职，搞得朝廷官吏任用制度废弃。

崔湜在受贿卖官过程中，曾闹出这样一个笑话。

他的父亲崔挹也利用儿子的权势，接受了一个候选官员的贿赂，收钱之后，却忘记把这个人的姓名告诉崔湜。崔湜在选官时不知此事，因而把这个人的名字也写上了落选人员的长名榜。

这个人问崔湜："您为什么办事不讲信用呢？"

"我怎么不讲信用了？"崔湜奇怪地问。

“您的亲属已经收了我的钱，您却不给我官做，这能说是讲信用吗？”那人理直气壮地回答。

崔湜故作清廉之态，勃然大怒道：“这是我哪一个亲属干的，竟然如此胆大妄为！请你告诉我他的名字，我要把他抓起来活活杖死！”

“大人，您可不能用杖把他打死，那样会使您遭受丁忧之祸的。因为他就是您的父亲！”

一席话说得崔湜目瞪口呆，无地自容。

侍御史靳恒和监察御史李尚隐对崔湜的行为实在看不下去，便在朝廷上弹劾了崔湜以及与他一齐负责选任官吏的吏部侍郎、同平章事郑愔。中宗便将二人下狱，派监察御史裴漼审理这个案子。

安乐公主暗示裴漼对崔湜二人从宽治罪，她说：“朝中有人见皇后信任崔湜，心生嫉妒，因为崔湜没有让他们的人做官，便报复崔湜，诬告他受贿，其实这些都是没有的事。”

裴漼不为所动，请求中宗革除崔湜官职，将郑愔处死以儆贪官。中宗知道这二人是韦后、安乐公主的亲信，便从轻发落，将郑愔免去死刑，流放到吉州，将崔湜贬为江州司马。

韦后、上官婉儿知道后，一齐向中宗哭诉，变着法说情。中宗无奈，第二天又改任崔湜为襄州刺史，任命郑愔为江州司马。景龙三年（709），上官婉儿又恳请中宗将崔湜召回都城，委以重任。

对此，黄门侍郎萧至忠上疏认为：“陛下对于那些受到宠幸的近臣，最多只能让他们得到良田美宅，使他们能过锦衣玉食的生活而已，千万不能让他们将国家的名位和俸禄当作自己为所欲为的工具。现在朝廷所设置的官署机构已大为增加，闲散官员也比以前增加了数倍，但人们邀俸求官的欲望尚未满足，而且有越来越强烈的趋势。陛下赏赐近臣无法计量的钱财，近臣又怀有永无止境的贪欲，他们将卖官收入据为己有，贪赃枉法以徇私情。此弊不除，对于时下政务，没有什么好处。”

中宗同意他的观点，却没有采纳他的建议。在放纵韦后等人卖官鬻爵的同时，中宗又大封五爵和食邑，私分天下租赋。

唐朝建国之初，食封户的王公不过二十余家，到中宗时，仅凭皇帝、皇后私恩的食封户就已超过了一百四十家。同时，封主的食邑也大量增加。

据《新唐书·十一宗诸子传》记载，唐朝制度：亲王封户仅八百，后增至一千；公主三百，长公主最多不得超过六百。高宗时，由于沛王、英王、豫王、太平公主为武后所生，封户才超过制度规定。武则天圣历元年（698），相王、太平公主皆三千，寿春等五王各三百。到中宗神龙元年（705），相王、太平公主增加到五千，卫王三千、安乐公主二千、长宁公主一千五百，宣城、宜城、宣安三公主各一千，寿春等五王皆七百。后来相王增加到七千，安乐公主三千，长宁公主二千五百，宜城公主以下二千。相王和太平、安乐、长宁各公主食邑民户以每家七丁为限，虽遇水旱之灾也不免除，不足之数，以国租满之。

当时，全国被划为封邑的民户，分布在五十四个州区内，都是“天下上腴”之地。仅就黄河岸边的滑州而言，当地农业生产发达，丝绸生产也较多，因而为受封的贵族们所垂涎，他们竞相争求到这里受封。滑州属地共有七个县，被指定为封户的地区即有五县之多。

此外，高祖以下历代帝王或亲王陵墓也有守陵户。武后父亲的昊陵有五百户守陵人家，与太宗守陵户相等。武三思父子的坟墓守户也比亲王墓守户多五倍。

据中宗朝的户部统计，全国封户中负担庸调的课丁之数达六十余万，合计每年向封建主们缴纳庸调绢数量在一百二十万匹以上。而中央政府每年所收庸调绢数，多时不过百万匹，少时只有七八十万匹。国家租赋被封建主们分割了不少，形成了“私门则资用有余，国家则支出不足”的现象。

上述这些封户所享有的租赋，是由各家的管家奴仆负责征收的，这些人依仗主人的权势，凌辱欺压州县官吏，额外勒索百姓财物，到处搅扰，百姓不堪重负。

长宁、安乐二公主多次放纵奴仆劫掠百姓子女为奴婢，御史袁从之将这些恶奴逮捕下狱治罪。公主们把这件事情告诉了中宗，中宗便亲自写制书将这些人放了。袁从之为此向中宗上奏说：“陛下放纵恶奴掠夺良家子女为奴婢，又怎么能以法治天下呢？”

中宗置之不理。

韦后一党，官也卖了，爵也封了，又担心自己的丑行被天下人耻笑，便挖空心思地想出妙奇花样，蒙哄中宗，骗取天下人心。

景龙二年（708）春，禁宫中传出新闻，韦后自称她穿的衣笥裙上，有五色云凝聚，以为祥瑞。中宗昏头涨脑，竟信以为真，命宫中画师依韦后所述模样，绘制成图，早朝之时，拿出令文武百官观瞻。

侍中韦巨源，是韦后的族亲，他明知此事为假，却借题发挥，大赞韦后：“陛下登基以来，皇后与圣上共扶社稷，寝食难安，万民为之敬仰。今上天嘉赐圣后勤勉，故降吉兆，此乃圣上洪福浩荡，皇后精诚之感，才有此吉祥瑞云。陛下何不将此事昭示天下，而令万民同庆啊！”

中宗听后，高兴万分，立即大赦天下，赏赐五品官员以上者母亲、妻子各有封号，平民成丁无妻授女，妇人八十岁以上者授予郡县乡君称号。

韦后收买人心的目的，轻而易举地达到了。

过了几天，太史迦叶志忠又上奏中宗：“想当初，我大唐高祖神尧皇帝尚未受命于天时，天下流行的歌谣是《桃李子》；在太宗文皇帝尚未即位之时，天下流行的乐曲是《秦王破阵乐》；在则天大圣皇后登基以前，天下流行的乐曲是《武媚娘》；在应天皇帝陛下您继承大统之前，天下流行的歌曲是《英王石州》；在顺天皇后获得圣上恩宠以前的永徽末年，就已有人传唱《桑条韦之歌》；这大概是上天的旨意，就是认为顺天皇后应当作为国母来主持社稷宗庙事务。因此，臣谨献上所作《桑韦歌》共十二篇，恳请陛下允许将这首颂扬顺天皇后的歌词编入乐府诗歌之中，以使在皇后祭祀先蚕神位时演奏。”

接下来太常卿郑愔又顺着这个话题，引经据典地加以说明。中宗听罢，面带笑容，欣然同意迦叶志忠所请，并以金银锦绣赏赐迦叶志忠和郑愔。

转眼之间，到了夏季。宫禁御苑之内，早已是花红草绿，清流照人，园榭廊庑，熙风萦绕。韦后与上官婉儿闲闷无事，漫步在回廊小径，心中忽生一个笼络天下文人的奇想。

回宫之后，韦后与上官婉儿在中宗面前娇憨了一番，便开始怂恿中宗开馆修文，选择能文的公卿，入修文馆，陪侍游宴。中宗本是爱玩乐的人，听到一妻一妾的设想，兴趣陡增，当即下令增置修文馆大学士四员，直学士八员，学士十二员，选择李峤等公卿以下善写文章的人士担任这些职务。

此后，每当中宗到自己的苑囿中巡幸游玩的时候，或是皇亲国戚宴饮欢聚之时，这些刚刚增置的大学士、直学士和学士们全部参加，在一旁侍候着赋诗应和。韦后和安乐公主也不避嫌疑，与诸人结诗欢娱，留恋竟夕，乐不思归。中宗又让上官婉儿负责评判众人所作诗文的优劣高下，优胜者给予金银帛绢的赏赐。

通常情况下，只有中书、门下二省的高官以及常参五公大臣和受到韦后宠信的贵族才有资格参加这类聚会，只有在大规模宴饮聚会时，中宗才召集被称为“八座”的尚书左右仆射和六部尚书、九卿和各司五品以上官员参加。所以，文人进士多以能入修文馆为荣。

从此以后，天下文人之间纷纷以文辞华丽互相推崇，而忠良正直的儒学之士则无人得到提拔重用。

景龙三年（709）八月，中宗准备到京城南郊祭祀天地。韦后认为这是她立威于天下的极好机会，便指使国子祭酒祝钦明、国子司业郭山恽向中宗建议：“古时帝王举行大祭祀时，王后应当用瑶爵盛酒献祭。陛下祭祀天地，应仿古制，以韦皇后辅助陛下祭祀。”

古人对天地是非常崇敬的。祭祀时都有规定的礼仪，不能僭越。因此，太常博士唐绍、蒋钦绪对此加以反驳，认为：“郑玄在其所注的《周礼·内司服》中只提到王后辅助帝王祭祀先王先公，而没有说王后应当辅助帝王祭祀天地。所以，臣以为皇后不应到南郊辅助陛下祭祀天地。”

韦巨源是制定祭天地礼仪的总管，他请求中宗按照祝钦明的意见去办。中宗听从了他的意见，决定由韦后主持第二次献爵，并且仍然以宰相女为斋娘来帮助端起盛放酒和食品的祭器。祝钦明还想让安乐公主来主持第三次献爵，由于唐绍和蒋钦绪的坚决反对才作罢；最后中宗决定由韦巨源代理太尉职务来主持第三次献爵仪式。

这次关于皇后能否辅助祭天地的争论，绝不是一般的关于祭祀礼仪的辩论，实质是关系到韦后能否以最高统治者的身份参加重大国事活动的斗争。当然，韦后是这场斗争的胜利者。

八月十三日，中宗率文武百官正式到南郊祭祀天地。韦后的仪仗随在中宗之后，分外引人注目，京城人们空巷出来观看，韦后出尽了风头。

正当韦后与其党羽踌躇满志、大乱朝纲之时，边疆地区烽烟突起。

景龙二年（708）十一月，突厥酋长沙葛自立为可汗，杀死了朝廷使者、御史中丞冯嘉宾，举兵反叛；同时，派他的弟弟遮奴等人率领军马攻掠唐边塞城镇。

突厥是隋末唐初兴起在中国西北的一个强大的少数民族。突厥人最早居住在新疆阿尔泰山南部一带，是“随水草迁徙，以畜牧、射猎为务”的游牧民族，同时又会炼铁。5 世纪初，臣属于柔然，做柔然的铁工，被称为“锻奴”。6 世纪初，在酋长土门的领导下，势力渐盛，开始和西魏通商、互通使节。公元 552 年，土门率兵破柔然，自称伊利可汗，建立了突厥汗国。三传至木杆可汗，更加强盛，北灭柔然，西破哌哒，东破契丹，控制了“东自辽海以西，西至西海（里海）万里，南自沙漠以北，北至北海（贝加尔湖）五六千里”的广大地区，并创造了突厥文字。这是中国游牧部族有自己文字的开始。

由于突厥汗国建立在军事征服的基础上，没有共同的经济基础，汗位继承没有一定制度，内部斗争激烈，因此立国不久便分裂为东西两部分。

其中，东突厥亦称北突厥，是突厥的主要部分。隋时，突厥首领经常派兵南下，掠夺人口和财物，还扶植一些割据势力。如封隋将梁师都为“解事天子"，封刘武周为"定杨可汗"，阻挠国家统一。李渊起兵反隋时也向突厥遣使求援。唐朝建立后，突厥主自恃有功，对唐态度傲慢，常来索要财物，还不断进扰，破坏农作物，威胁了唐都长安和整个唐朝的安全。李渊采取退让防守政策，公元 624 年，他甚至想迁都樊、邓（湖北、河南省交界）一带以避其扰。

唐太宗李世民继位后，对突厥采取积极抵抗政策，常召集将领和士兵几百人在宫殿前练习射箭，以示决心。公元 629 年，唐太宗利用突厥内乱之机，派李靖统率十余万军队，分兵六路，大破突厥，俘颉利可汗入长安，封为右卫大将军，把投降的十多万突厥人安置在幽、灵二州。此后，唐朝北方安宁近三十年。

到高宗调露元年（679），突厥阿史德、骨咄禄等部势力再起，复来攻唐。至天授年间（690—691），默啜立为突厥可汗后，兵力更加强大，经常攻唐，成为北方严重的边患。默啜一度是亲唐的，曾帮助唐平定过契丹，武则天将原来突厥降户数千家交给默啜。默啜凭借这一基础，团结部众，势力渐强。圣历元年（698），武则天令侄孙武延秀纳默啜女为妃，与突厥和亲，以减少边患。

但武延秀行至黑沙南庭，默啜不仅不把女儿送来，反而扣留了武延秀，随之率兵十余万，骚扰河北一带。武则天大怒，发兵四十五万进击。但面对默啜的强盛兵力，唐军众将皆观望不敢战，眼睁睁地看着突厥抢掠定、赵二州而去。自此开始，默啜连年派兵攻唐，武则天只好屯驻重兵于河北一带防御，但边患问题一直没有得到解决。

中宗景龙二年（708），朔方道大总管张仁愿率朔方军与突厥军隔着黄河对峙。在黄河北边有一座佛云祠，突厥部落每当即将进犯朔方军时，都先到佛云祠中祈祷，做好准备后才发兵渡河南下。当张仁愿发现突厥人又到佛云祠去祷告，知其必有重大军事行动。经派人打探得知默啜调集了全部人马准备进攻西部的突骑施时，张仁愿即乘默啜南下后方空虚之机，挥军渡过黄河，夺取了沙漠以南的大片土地，并在黄河北岸修筑中、东、西三座首尾呼应的受降城，以便断绝默啜南下进犯的通道。

当时太子少师唐休景认为："自两汉以来，历代都以黄河天险作为北边境，如今在突厥境内修筑城池，我担心劳民伤财，终究会被突厥所占有。"

张仁愿不为所动，昼夜督促军民赶紧筑城，经过六十天的努力，三座受降城终于修筑完毕。佛云祠为中城，距离东、西两座受降城各四百余里，而且三城都是建在地理位置险要的地方，拓展边境达三百余里。此外，张仁愿又在朝那山以北修筑了一千八百个烽火台，任命左王钤卫将军沦弓仁为朔方军前锋游弋使，驻扎在渃真水巡逻戍卫。从此之后，突厥人再不敢越过朝那山到南边来打猎放牧，朔方军也再没有受到突厥骑兵的侵犯和掳掠，因此而减少在这一带戍边的兵士达数万人之多。

张仁愿因此得到同中书门下三品官职的奖赏。

北部边界安定下来，可西部边境却又出现了问题。

安西都护府辖的西突厥突骑施部发生了内乱。首领乌质勒病死，他的儿子娑葛代替父亲统辖突骑施各部落。但他父亲的部将阙啜忠节拒不服从调遣，并多次兴兵与娑葛交战。由于阙啜忠节兵少疲弱，屡战皆败，在穷途末路之中，他向朝廷金山道行军总管郭元振请求帮助。郭元振为弭息突骑施部落的内争，安定西部边防，遂向中宗建议征召阙啜忠节入朝，到都城长安充当宿卫，中宗答应了。

当阙啜忠节奉诏走到播仙城时，朝廷派驻的经略使、右威卫将军周以悌在经略府设宴款待阙啜忠节。周以悌是宗楚客、纪处讷的党羽。

周以悌想继续扩大突骑施部落内争，以使自己乱中立功，封侯拜爵。于是在席间他给阙啜忠节出主意说：“朝廷之所以不惜用高官显爵来对您优礼有加，是因为您掌握着自己部落的全部人马。现在如果您离开自己的部落只身入朝，那您只不过是一个年迈的胡人罢了，不但无法保住皇帝对您的恩宠和自己的官爵俸禄，恐怕就连生死也操之于他人之手了。”

“可现在朝廷召我入朝，我不去便是欺君之罪，娑葛那毛头小奴正好借口剿灭我，这叫我怎么办才好呢？”

“您不必着急，我有一计，既可使您性命无虞，又可报仇雪恨。”周以悌慢悠悠地说。

“将军如能救我于水火，便是再生父母，誓当报答此恩！”阙啜忠节连忙向周以悌施礼央求。

周以悌附耳说道：“当朝的宰相中，宗楚客和纪处讷是韦皇后的近臣，二人执掌朝政，皇上对他们是言听计从。您可以派心腹之人多带些金银财宝潜赴京城贿赂他们，请他们让皇帝同意您留在西域，不去入朝。同时请求朝廷调派安西都护府所辖军队并引吐蕃兵来打击娑葛，再请求册封阿史那献为可汗以招附十姓人马，另外派郭虔瓘调集拔汗那兵相助。这样做既不会失去对各部落的控制，又可以报娑葛相欺之仇，比您单身入朝受制于人，岂不胜似百倍！”

阙啜忠节认为周以悌的话很对，便暗地里遣使者向宗楚客、纪处讷二人行贿，请求他俩同意自己按照周以悌的计策行事。

郭元振得知阙啜忠节的计划后，大吃一惊，他认为这个计划如果付诸实施，西域将战争不断，边祸不已。为此，他给中宗写了一个长长的奏章：

“往年吐蕃之所以屡次兴兵入侵，不过是由于他们想要占有突厥十姓和安西四镇罢了。最近几年息兵停战，又入贡以求和亲，也并不是因为吐蕃真心向往中国的礼义教经之道，只不过是由于吐蕃自己国内多难，人口与牲畜染上了瘟疫，担心朝廷乘其国贫民弱之机大举进攻而已，所以他们不得不暂且委曲求全，向大唐献媚求和，以便使其国内稍稍安定一些，这怎么能够说吐蕃放弃了攻取突厥十姓和安西四镇的企图呢？

“现在阙啜忠节不为国家大计着想，只是想做吐蕃军队的向导，恐怕安西四镇的危机将会从现在开始出现。以前由于突厥默啜的侵凌进逼，依附默啜的部落较多，再加上安西四镇兵马疲弱，当时的形势使阙啜忠节不能过多谋划，并不是他爱护突骑施部落。现在阙啜忠节不设身处地为朝廷经营中外的大业着想，却反而向吐蕃求助。一旦吐蕃在西域志得意满，就必然控制阙啜忠节，到那时阙啜忠节又哪里能够侍奉朝廷呢？

“以前吐蕃在无恩于大唐时，尚且想索取突厥十姓和安西四镇之地。如果现在帮助大唐攻破娑葛部有功，吐蕃就会请求朝廷将于阗、疏勒二镇割让给它，到那时不知朝廷能以什么理由回绝这一要求？此外，吐蕃统治下的各个蛮族部落如果不服从赞普的号令，吐蕃请求借唐兵前往征讨，也不知道朝廷又能以哪种借口拒绝它的要求！所以，自古以来聪明的帝王都不愿意接受夷狄之君的恩惠，大概是由于担心他们日后的求告请托没有止境，终究会铸成大患的缘故。

“再说，阙啜忠节请出阿史那献来，还不就是因为阿史那献是突厥可汗的孙子，想靠他招附十姓吗！不过阿史那献的父亲阿史那元庆、叔父阿史那仆罗、哥哥阿史那俀子等人都是可汗的子孙，过去大唐朝廷以及吐蕃赞普曾将他们一个个地册封为可汗，都希望他们能招附十姓，但均未能达到目的，这些人在位不久便纷纷破族灭家。为什么呢？因为这些人都不具备超乎常人的才能，恩德与威名也不足以影响部众。所以，虽然他们仍然是可汗的嫡系子孙，各部落还是不能对他们亲近依附，何况阿史那献与可汗的血统比他的父兄还要疏远一些呢？倘若阙啜忠节自己的兵力就足以使西突厥十姓归附的话，那么他就没有必要请求可汗的子孙阿史那献出来做可汗了。

“还有，阙啜忠节想派郭虔晰前往征调拔汗那的兵马，但在此之前他们二人曾擅自进入拔汗那调集人马，却未能得一兵一卒的援助，反而使拔汗那部落不胜侵扰而从南方引来吐蕃军队自卫，并拥戴吐蕃所册立的可汗阿史那俀子，回军进犯安西四镇。现在郭虔晰如前往拔汗那调兵，只能是内外交困，自陷危境，白白地与各部结仇，从而使安西四镇永无宁日。依臣之见，万万不能这样做。”

宗楚客、纪处讷收了阙啜忠节的钱财，当然要为他尽力，所以对郭元振的意见置之不理。他们向中宗建议：“当今之务，在于选派大臣前往安西，一面慰抚阙啜忠节，一面督军进剿娑葛。请陛下派御史中丞冯嘉宾带着符节前往安抚阙啜忠节，派御史吕守素去处理安西四镇的军政事务，任命牛师奖担任安西都护府副都护，调集甘、凉二州以西各处兵马，同时征调吐蕃军队，共同讨伐娑葛。”

中宗不辨是非，准宗楚客所奏。

恰巧娑葛派来向朝廷贡献马匹的使者娑腊正在京师，他打探到宗楚客即将发兵讨伐娑葛的消息后，立即马不停蹄地奔回西域，向娑葛报告。娑葛大怒，立刻发兵攻唐。他派遣五千骑兵出安西，五千骑兵出拨换，五千骑兵出焉耆，五千骑兵出疏勒，分路入侵。当时郭元振正好驻节疏勒镇，闻听娑葛发兵，便在河口扎下栅垒固守。

中宗景龙二年（708）十一月初二，阙啜忠节到计舒河口迎接冯嘉宾，娑葛派兵突袭他们，混战中阙啜忠节被擒，冯嘉宾被杀。接着，娑葛又派兵在僻城捉住了吕守素，把他绑在驿站的廊柱上一刀一刀地剐死。

二十五日，牛师奖在火烧城与娑葛交战，唐军远道而来疲劳之甚，经受不住娑葛铁骑的冲杀，大败而溃，牛师奖也战死。娑葛乘胜攻陷安西都护府所在地龟兹，切断了四镇之间的联系。然后派遣使者入朝上表，向中宗索要宗楚客人头。宗楚客却把战败责任推给郭元振，奏请任命周以悌取代郭元振统领安西各路兵马，征召郭元振入朝；同时册立阿史那献为可汗，在焉耆部署军队以讨伐娑葛。

娑葛见唐军云集，便写信给郭元振，信中说："我本来与大唐朝廷之间没有任何矛盾，我的仇敌只有阙啜忠节一人。但兵部尚书宗楚客接受了阙啜忠节的重金贿赂，就昧着良心想发兵攻破我的部落，并且御史中丞冯嘉宾和安西都护府副都护牛师奖相继领兵而来，我岂能坐以待毙！另外我又听说阿史那献也将来到此地，他的到来只会使安西四镇冲突增多，恐怕今后大家都没有安宁的日子好过，请大人商量解决办法吧。"

郭元振明白娑葛想和解的意思，便将娑葛的信上奏给中宗。宗楚客见信中揭露了他受贿的事，不由大怒，奏称郭元振有不臣之心，要中宗将他征召入朝治罪。郭元振早就料到宗楚客会来这一手，派他儿子郭鸿走小路将真实情况报告中宗，请求留在西域，稳定局势，没有回到朝中。为了解决西域问题，中宗只好把周以悌当替罪羊，流放到白州，对宗楚客却没有治罪。同时又命郭元振代替周以悌，下诏赦免娑葛的罪行，并册立为十四姓可汗。

第二年春天，监察御史崔琬对宗楚客、纪处讷提出弹劾：

臣闻兵部尚书宗楚客、侍中纪处讷勾结戎狄，私收财物，挑动娑葛叛乱，致使我朝天威受损，百姓罹难，请陛下依律将二人交有司审讯，以正天下视听！

依照唐朝惯例，大臣受到弹劾时，应当立即弯腰低头地快步走出，站在朝堂上听候治罪。这次宗楚客听到弹劾后，反而勃然作色，自己向中宗陈述自己的忠诚耿直，并声称受到了崔琬的陷害。

其实中宗对宗楚客的所作行为早已知晓，但忌讳他是韦后宠信的人，居然不加追究，反而让崔琬与宗楚客结为兄弟，以此来使二人和解，当时人都称中宗为“和事天子”。

宗楚客胆大妄为引起的这场突厥叛乱，就这样悄然而过了。

二

上官婉儿自从勾搭上白面小生崔湜之后，早已把武三思之死带来的烦恼抛到脑后。然而，崔湜毕竟是韦后的男宠，不能时时与她厮守，这常常使上官婉儿心感不满。况且，崔湜在外，上官婉儿在内，宫闱虽然因韦后弛禁，崔湜常来，却也不敢过分恣意欢娱，究竟有个孱主儿摆在上面，两人均感不方便，怕万一韦后得知，露水缘尽不说，还有性命之忧。

一次崔湜与上官婉儿偷欢之后，即将整衣离去，婉儿面带忧容，长叹一声：“唉！想那韦后养着众多男宠，只背着皇上一人，不像我们这样偷偷摸摸，真不知这种日子何时才有尽头。”

崔湜一听这话，不由笑着说道：“我的心肝，相聚有何难！我卖官弄了不少钱，明儿个在城外选一僻静之所，选一府第，来一个金屋藏娇，不知你肯不肯？”

上官婉儿听罢，用纤纤的玉指点了一下崔湜的脑门，娇嗔地说：“我的小傻瓜，你这么聪明怎么却忘了‘宫门深似海’这句古话？我身为昭容，是皇帝的小妾，怎能随意出宫？你别做自己的桃花梦了。”

“那又怎么办，我一入宫来，韦后虽徐娘半老，却是总缠住我不放，我总不能来一个分身法，一半侍奉韦后，一半陪着你呀！”

上官婉儿听到“韦后”二字，醋意大发：“韦后、韦后，你就知道韦后，没有我上官婉儿从中为你周旋，你还能有今天！明里你陪着我，心里却想着韦后，真是没良心！”

崔湜见婉儿动了气，赶紧赔不是：“好了，不要再说了，我的姑奶奶，从今往后我心里只想着你总行了吧？”

“谁要你想着我？我又不是皇后，只不过是一个没官为奴的丫头而已，你快去找你那心爱的皇后吧！”

崔湜死皮赖脸地不肯走，左哄右逗，婉儿才露出笑容。她说：“刚才光顾斗气，差一点把正事忘了。你说的在城外另选别府，倒是提醒了我。这深宫禁苑实在闷死人了，我早已过够了这种死气沉沉的生活，也该想个法子到宫外轻松愉快一下了。”

“那你有什么好主意？”崔湜问。

“亏了你还是个文人才子，遇事一点章程都没有。你想这深宫大院，皇上从小就生在这里，长在这里，几十年来一直被高墙圈着，再好的景色也有看腻的时候。如果有人请求为皇上另修行宫于郊外，广置天下奇石珍木，作为闲暇时欢宴群臣的场所，皇上好玩乐，一定同意，那我们岂不是一举两得了吗？”

“好主意，但这事不能在朝上提出，否则那班大臣又会千方百计加以阻止，还是由你在为皇上起草诏书时提出为好。”崔湜为婉儿补充说。

过了几天，中宗早朝回宫，命上官婉儿为他起草一纸敕令，婉儿写完后，乘机对中宗说：“陛下现在富有四海，宇内一统，天下晏清，而陛下所居之宫殿皆是先帝所留，难以显示陛下之宏功伟绩，同时陛下广爱天下文学才士，吟诗诵赋于九鼎之重地也有失庄重。陛下何不在京郊选一风景上乘之地而造行宫，平时臣妾为陛下守之，巡幸时为陛下欢宴众人之所，清风皓月，对酒当歌，岂不是快事！”

中宗听罢，当即允诺下来，拨给官费数十万钱，作为营造别第之资。婉儿得钱之后，召来工匠千人，日夜不停，穿池为沼，叠石为峰，引来奇花异草，将园中布置得非常幽胜，然后又构筑亭台阁宇、园榭廊庑，其华丽超过皇宫。竣工之后，中宗前来巡幸，见此处风雅果然优于宫中，对婉儿大加赞扬，命她管理该处。于是，婉儿与崔湜便如鱼得水，在这里日日相守。中宗不明就里，常常引文臣来游，开宴赋诗，命婉儿评定甲乙，按等赏罚。

此例一开，宫中的妃嫔姬妾们纷纷效仿，都在宫外修建私宅，她们出入宫禁不受任何节制。在朝为官的人趁机与她们交往，以求飞黄腾达。

中宗的女儿长宁公主和安乐公主更是竞相大兴土木，广建宅第，并在装修的奢侈豪华等方面互相攀比，不仅在建筑规模上完全模仿皇宫，甚至在精巧程度上超过皇宫的建筑。

长宁公主下嫁杨慎交为妻，中宗为她在东都洛阳修建府第，规模壮丽超过历代公主之宅。为修好这个美府华第，国库几乎涸竭。但长宁公主并不满足，又在都城长安取高士廉的府第和左金吾卫御林军的旧营房合并再造一府，该府第占地数百亩，气势颇大。它右边靠着都城皇宫，左边俯视大道，府中不仅修筑有假山，而且还挖掘了面积数十亩的人工湖，建造了三层画楼以观都城景色，又在西坊的空地上开辟了一个马球场以供娱乐。中宗和韦后多次带众人临幸该处，置酒赋诗，日暮才归。

有这两处住宅，长宁公主犹感不足，她又向中宗索要了东都洛阳城内已被废弃的永昌县衙作为第三处宅基地，因为该处濒临洛水，长宁公主花钱二十万，修筑了长堤。在长堤修建多处楼台画廊，种植奇花异草，其幽胜华丽，甲冠天下。

后来韦后被诛，睿宗贬驸马杨慎交为绛州别驾，长宁公主也离京相随。她请求睿宗允许将东都洛阳的住宅改为“景云祠”，而将在长安的府第作价出卖，时人估算仅府中的珍木奇石就价值二十亿钱。

再说安乐公主，本是中宗八个女儿中最受宠的一个，她见姐姐长宁公主广置府第，也不觉眼热起来。不过她并不想像长宁公主那样麻烦地东修一府西建一第，她想要一个既不必再费神修建，又能称心如意地赛过姐姐的地方，她看中了长安城中的昆明池。

这昆明池虽然不大，占地只有几百亩，却是长安一大风景名胜。据说昆明池是汉武帝时开挖的一个人工湖。汉武帝时，南方有一个小国叫昆明国，人口虽少，却是百姓强悍士卒骁勇，尤其擅长水战。汉武帝几次派兵征讨，都因汉兵不习水战而不能收服，于是汉武帝便动员民工，在长安郊外低洼处挖掘了该湖，引来河水，操练水军。因其是为灭昆明国而挖，故称昆明湖。

昆明国灭，汉武帝便将此处修建成一个供他渔猎的皇家苑囿。后来，历代在长安建都的帝王，都不惜花费大量人力财力，对昆明池加以整修，使之湖光碧波倒映青山古楼，风景异常秀美。池边百姓，也利用湖水养殖味道鲜美的蒲鱼，供应皇室，官民两便，实在是一处人间仙地。

于是，安乐公主对中宗说："父皇赏赐长宁姐姐府第多处，我与长宁姐姐同为母后所生，父皇不能独爱姐姐，请求父皇把昆明池赐给女儿。"

中宗听后大笑："裹儿，那昆明池乃是公产，百姓也以此养殖蒲鱼来朝贡，父皇怎能随便把它赏赐给你呢？等你选好了另外的地方，父皇一定答应。"

"不，我偏要昆明池！"安乐公主使起性来。

中宗笑而不答。

"哼！父皇不把昆明池给我，我一定要造出一个给父皇看！"安乐公主赌气地说。

过后，安乐公主就找到司农赵履温，让他督治占地修筑。赵履温率安乐公主的家奴在长安市郊抢占了老百姓大片田宅，开凿一个人工湖，延袤数里。湖边仿照华山的样子堆石建造假山，群峰叠岩，险峻高耸，又按着天河的样子规划水流，回渊九折，波流石上。湖边建有画楼，内有一尊熏炉，上边镂刻着怪兽神禽，镶嵌着砗贝珊瑚，华贵无比。由于安乐公主想要使此湖胜过昆明湖，所以将它命名为定昆池。

唐代官宦富家与王公大臣之中，盛行马球游戏。韦后虽然不善此技，却愿看中宗与群臣飞马击球。

马球游戏发源于波斯，其后西行传至君士坦丁堡，东来传至中亚，由中亚传入中国的西藏地区，又由中国的西藏传入内地。在汉魏时期，马球被称为“击鞠”，曹植在《名都赋》中说“连骑击鞠壤，巧捷惟万端”，就是指这种马球游戏。到了唐代，“击鞠”被称为“击球”，“击球”比赛分为直接对抗与间接对抗两种，直接对抗比赛设双球门，间接对抗则设单球门，均分成甲乙两队参加比赛。

单球门立于球场南部中央，两柱下面置一木板，底部开径约一尺的圆孔，即为球门，门后束一网囊。比赛时，以球击入球门的次数多寡计胜负，以打入网内算得一筹。双球门赛是在球场东西两端各立一门，分别有一名队员守门，以将球攻入对方球门算得筹，得筹多的为胜者。

所击的球是裹以软皮的实心球，大小如拳头，球面漆成红色或描以彩绘，球杖长数尺，前端呈新月形，颇似今天的曲棍球杖。

马球对球场有严格的要求。球场周长约一千步，三面环以矮墙，北面是看台，场面以泥地最为常见。它采用经过细筛的泥土，反复地夯打、滚压而成。球门两旁置绣旗二十四面，看台东西阶下设有空架，作插旗记分用，比赛人数每队以二十人为极限，人少亦可，一般要求对等，各有一名队长，衣服颜色有区别。比赛时场上有“唱筹”二人，手持小红旗记分。

最高贵的球场，由一些特别爱讲排场的贵胄所建。他们在建球场时，铺建一种明亮若镜的油土，以便马球能快速飞驰。那是在精筛的泥土中调合适量的牛油，再细心地夯打、滚压，反复拍磨，最后造成“平望若砥，下看犹镜，微露滴而必闻，纤尘飞而不映”的效果。长宁公主的驸马杨慎交为讨好中宗、韦后欢心，在其府第旁专门修建了这种华贵的球场。

韦后喜欢看马球比赛，不仅是为了娱乐，更主要的是为多接近朝廷文武官员，从中培植亲信。因为在朝堂之上，虽然垂帘听政，但大都是正襟危坐，问答有序，不如在球场看台上与群臣交流方便自然。所以，韦后看打马球与其说是一种娱乐，倒不如说是社交和政治活动更贴切。同样，又有几个大臣能不以皇帝、皇后光临自己的球赛为荣呢？

中宗不仅常到诸大臣的球场去打球，而且在宫城内和城北修有球场，平日里和一些王孙公子跃马球场，两旁百人擂鼓助威，喊声震天。由于中宗本人是马球妙手，世人也以精习马球为荣，马球成为唐代第一大运动项目。

韦后为了让中宗开心地玩击马球，方便自己控制朝政，对宫女和教坊女使进行打球训练，时常举行比赛，自己和中宗坐在看台上观看，准备许多物品，奖赏获胜者。这种场面，王建在《宫词》中描写道：

殿前铺设两边楼，
寒食宫人步打球。
一半走来争跪拜，
上棚先谢得头筹。

有时韦后还让宫女与大臣举行对抗赛，大臣球技高者甚多，但为取悦韦后，常常让着宫女。花蕊夫人在诗中详细地记叙了这种场面：

自教宫娥学打球，

玉鞍初跨柳腰柔。

上棚知是官家认，

遍遍长赢第一筹。

景龙四年（710），吐蕃与唐和亲，遣使到长安迎接金城公主，韦后让中宗在梨园亭子赐吐蕃使者观看打球，以示恩宠。不料吐蕃使者却对中宗说："臣部曲中有善击球的人，陛下能否允许他们与宫中高手较量一场？"

当时宫中有专职打球人员，称为"打球供奉"，中宗、韦后听后，也非常愿意看一场汉胡争筹的马球赛，便点头应允。

马球是由西域传过来的，吐蕃人打球历史比汉人长，技艺自然不差，双方打了数场，都是吐蕃获胜。中宗看了心里不是滋味，堂堂大唐，怎能输于胡人之手！他命令贵胄中的击球高手临淄王李隆基、虢王李邕、驸马杨慎交、武延秀四人与吐蕃十人对阵。四人中以李隆基球技最精，只见他骑驰场上，东西驱突，仿佛风回电击一般，所向无前，连胜吐蕃。中宗大喜，重赏李隆基，满意地回到宫中。

韦后看到李隆基在场上的表现，心中不免一惊：想不到相王李旦竟有这样一个英武豪放的儿子。她隐隐约约地感到，日后这个人一定会大有作为，甚至会成为她的克星。想到这儿，韦后背上好像受到一股凉风，不禁打了一个冷战，后悔当初不如不顾中宗阻拦，把相王一家借李重俊一案除掉。

韦后心中有了这结，闷闷不乐，中宗不知所以，百般逗趣，韦后仍无笑脸，只是轻轻地说了一句："我今后再也不看临淄王击球了。"

中宗听了莫名其妙，但他头脑简单，也没有追问为什么。

中宗怎么也不会想到韦后的内心深处一直担心宗室强大，想从各个方面加以压制。当初武三思父子被杀，使韦后痛苦万分，这不仅是为了失去情人和女婿而忧伤，更主要的是为失去了两个弄权秉政的助手而惋惜。韦后虽然有几个亲戚，但都才不堪用，不像武氏集团的人那样有计谋和魄力。所以，武三思死后，她仍旧想从武氏集团的人中培植亲信，这个人就是武延秀。

武延秀是武承嗣的儿子，与武崇训是同族兄弟。他于武则天圣历元年被派往西突厥娶可汗默啜女为妃，后因默啜以武延秀不是李唐宗室为由而被扣在西域，默啜死后才回到长安。这时安乐公主已嫁给武崇训，武延秀常到府上宴娱。武延秀人长得风流潇洒，又在突厥数年，见多识广，通晓蕃语，娴习胡舞，安乐公主很是喜欢他。

武崇训死后，安乐公主召武延秀入府，名义是帮助办理丧事，实则是让他陪侍枕席，共叙幽欢。武延秀在异域流浪多年，自然练就了随机应变、巴结权贵的本事，突然得到安乐公主委身于他，便知情识趣地尽力奉迎，不敢把厌恶安乐公主梅开二度的情绪露出半点来。

因为二人是叔嫂关系，开始的时候还有所忌讳，但天长日久，情人胆大，渐渐明目张胆地同出共进，俨然如同夫妻一般。韦后看到武延秀人品不俗，有武家兄弟的气派，可以引为心腹，便有心将安乐公主嫁给他。

哪知中宗不同意，认为武延秀虽是武后侄孙，却没有爵位，再者嫂嫂嫁给小叔，乃是平民俗夫所为，帝王之家不该如此，恐招非议。并且《礼记》曾说“叔嫂不通问”，更何况通婚呢！

韦后见中宗这样想，顿时就火了：“你们李家还怕人非议吗？当初你父亲高宗以子烝父妾，纳武媚娘为妃，谁人说过不可！现在我把女儿嫁给小叔，虽说不怎么好听，但也总比子收父妾强多了！”

中宗听了，不敢再言语，只好依着韦后。

景龙二年（708）十一月二十一日，中宗为安乐公主和武延秀举行成婚大礼，韦后为显示女儿的特殊身份，让安乐公主使用只有皇后才能使用的仪仗。

婚礼开始后，由相王李旦当护轿官，带领送亲队伍由皇宫出发，出朱雀门，沿朱雀大街南行。朱雀大街长九华里，宽百步，大街两侧彩灯高挂，鼓乐遍布，万民空巷出来看皇帝嫁女的盛况。在李旦的身后，禁卫士兵组成的仪仗，银盔金甲，旌旗遮日。安乐公主的彩轿，由二十四个身着红装的青年军士抬着，两边是鼓乐手列队演奏，安乐公主在轿中浓妆艳服，凤冠霞帔之下，穿一值亿钱的紧身长裙，上面镶嵌着米粒大小用珠宝雕刻而成的花虫鸟兽，明暗之下，闪现出不同的光彩。彩轿之后，有一百担红箱嫁妆，内藏无数珍玉宝物。整个婚礼耗费库钱百万。

第二天，中宗降旨，赦免天下罪犯，封武延秀为温国公，授太常卿兼右卫将军。

第三天，安乐公主按习俗回宫省亲，中宗、韦后在两仪殿设盛大宴会招待群臣，并让安乐公主夫妇出来拜见公卿大臣，群臣受宠若惊，个个趴在地上，叩头还礼。韦后看到这些，心满意足地笑了。

嫁出一个女儿，换回一个心腹，一举两得，韦后喜不自禁。自古以来，联姻是广树党羽、交结士卿的有效办法，这一点韦后心里明白，但女儿毕竟有限，不可能经常嫁来嫁去，于是韦后又想到了自己的乳母王氏。王氏本是南蛮丫头，作为韦后的陪嫁丫环来到宫中，侍候韦后起居，堪称韦后心腹。此时王氏已是六十有余，头发皆白，她只想侍候韦后终生，从来没有想到过嫁人。

十一月过去，转眼到了腊月二十九，中宗依照惯例，敕召中书、门下省长官和修文馆学士、亲王、驸马等人入宫同他与韦后守岁。日暮之后，中宗命人摆上酒宴，奏乐起舞，点燃营火，守岁开始。唐宫守岁，以观营火为主，在两仪殿四周，点有数十堆营火，营火要用的木柴不是普通的树枝，全部是沉香木的树根，每堆营火要用数车沉香木树根，火光稍暗时，浇上甲油，火焰顿时升起数丈，香味传闻数里，一夜之间要用沉香木树根二百余车，甲油二百余石。

歌舞翩翩，笙箫悦耳，营火通红，中宗和韦后与众大臣们个个酣兴大发，杯盏交错，体轻神散，互相戏乐。

时近子夜，中宗醉眼蒙眬，四下张望，看到御史大夫窦从一在座，便笑着问道："窦爱卿！听说你打了很长时间的光棍，可是真的吗？"

众人大笑，一齐把目光转向窦从一。窦从一本名怀贞，因避韦后父亲韦玄贞的讳，才改用从一这个名字。此时窦从一正低头饮酒，猛然听到皇帝问话，赶紧离席施礼答道："臣丧偶数年，至今尚未续娶正妻。敢问陛下为什么问起臣的私事？"

"哦！果真如此，朕很为你担忧，今晚是除夕之夜，朕为你做媒，特赐佳人与你完婚好吗？"

窦从一闻听中宗这么说，不由喜出望外，心想后宫佳丽上千，今日能得赏赐一个如花似玉的美人，该是何等荣耀啊，于是跪下叩谢道："陛下隆恩，臣怎敢不从！"

中宗哈哈大笑，命令左右进内室礼迎新娘。一会儿工夫，宦官总管引导拿着蜡烛、灯笼、幔帐、金丝团扇的仪仗队，从西廊走出来。金丝团扇后面，紧跟着一个女人，身穿宫服，头戴花束金钗，中宗命她与窦从一坐在一起，行合卺礼，饮交杯酒。唐代习俗，新婚晚上，新郎要在背诵“催妆诗”“却扇诗”之后才能见新人容貌。中宗也依俗让窦从一背诵了几首“却扇诗”，才让人拿开金丝团扇，扶那女人进去摘下花束金钗，改穿平常衣物重新出来相见。

待这女人重新出来时，中宗、韦后抚掌大笑，众臣慢慢细看，原来这女人竟是韦后的乳母王氏，霎时爆发出哄堂大笑。

窦从一见王氏这老态丑陋之貌，心里由喜变惊，甚是懊恼。但转念一想，韦后的乳母权势不同一般，自己做了她的丈夫，年貌虽不相当，禄位却可以借此永保，便又转惊为喜，乐得将错就错，模糊过去。当下与王氏一同跪下谢恩，叩首御前。中宗也还大方，封王氏为莒国夫人，传令左右备好车马，送新郎新娘归府合房。窦从一既去，中宗、韦后也退入宫中，群臣守过残宵，第二天元旦，齐来朝贺礼毕，方各散回家。

窦从一自从得王氏为妻，每次晋见及呈递奏章时都自称“翊圣皇后（韦后的尊号）阿奢”。“阿奢”是唐代人对乳母丈夫的称呼，所以窦从一沿用时俗这样自称。同僚中有人嘲笑地称窦从一为“国奢”，他也随声应和，毫无惭愧之色。窦从一只是想如何讨得韦后欢心，也顾及不了什么嘲笑了。他善于见风使舵，依附权贵。景龙元年，侍御史魏传弓揭发出韦后情人慧范贪污四十余万钱的犯罪事实，请求中宗将他处以极刑，窦从一怕冒犯韦后，坚决反对这样做。他还曲意逢迎宦官，在处理诉讼时，发现没胡须的人，一律从轻发落。

三

中宗因韦后把持朝政，许多大事自己说了不算，便尽情享乐，倒也图个逍遥自在，无忧无虑地当快活天子。

春节过了十几日，上元佳节又到了，宫城内外，庆贺元宵，当然又有一番热闹。不过中宗对赏灯观月一类的活动早已失去了兴趣，他倒背着手在宫中踱来踱去，想着能有什么办法尽情地欢快一天。

他先想到了打马球，可这是冬天，站寒风中看别人骑马奔跑热汗淋漓，自己却身着重裘受冻，便没了兴趣；到郊外巡幸，这个季节又没有什么景色好看；突然，他想到了在房州时，上街赶集时看到的集市上商人和买主高声竞价，行人比肩接踵的热闹场面。现在宫中，何不设一集市贸易来取乐呢?

于是，中宗命人在宫中搭起了集市的街道，作坊、店铺、酒肆一应俱全，酒旗货幌挂满街面，让宫女充当商人，公卿大夫为顾客，双方讨价还价，宛如真的一样。

谁知公卿中有一帮少年权贵，他们依仗承恩幸进，并不把买卖东西放在心上，而是趁此机会，亲近芳泽，想讨个便宜。他们在街上东来西往，左顾右盼，看到姿色艳丽的宫女，便以购货为名，上前搭讪戏语，甚至动手动脚，多方挑逗，与市井宵小无异。宫女们被常年锁在深宫，每日所见不是后妃便是宦官老奴，都是些毫无生气之人，现在面对这些风流倜傥的英俊少年，也不免春心荡漾，眉眼飞波，故作羞涩之态，嗲声奶气地与他们打情骂俏。胆大些的竟与这班贵少追逐厮打，高声吆骂，全然忘记了羞耻。

中宗带着后妃公主们，身着平民服装，游步街上，耳闻目睹，也不以为怪，反倒从旁兴致勃勃地围观，以求开心一刻。设市三日之后，中宗兴减，才令人拆去街市，宫女们各回所居。

又过了数日，早春来到，河水初融，中宗命宫女分为红黄两队，做拔河游戏。唐代的拔河与今日不同，它是名副其实的“拔河”。其游戏过程是将一长绳中间系上大竹筒，来到水边，把大竹筒沉入水中，两队人分别站在河的两岸，用力将大竹筒从水中拽出，然后又突然松劲，使大竹筒又沉入水中，如此再沉再拽，以快速为佳。

宫女们身体娇小，力气不足，全靠人多心齐，才能将竹筒从水中拽出，然而反复不了几次，便个个心跳气喘，淋头洗面，脸上的胭脂全被汗水冲掉了，丑相百出。中宗与韦后坐在玄武门上观看，以拔的速度快慢为赏罚。宫女们为邀赏赐，把浑身的劲都用在两手上，多有站立不稳者，扭足跌伤，挫腰呼痛。中宗在楼上观之，引为乐事，笑声不止。直到夕阳西下，夜幕低垂，宫女们力竭体虚，中宗方下令停止游戏，起驾回宫。

中宗是一个极端的享乐主义者，嗜玩成性，三日没有玩耍娱乐，便寝食不安，寂寞难耐。他时常跟亲近侍从以及修文馆学士等聚集在一起饮酒取乐，并且命令他们各自表演最拿手的技艺来助酒兴。一次，中宗让众人献艺，工部尚书张锡跳《谈容娘》舞，将作大匠宗晋卿跳《浑脱》舞，左卫将军张洽跳《黄獐》舞，个个舞姿优美娴熟，引得中宗欢笑不止。左金吾将军杜元经模仿西域人念《婆罗门咒》，中书舍人卢藏则打扮成道人，学道士给天神上表祈求消除灾难，看了二人绘声绘色的表演，中宗非常快活。唯独轮到国子司业河东人郭山恽时，郭山恽说：“臣实在没有什么特长可以为陛下助兴，请允许我唱两首古诗吧。”

中宗点头同意，郭山恽于是正容歌诗，但听他抑扬顿挫，不疾不徐地唱道：

鹿儿呦呦叫不停，
大口大口啃野萍。
我将宴请众宾客，
拨瑟吹笙把客迎。
鼓簧吹笙迎宾客，
珍馐佳肴用筐盛。
众位宾客喜爱我，
为我谋划道理明。

鹿儿呦呦不停叫，
大口大口啃青蒿。
我有一群贵宾客，
美好声誉远近晓。
指示人们莫苟安，
正直之人当仿效。
我用美酒和佳肴，
欢宴宾客去游遨。

鹿儿不停叫呤呤，

大口大口啃野芩。

我将宴请众宾客，

欢迎他们拨瑟琴。

弹琴拨瑟宴宾客，

欢乐乐曲浸人心。

我备美酒和佳肴，

用来宴乐众贵宾。

在座人听声细辨，知道这是《诗经·小雅·鹿鸣》三章，所歌的是宴请宾客的盛况，不觉兴致大增，要求郭山恽再吟唱一首，郭山恽也不客气，他又唱道：

蟋蟀唧唧叫堂里，

眼看就要到年底。

今日我不及时乐，

时光疾驰消失去。

娱乐不能太过分，

想想过去未来事。

喜爱娱乐莫放纵，

英明的人常思虑。

蟋蟀唧唧叫堂里，
岁月随之而消失。
今日我不及时乐，
时光逐日消逝去。
娱乐不能太过分，
想不到的都思虑。
喜爱娱乐莫放纵，
英明的人有锐气。

蟋蟀唧唧叫在堂，
役车停驶回家乡。
今日我不及时乐，
时间白白消磨光。
娱乐不能太过分，
乐时思忧理应当。
喜好娱乐莫放纵，
英明的人乐安详！

众人听出这是《诗经·唐风·蟋蟀》三章，知道郭山恽是在借古诗规劝中宗不要放纵自己，无度行乐，不由得大惊失色，都担心中宗降罪处罚郭山恽。

不料，中宗听完，站起身来端着酒杯对郭山恽说：“卿可以说是善歌博喻了，朕知道你想说的，现在赐你一杯酒。”

当即命左右给郭山恽斟酒，郭山恽跪饮而尽。第二天，中宗又亲书敕纸一张，以嘉奖他的好意，并赏赐他一套时兴的衣服。看来中宗做人，也有他厚道的一面。

但他并不是对所有的人都能海涵宽容，特别是韦后在场的时候。

有一次中宗和韦后与近臣宴饮，中宗命大家各自创作《回波辞》来吟唱。《回波辞》是中宗创造的一种六言绝句，诗入乐府可以吟唱，因其诗首句都以“回波尔如”开篇，故名《回波辞》。当时便有修文馆学士沈佺期先起座朗声吟道：

回波尔如佺期，
流向岭外生归。
身名幸蒙啮录，
袍笏未列牙绯。

这个沈佺期，武后当政时曾任考功员外郎，投靠张昌宗、张易之兄弟，张柬之诛杀二张后，以沈佺期为二张同党，发配兖州。中宗登基后，上官婉儿得宠，招致文士成立修文馆，他才得以回到京师任起居郎，兼修文馆学士。此次以诗自嘲，明明是乞还牙绯向中宗要官。上官婉儿从旁边帮腔：“沈学士才思翩翩，牙笏绯袍，当之无愧。”

中宗闻言，即答应沈佺期说：“朕当还你牙绯便是了。”

沈佺期连忙顿首拜谢。

中宗又问：“谁可再来吟唱？”

忽有优人藏奉，起身面向中宗跪下说：“臣奴亦作一首，但文辞谐谑，恐渎圣听，乞求陛下赦臣万死，臣才敢奏闻！”

不等中宗表态，韦后即回答说：“恕你无罪，你快说来让众人听一听。”

藏奉这才唱道：

回波尔如栲栳，
怕婆却也大好。
外头只有裴炎，
内面无过李老。

韦后听了，不禁掩口失笑，中宗听了心中不快，却不敢在韦后面前发怒。群臣中都知道诗中的故事所指，皆暗自笑道：“这两个比喻，却也确切，真不能小看了这优人呢。”

原来诗中“外头只有裴炎”一句指的是御史大夫裴炎。裴炎生性怕妻，他曾对人说妻有三可怕：“少时如活菩萨，一可怕；儿女满堂时如九子魔星，二可怕；等到妻老年衰，薄施脂粉或青或黑，妆如鸩盘茶，三可怕。”“内面无过李老”，就是指的中宗畏惧韦后与裴炎一样。

藏奉敢进此诗，实际上是为韦后张威，所以才不怕中宗加罪。果然韦后令他起来，让他明日领赏，第二天韦后遣内侍赐给藏奉帛百尺。

谏议大夫李景伯恐怕群臣愈歌愈放肆，大亵国体，即上前奏道：“臣也有一诗，请陛下俯睬。”说着便朗诵道：

回波尔持酒卮，

微臣职在箴规。

侍宴不过三爵，

欢哗或恐非仪。

他诗中说的是规劝中宗的话，大意是：君臣在这时设宴饮酒，而我的职责在于规谏君主的过失。现在臣下为陛下侍宴已过了三爵，恐怕再喧哗下去与礼仪不符。

中宗听了李景伯的规谏诗，不仅没有像对郭山恽那样赐酒，反而面露怒容，御史中丞萧至忠看见，恐怕中宗迁怒于李景伯，连忙伏身奏道："这真是个好谏官。"中宗才不加责。

中宗耽于享乐，韦后大权独揽，广树私党。在景龙三年（709）任命的当朝宰相中，尚书省左右仆射韦巨源、杨再思，中书令宗楚客，侍中萧至忠，中书侍郎韦嗣立等都是韦后党羽。中书侍郎崔湜因与韦后、上官婉儿私通，也被授同平章事，引为宰相。这些人中，只有萧至忠稍稍守正，此外都属狐朋狗友、奴颜婢膝一类。

这伙人又广招阿谀奉承之辈，卖官鬻爵，自树一党，把朝政弄得乌烟瘴气，弊端百生。生活在社会底层的平民百姓深受其害，苦不堪言。

中宗作为一国之君，对平民百姓的安危冷暖全然不顾，为满足自己享乐的欲望，依旧我行我素，毫不爱惜民力。

中宗好佛，景龙三年（709）春，他下令将原来由慧范主持修建的东都圣善寺加以扩建，靠近圣善寺的民宅全部被拆除，当地百姓因这一工程而失去生计的有数十家。“上有所好，下必甚焉”，韦后以及各位公主也都营建了佛寺。这些佛寺，刻意追求高大华丽，大的工程要耗资一百几十万钱，小的也需要三五万钱，所有费用都从库府支出，而转嫁到平民百姓身上，结果使得民不聊生，怨声载道。

其实，佛教教义的宗旨，关键是在于劝诫人们降伏自己的身心，做到清静无我。而大力兴建土木，雕梁画柱地炫耀庙宇的壮观华丽，只是高官显贵们糜烂生活的表露而已。

为此，左拾遗辛替否曾上书谏阻，他说：“如果说只有营建佛寺才是治理国家的根本所在，休养士民不足兴邦建国，那么殷、周以前的君王一定都是昏暗庸俗之主，因为他们没有佛寺可建，而汉、魏以来的皇帝全都是圣明天子了。也就是说，殷、周以前的君主没有长处，而汉、魏的君主没有缺陷？陛下把治理国家的当务之急当作可以从缓的事情，又把只能在以后常办的事情当作治理国家的当务之急，造成了亲近的人尚未前来归附而疏远的人就已出现的后果。

“再说，陛下像这样放弃事务的本原而把希望寄托在虚无之上，重视俗人的作为而忽视作为天子应当成就的事业，即使陛下能够以阴阳二气为炭，以宇宙万物为铜，役使那些不需要消耗衣食供养的人，恐怕也无法满足奢侈靡费所需的支出，更何况陛下所依靠的只是那些天生地养、用人力耕作才能生成的自然资源呢？一旦战乱再起，或遇有水旱虫灾，出家的和尚不能拿起刀枪勤王救主，林立的塔寺更无法缓解饥荒，臣对陛下广建佛寺的行为感到十分痛惜！”

辛替否又对中宗不能约束安乐公主，放任她胡作非为提出了批评：“公主，是陛下心爱的女儿，但她的日常用度不符合古来已有的规矩，她的所作所为也不足以平慰民心。臣担心长此以往，公主的行为不加以收敛，会使喜爱变为憎恶，将福泽变为祸患。

“为什么呢？公主多授斜封官，增设的官署官额相当于先代十倍，以至于国家的金银，不足以满足造官印的需要，库府中的绢帛等财物的储备赶不上陛下赏赐臣下的支出，从而使得富商大贾可以通过钱买官而居于高贵的职位，也使得有些依靠装神弄鬼代人祈祷或者以卖艺为生的人可以占有肥沃的良田。这样滥封官职，耗费百姓人力，浪费百姓钱财，必招天下怨恨。

“陛下为怜爱几个子女，而招来三个方面的不满。第一是守戍在边疆的将士们不愿为朝廷尽力；第二是在朝廷为官的人不愿为陛下尽忠；第三是使天下人心因此而离散。如果真这样的话，只剩下几个自己所宠爱的人，陛下还能依靠什么来治理国家呢！君主是以百姓的拥戴支持为基础的，基础牢固了国家才能安宁，国家安宁了，陛下夫妇子女才能互相长久地得到保全。”

这篇言辞恳切、切中时弊的奏疏呈上后，中宗根本没有去读。

相反，安乐公主选定昆池时，司农卿赵履温不惜耗尽官府资财以讨她的欢心，中宗得知后也不加以阻止。赵履温是一个奴气十足的人，他为了取悦于安乐公主，甚至在宫中用手提起自己的紫色官服，用脖子作车载着安乐公主来回走动，以此保住禄位。

安乐公主造好定昆池后，中宗、韦后带着群臣前去祝贺。中宗命令随行的人赋诗助兴。黄门侍郎李日知所作的诗中有这样一句：

所愿暂思居者逸，

勿使时称作者劳。

意思是说：但愿起初能想到居住人的安逸，不要让时人称颂兴建者的功劳。当时很多高官都很害怕安乐公主的权势，只有李日知独自规劝。

“卿亦想效郭山恽诗谏吗？”中宗满脸不高兴地问李日知。

韦后与安乐公主更是怒容满面，众大臣见此也都沉默不语，宴席不欢而散。

在这一年中，关中地区遭受旱涝之灾，出现大饥荒，米价飞涨，由原来的每斗几十钱涨到每斗一百钱。朝廷从山东和江淮地区紧急调运粮食到长安救急，漕运不足，靠牛车运送，运粮的牛十有八九累死于途中。朝廷为运粮花费了大量钱物，却仍然不能满足需要。长安城中，人心惶惶，许多有钱人纷纷迁到外地就食，平民百姓以草根树皮充饥，饿殍枕道，惨不忍睹。

大臣中许多人上书中宗，乞求中宗率文武百官到东都洛阳听政以减少转运粮食的费用，中宗也认为这个办法可行。韦后因为自己的娘家在长安东南杜陵的缘故，不愿意迁到东都去。但她又不公开反对到洛阳听政，而是指使女巫彭君卿告诉中宗说：“臣夜观天象，太白星座东色暗，今年不利东行。”

中宗信以为真，此后还有一些大臣劝中宗到东都去，中宗便大发雷霆说：“朕怎么能做到处找饭吃的天子呢？”

于是再也没有人敢劝中宗东行了。

转眼之间，又到了景云元年（710）上元佳节。因头年元宵节在宫中设市三日玩得开心，中宗又在脑中搜寻奇招妙法，盘算着怎样才能快乐地度过这一夜晚。这时韦后忽发狂念，她带着上官婉儿及各位公主，身穿百姓便服，前来邀请中宗微服游赏元宵灯会。这正合中宗心意，他立即换下龙袍皇冠，穿上士民常服，打扮成平民模样，出游街市，并令宫女数千人随同。

中宗、韦后一行人走出宫外，只见长安城六街三市，大张花灯，把那街道照得如同白昼一般，笙歌鼓乐声中，人山人海，击毂摩肩，男女混杂，贵贱不辨，都争着往那漂亮的灯前观赏。中宗、韦后也随着人流，漫步前行，遇着修饰新奇的花灯，就情不自禁地品评一番。行至子夜，中宗觉得腹中空饥，幸好上官婉儿办事周全，随身带了银两，众人便拣一干净的店铺，点了几碗汤圆和数碟小菜，坐下来填饱肚子。吃完之后，中宗兴致不减，又带她们到城隍庙前看了一回卖艺杂耍的，直到街上行人渐稀，灯火阑珊时，才转驾回宫。这时查点宫女，少了许多，想必是不愿终生被锁在深宫高院之中，乘此良机私奔而去。中宗虽然懊恼，却也不好追究，便默声不语，糊涂了事。

过了数日，中宗和韦后来到梨园球场，让三品以上官员抛球作戏之后，又让文武官员分队拔河。文官队中韦巨源和唐休琼年事已高，随着拔河的粗绳子摔倒在地，手脚乱抓，很长时间爬不起来，好像乌龟一样。中宗和韦后及妃子、公主一行人在旁见此情景，哄堂大笑，非常开心。

玩乐是愉快的，但也抹不掉中宗心中的烦恼。中宗登基初，曾允许七公主开府置官，如同亲王，七公主中以太平公主和安乐公主势力最大，她们姑侄二人各结朋党，竞相攀比，甚至互相诽谤，诬陷对方，形同水火，并不断到中宗、韦后那里控告对方。韦后心中袒护安乐公主，但也奈何不了太平公主，中宗夹在中间，左右为难。

一天，中宗召见修文馆直学士武一平，和他探讨解决办法。武一平早在两年前曾上书请求削夺外戚的权势，要求中宗为社稷安稳不要过分宠爱外戚。由于武一平不敢直接攻击韦氏家族，所以请求对自己的武氏家族加以抑制，减少封户，中宗没有答应。因此，这次中宗想到和他商讨。

中宗问武一平："近来听说朝廷外的很多皇亲国戚彼此之间很不和睦，用什么办法能使他们彼此和解呢？"

"陛下宠爱公主，信任皇后一族，不仅使他们享有荣华富贵，而且权势极大，致使一些奸佞小人依附于他们，各结私党，争权夺势，加之一些阿谀奉承之徒从中挑拨离间，这样怎么能使皇亲国戚和睦相处呢？对这种情况，陛下应该严加训诫，并驱逐那些进谗的奸邪小人。如果这样还不能使亲贵们和解的话，臣希望陛下疏远亲贵，亲近贤臣，遏制慈爱宽仁之心，信守严格肃穆之意，让皇亲国戚们懂得应该遵守国家法度，不要使他们之间的矛盾越来越尖锐。"

中宗赞成武一平的主张，但他却做不到抑制亲贵，削除权势。因为"冰冻三尺，非一日之寒"，经过多年的经营，这些权贵势力羽翼丰满，党羽遍布，一个懦弱的快活天子，就是想结束这种局面，也只能是老虎吃天，无从下口。

第九章

鸩亲夫韦后称制
匡社稷隆基诛逆

一

从长安皇城太极宫出延喜门向东，经过大宁坊、兴宁坊两条长街，向南一转，便是隆庆坊。这隆庆坊本来是长安城东的一片普通的民宅区，既无风景名胜，也没有什么闹市可以任人游赏观光。然而，在武则天当政时它却突然名声大震，只要提起隆庆坊，长安市民不论男女老幼，没有不知道的。

原来隆庆坊有一居民王纯，他为了洗衣浇园方便，就雇人在房屋前的空地上凿了一口水井，井深数丈，水清得可以照人，喝下去甘洌可口，浇园菜果长得碧绿茂盛。周围邻居也都饮用此水，都说与别的井水不同，王纯听了非常高兴。

哪知几年过去，到了盛夏雨季，井水漫过井围开始外溢，浸淹了房屋。王纯看到这种情况，不知是什么原因造成的，忙请邻人帮助用沙石填平这口井。不料，井水却越溢越旺，根本堵塞不住，王纯只好搬家避难。经过一年左右的时间，溢出的井水逐渐形成一个占地数十顷的大池塘，长安百姓都争先恐后地前来观看这一奇妙的自然景观，并据此推测是吉凶祸福。

当时武则天刚刚临朝称制，她怕这件事搅乱人心，被反对她的政敌利用，便赶忙颁布诏书，说井水外溢乃是乾坤祯祥的吉兆，并把这片池塘赐名“隆庆池”，以定众心。于是，隆庆坊便因“隆庆池”而在长安城一百零六坊中开始闻名远近。

在隆庆池北，相王李旦的五个儿子——寿春王李成器、临淄王李隆基、衡阳王李成义、巴陵王李隆范、彭城王李隆业等，修建了府第，号称“五王子宅”。

唐中宗景龙四年（710），善于揣测韦后心理的江湖术士，对韦后发出警告：“在隆庆池北五王子宅上空，常常有盛大的帝王之气，近来这种王气尤为强劲。”

韦后是一个非常迷信的人，听了这些骗子的话，便信以为真。她想如果真是像江湖术士所说那样，十几年来的苦心经营，不都要付诸东流了吗？天下难道永远姓李不成？当初杀了太子李重俊，贬斥了谯王李重福，韦后剩下的一块心病就是相王李旦一家，但总是找不到借口，韦后为此伤透了脑筋。

一年前，她与中宗南郊祭天，曾大赦天下，可是谯王李重福却不在赦免之列。为此，李重福在均州上表给中宗：“父皇为展示礼义而焚烧木柴，进行郊祭而祷告上天，天下苍生都因此得以赦罪免刑，唯独臣作为陛下的亲生儿子无缘仰沐皇恩，上天对待子民一视同仁的恩德，本来就是这样的吗？知道此事的朝野人士，无不为儿流泪。再说陛下慈悲为怀，为什么不能怜悯一下您这个走投无路的亲生儿子呢！”

中宗看后心中难受，相王李旦也劝中宗召回李重福，唯独韦后铁石心肠，不让他回京。因为她知道，李重福回京后就有可能被立为太子，皇嗣有人，对她效法武则天大大不利，所以坚决不同意召回李重福，并向中宗埋怨相王李旦多事。

韦后想到江湖术士之言，便想利用江湖骗子的话，要求中宗贬斥相王，她对中宗说道：“近来人们常常议论隆庆坊五王子宅上空有帝王之气，这一定是相王不甘寂寞，想僭政篡权而故意叫人这么说的，陛下应亲自查问这件事，不能听任相王妖言惑众。”

中宗对相王非常了解，知道他一贯胆小怕事，谦恭严谨，不做名利之争，否则他早就不能保全自己了。

“这一定是市井小人无中生有谣言惑众，皇后不必信它。”中宗对韦后答道。

“哼！你就知道袒护这个李旦，说不定哪一天他做了皇帝，你还要给他加冕呢！就算是传说，你也应当去巡幸，也好抑制一下隆庆池那里的王气。”

中宗看韦后动气，连忙赔笑道：“好好，过几天我们就去巡幸五王子宅。”

四月十四日，中宗率领后妃结队来到隆庆池，命人用绸缎布置一个彩楼，设酒席款待文武百官，乘舟泛波池上，并观看大象表演，足足在这里折腾了一日一夜，方摆驾回宫。此后，韦后再也不提什么王气的事情了，她知道光靠借题发挥除不掉李旦，虽然时常感到犹如芒刺在背，但是一想到满朝文武上自宰相下至散官杂员，绝大多数是自己的心腹死党，又心境坦然地做起女皇梦来了。

事情可不像韦后想象的那样简单，韦后一党把持朝政，他们的企图瞒得了中宗，却瞒不了天下众人。物盛必衰，正当韦后春风得意之时，危机开始降临了。

这一年春天，中宗遣嫁金城公主入藏与吐蕃赞普弃隶缩赞成亲，指派纪处讷送金城公主，纪处讷以身体不堪远行为由推辞不去；中宗又改派赵彦昭担负这一使命，赵彦昭当时任中书侍郎，靠依附韦后，官拜宰相，他顾忌出使时间长，恐怕权宠他移，也不愿意去。司农赵履温对他说：“公官为宰相，而持节出使吐蕃，岂不是大材小用？”

“那我应该怎么办？”赵彦昭问计于赵履温。

赵履温便代他向安乐公主请求留在京城，安乐公主答应了。

中宗无奈，只好派左骁卫大将军杨矩送金城公主入藏。这件事对中宗刺激很大，他以一国之尊，却指挥不动宰相，心里非常不高兴。中宗也知道，纪处讷和赵彦昭都是走韦后和安乐公主的门路当上宰相的，他们为官，只看韦后和安乐公主的脸色行事，根本不理会他这个形同傀儡的皇上。从这之后，中宗才对韦后、安乐公主一党忌惮起来，想到武一平对他的劝告，应该早点对他们加以限制，但为时已晚。

过了两个多月，中宗在批阅各地呈上的奏章时，看到了定州人郎岌的奏表，他在奏表中告发说：“韦后、宗楚客一伙将要谋逆作乱。”中宗阅后坐在龙椅上惊疑了半晌，他耳边仿佛响起了太子李重俊在玄武门楼下对他说的话：“……宫中奸佞不除，将来早晚会危害父皇，万望父皇多加防范。”

这时韦后走进来，看到中宗正对着奏表发呆，不知发生了什么事情，上前拿过来一看，顿时颜色大变，厉声对中宗说：“郎岌这个狗胆包天的东西，竟敢无中生有，诬陷我与宗楚客和各位大臣，惑乱圣听！这样的人怎么能留他在世上胡言乱语，陛下赶紧传令大理寺，把郎岌乱棍打死！”

在韦后的淫威下，中宗不得不命人将郎岌杖毙。这件事发生后，中宗、韦后各自心中有事，再见面时彼此都感到有些不自然。韦后明知中宗心中生疑，但她想到自己的族人统领左右羽林军马，也不把中宗的怀疑放在心上。

韦后这时年过五十，仍是不知羞耻地与男宠偷欢。散骑常侍马秦客精于医术，光禄少卿杨均善于烹调，二人经常入宫为韦后看病做膳。韦后见他们年轻貌秀，动了情欲，与二人勾搭成奸，经常趁中宗另幸别宫，命二人轮流入宫侍寝。丑闻传扬开来，时人道韦后不知人间羞耻，丈夫尚在人世的时候，就和许多男人通奸，败坏伦理，这样的人难得善终。

五月十七日，许州司兵参军、偃师人燕钦融又向中宗进言：“皇后淫乱无度，培植私党，干预国家大事，并且其宗族势力过于强盛，安乐公主、武延秀、宗楚客等人朋比为奸，谋危社稷，陛下应严加惩罚，以防不测！”

中宗得了燕钦融的上疏，亲自召他当面追问事情的来龙去脉。

燕钦融来到殿上，以头叩地高声而言：“韦后自陛下还宫以来，恃陛下宠信，与人淫乱，毫无国母威仪。她先与武三思、妖僧慧范有私，后又私纳奸人崔湜，现在又让马秦客、杨均入宫侍寝，淫乱天下，世人共知。为架空陛下，她重用族人，其兄韦温本来是无能无德之辈，却官列宰相，任太子少保，封鲁国公；族弟韦濯从一州县小吏越级提升为左羽林大将军，封曹国公，执掌禁卫兵马；她的几个弟弟韦洵、韦浩、韦洞、韦泚也都封王食邑，权倾天下，其亲属韦嗣立、韦巨源也都官居九卿。朝中宰相，如宗楚客、纪处讷、赵彦昭等人都是韦后私党，他们破坏国家制度，与安乐公主、武延秀私授斜封官，以这些人为党羽，天下权力，尽为韦后一党所有。

“安乐公主、武延秀、宗楚客、纪处讷各藏奸私，弄权欺上，盘剥百姓，使得天下民众苦不堪言。他们这些人只有自己的私利而无视国家法度；只有无止境的权欲，而毫不关心社稷的安危。他们结合在一起，欺君罔上，弄权害民，其目的‘司马昭之心，路人皆知’，陛下不可不察！

“自景龙元年太子重俊蒙难以来，韦后一直阻止陛下立太子，重树皇嗣，压制相王李旦，拒不让谯王李重福返京，打击排挤朝中正直之士，广树党羽，遍布淫威，垂帘听政，就是晋代贾南风、今朝圣母则天武后也不过如此。

“陛下如果对此听之任之，臣以人头担保，大唐江山，三帝基业，必将毁于韦后一党，我朝列祖列宗，永远不会享有奉祀了！”

中宗听完燕钦融列举韦后一伙的秽行，哑口无言，十分难堪，呵斥燕钦融退下。

谁知燕钦融一出朝门，宗楚客就伪传中宗制命，命令飞骑营卫士捕杀燕钦融，飞骑营卫士抓回燕钦融后，提起他的双腿，猛烈投掷到庭院巨石上，燕钦融被摔得脑浆四射，脖子断折而死。其惨状，在场的人们都掩目不敢正视。宗楚客却连声大叫：“痛快！痛快！”

中宗得知燕钦融惨死后，派人查问这件事情的经过。办事人将凶手带到中宗面前，中宗一问，凶手却回答是按宗宰相命令行事。中宗大怒，不禁恨恨地说：“你只知道有宗宰相，却不知道有朕吗？现在朕要让你知道是宰相权大还是朕权大！”说罢，命人把凶手处死。

中宗看到宗楚客竟然嚣张到伪造制命杀人，这才感到事情严重。联想到几个月以来发生的一连串事情，特别是燕钦融和郎岌的告诫，使他感到韦后和安乐公主的所作所为，实在太过分，大失人心，便产生了废后的想法。

但是，中宗在位六年，当的是快活天子，政治斗争经验一点没有。他把朝中各位宰相每人都在脑海中滤了一遍，觉得他们都是韦后的亲党，不可信任。至于羽林军更是掌握在韦氏手中，他调动不了。想到这里，中宗一筹莫展。废后之事，也犹豫不决。

其实，中宗没有想到他有两种政治力量可以依靠：一是李唐宗室的残余力量。自武则天以来，宗室诸王多数被杀或流放到外地。中宗即位后，派人召回流散在各地的诸王子孙，让他们荫袭封爵，并授以官职。这些人虽然不掌握实权，但仍有一定的号召力。特别是相王李旦，在中宗被贬为庐陵王时做过几个月的皇帝，武则天称帝立为皇嗣，中宗复辟后退居相王。他在武则天时曾任知左右羽林卫大将军事，这是控制禁军的最高职位，在当时虽然没有实权，但他利用这一职位，和羽林军将领关系处得很融洽。如果中宗能利用相王李旦这一特殊地位，控制羽林军也是完全可以做得到的。羽林军将领绝大多数是功臣子弟，对李唐王室忠心耿耿，只要中宗登高一呼，就会有响应者，这在李重俊起兵时就已表现出来。同时太平公主早在武则天时就权倾天下，中宗即位后又允许她开府设官，也在朝中有一股自己的势力，她与韦后、安乐公主矛盾很深，必然乐于帮助中宗消除韦后党羽，共保李氏江山。

二是各州县的地方力量。中宗朝以来，忽视地方州刺史、县令的选择任用，只将犯罪京官和声望不好的人下调担任州、县一级官长。韦后控制朝政后，便利用这种任官途径，把京官中不肯依附于她的人，大量贬为地方官。这些人对韦后一党恨之入骨，都希望有朝一日清除他们。如果中宗能从这些人中选择清正率直之士回京委以重任，必能收到对韦后一党削枝弱干的效果。

令人遗憾的是中宗没有政治远见，他目光短浅，过高地估计了韦后一党的力量，而没有想到自己作为一国之君的政治影响力和宗室力量的存在。致使身处变乱之境，却找不到解救的方法。

韦后则和中宗不同，她从宗楚客口中得知中宗因燕钦融惨死而怒杀飞骑营卫士的事情后，精神立即紧张起来，料定中宗对房州之约必有悔意，甚至很可能产生废后的念头。她知道，自己几十年来含辛茹苦，百般经营而得今天的权势，全是靠有皇后这一宝座才达到的，一旦失去后位，所有的一切立即会成为水中月镜中花，党羽也会因此树倒猢狲散，再想复出，便是“难于上青天”

了。所以，她急忙宣安乐公主进宫，密谋应变之策。

安乐公主见母后紧急召她，不知发生了什么大事，赶紧穿戴整齐，随使者飞车入宫。

韦后见安乐公主来到，上前拉住她的手说道："裹儿，几天前你父皇听信了燕钦融的胡言乱语，怀疑我们母女谋反，我们要赶紧想出个对策才行。"

"那燕钦融不是被宗宰相杀了吗？再说父皇对这件事也并没有再追究，母后何必这么紧张呢？"安乐公主不以为然地说。

"他表面是不追究，实际上暗中在算计着用什么方法废掉我。"

"真有那么严重吗？"

"事情确实严重了，你没听人说皇上在杀掉飞骑营卫士前说了一句'你只知道有宗宰相，不知有朕吗？'？这是他要收回权力的信号，我们不能坐以待毙。"韦后告诉安乐公主。

"那我们应该怎么办才好？"安乐公主平时飞扬跋扈，事到临头却没了主见。

"他现在还没有采取行动，我们用不着怕他。当朝宰相都是我们的人，羽林军马也掌握在你舅舅手中，我们干脆一不做二不休，打发了他，省得在位上总妨碍手脚。"

安乐公主吃惊地说："那我们不是犯了弑君大罪吗？再说父皇一直疼爱我，我怎能忍心杀他？不如我明日见父皇，向他说明一切，我们互相谅解不就又和从前一样了吗？"

"我的呆女儿，事情可不那么简单。从古到今为了皇帝这个宝座，父杀子，子弑父，夫妻相残之事多得是，远的不说，就说你奶奶则天皇后，为了这个皇位连杀了两个亲生儿子。你父皇为了收回权力也会这么做的！”

韦后看安乐公主动了心，又进一步说：“如果事情成功，我登位称制，就像你奶奶一样，将来再传位给你，你不是早就想当皇太女吗？我登基之后，立即立你为皇太女！不过话又说回来，我要是被废掉，你一定会被贬到远方，到那时，你的颜面何在，又如何忍受得了那饥困贫乏的流放生活！”

安乐公主听了韦后反复劝说，终于同意韦后的主张。

接着，韦后、安乐公主又召来韦湑、韦捷父子，为了保密，没有告诉他们杀中宗的计划，只是要求他们牢牢控制住禁卫军，秘密在宫城周围戒严，以防突然事变，二人应诺而去。

到了晚上，韦后召来马秦客和杨均，密谋用什么办法害死中宗。马秦客和杨均已经知道了燕钦融向中宗告发了他们，正在为自己的性命担忧。听了韦后的计划，马秦客说：“这种事情一定要做到万无一失，不留痕迹，我知道江湖上有一种剧毒药物叫三日散，无色无味，刚吃下去不会感到有什么异常，三日后才毒发身死。到时候我们就说皇上染上时疫，谁也不会怀疑我们。”

杨均说：“皇上最喜欢我做的甜饼，不如我们把毒放在饼里，让皇上吃下去，岂不省事？”

韦后连说：“就这样，就这样，你们分头准备。千万不能走漏风声，否则我们大家的身家性命都完了。”

过了几日，马秦客弄来毒药，便由杨均亲自制成甜饼，把药末放入馅中。饼做熟后，韦后听说中宗在神龙殿查阅奏章，便命宫女携饼献去。中宗平时最喜欢吃饼，今见韦后送饼来，也没有想别的，取了便吃，宫中饼小，中宗一连吃了七八个，并说味道很好。

过了两日，中宗体内毒发，腹中大痛，倒在龙床上乱滚。宫中宦官急忙报告韦后，韦后来到神龙殿，假意探问，却并不传太医前来诊治。这时中宗已说不出话来，但是用手指口，呜呜不已。韦后猜到中宗想说饼中有毒，故意不做理会。中宗又在床上折腾了一天一夜，六月二日在神龙殿驾崩，终年五十五岁。

中宗李显是唐朝前期皇帝中命运较为悲惨的一个。他二十五岁被立为太子，二十八岁登基为帝；可是只做了五十六天皇帝，便被武则天贬为庐陵王，在房州被幽禁十四年；四十三岁时才又被召回京都，又当了六年太子，四十九岁时复辟，在位六年，改元两次（神龙、景龙），最后竟被妻女毒死。

中宗复辟，本是改革武周弊政、重振李唐旗鼓的好机会。张柬之等人称中宗复位为“中兴”，他们也以“中兴”之臣自居，执掌朝政，一面把武周时的大臣贬流外地，一面则大力扶植李唐宗室势力，并希望中宗彻底铲除武氏外戚势力。可是，他们的希望很快落了空。中宗名为皇帝，却让韦后专政，又听任武三思为首的武氏势力和皇后韦氏、女儿安乐公主势力相互勾结。韦后和武三思私通，中宗置若罔闻，并将安乐公主嫁给他的儿子，武氏势力由是复振。李重俊起兵诛杀武三思，是宗室对外戚的一次讨伐，中宗非但没有从这次事件中吸取教训，却听任韦后、安乐公主发展个人势力培植私党，自己图个快乐，致使大权旁落。等他发现问题的严重性时，已经没有回天之力了。

从总体上说，中宗是一个是非不清、奸忠不明、亲疏不辨、恩仇不知、利害不分的昏庸皇帝，这就注定了他必然不得善终的结局。

中宗死后，韦后密不发丧，自己急行总揽权柄，控制局面。第二天，韦后召集各位宰相入宫，商量善后办法。宗楚客给韦后出主意：“今天子驾崩，人心不定，为防有人趁机谋乱，殿下应调府兵入卫长安，和羽林军一道保卫殿下的安全，同时，派亲信重臣驻扎东都，遣使巡阅各地，安定地方，这样可以保殿下无虑。”

韦后采纳了宗楚客的意见，紧急调集各府兵马共五万之众驻扎在长安城中，以防不测。指派驸马都尉韦捷（娶中宗成安公主）、韦灌（娶中宗定安公主）、卫尉卿韦鐩、左千牛中郎将韦琦、长安令韦播、郎将高嵩分别统领这些兵马。这些人都是韦氏家族成员。

韦后又命令中书舍人韦元负责巡查长安城中街道，命令左监门大将军兼内侍薛思简带领五百士兵，乘驿马车迅速进驻均州戍守，以防范均州刺史谯王李重福。任命刑部尚书裴淡、工部尚书张锡一同加同中书门下三品衔，让他们仍然担任东都洛阳留守。任命吏部尚书张嘉福、中书侍郎岑羲、吏部侍郎崔湜同平章事。这些人都位列宰相。

做完上述安排之后，韦后便派人请太平公主入宫，草拟中宗遗诏。太平公主与中宗兄妹关系极好，忽闻中宗驾崩，不禁放声大哭，经众人劝慰，方止住悲痛入宫。

太平公主是一个有丰富政治斗争经验的人，她见中宗无病而终，心中怀疑，但又不动声色。她看到朝中重要官职都被韦后一党占据，便在上官婉儿写的遗诏中写了由韦后临朝主政，立温王李重茂为太子的内容。太平公主又留了一手，为了牵制韦后，她说服了上官婉儿在遗诏中也写入了相王辅政一条。遗诏拿给韦后看，韦后同意了。

温王李重茂是中宗最小的儿子，系宫人所生。

宗楚客得知遗诏中有相王辅政的内容，心中不满，他历来忌恨相王，便对韦温说："相王辅佐幼主，在道理上并不恰当。而且皇后是嫂嫂，相王是小叔，古礼规定嫂嫂与小叔是不能讲话的。遗诏上让皇后主政，相王辅政，将来在金銮宝殿上裁决政务的时候，他们二人怎么相处？"

韦温认为他说得有道理，便同宗楚客一同去见韦后，宗楚客又陈述了一遍上述理由，韦后对《礼记·曲礼》上讲的"叔嫂不通问"并不在乎。但经宗楚客这么一说，她猛然想起了隆庆池五王子宅上空王气凝集的说法，感到相王辅政无疑是给自己平添了许多麻烦，后悔当初没有仔细推敲诏书内容。

她问宗楚客说："现在遗诏已经发表，又该怎么办？"

"皇后放心，臣自有办法免去相王辅政的任命。"宗楚客信心十足地回答。

第二天，宗楚客就联合各位宰相上疏，请韦后临朝主政，而免除相王辅政。苏瑰质问宗楚客："先帝的遗诏怎么能随意改变！"

宗楚客和韦温大怒，厉声斥责苏瑰，苏瑰恐惧，只好顺从他们，而建议相王任太子太师。

六月四日，韦后命人将中宗的灵柩从神龙殿迁到太极宫，召集文武百官，正式发布中宗驾崩消息，命全国举丧，百官为中宗守灵。同时宣布由她自己临朝主政，大赦天下罪犯，改年号景龙为唐隆。为安抚李唐宗室，韦后还提升相王李旦为太尉，改封雍王李守礼为豳王，寿春王李成器为宋王，以图安定人心；又任命韦温为总知内外守捉兵马事，统率全国军队。

六月七日，年仅十六岁的太子李重茂继位，是为殇帝。殇帝将韦后尊为皇太后，将温王妃立为皇后。新帝虽立，然政事一律由韦后做主。

经过几天紧张的布置，韦后一党终于控制了局势，相王李旦与太平公主虽然对中宗的死因有怀疑，但没有证据又忌惮韦氏集团强大，都默不作声，一切听从韦后安排。暂时局面的平稳，使韦后的党徒们利令智昏起来。宗楚客伙同太常卿武延秀、司农卿赵履温以及纪处讷、叶静能等人，一同劝说韦后沿用武则天的惯例登基称帝，韦温带领韦氏亲族也积极劝进。宗楚客又秘密上书韦后，引证图谶来说明韦氏当取代大唐而君临天下。他还让安乐公主府的仓曹（出纳官）苻凤游说武延秀说："全国民心，不忘武家，谶图上说：黑衣孙披天裳。你恰恰是神皇（武曌之父武士彟）的孙子，武周大业，当由你中兴。"建议武延秀穿黑袍作为应验。

韦后被韦温、宗楚客一伙说得心动，打算废掉殇帝李重茂，自立为帝。但她又十分担心相王李旦与太平公主会从中阻挠，于是韦温和安乐公主、宗楚客密谋除掉他们。然而，这次却因事不机密，有人告发了他们，引发了李隆基兴兵灭韦的一幕。

二

武则天垂拱元年（685）八月五日，李唐第五代皇帝睿宗李旦妃子窦氏的宫室里，一个血统高贵的小生命降临人世，他就是李旦的第三个儿子李隆基。他有两个哥哥，长兄李成器，为刘皇后所生，是嫡长子，文明元年（684）二月，年仅六岁被立为皇太子；二兄李成义，后宫柳氏所生，与李隆基皆是庶出。

李隆基的父亲李旦，是高宗皇帝的第八子，则天武后所生。在李隆基出生的前一年，他祖父高宗逝世，继帝位的是他伯父李显。可是李显即位不足两月，被武后废为庐陵王，改立他父亲李旦为帝，是为睿宗，武则天以太后身份临朝称制。虽说睿宗有名无实，李隆基在这个时候出生，毕竟还是皇帝的儿子。

李隆基三岁时，乳牙还没长全，便被封为楚王。年满七周岁时出阁，开府设置官属。这时的李隆基骄贵气盛，进出往来车骑簇拥，神气十足。长寿元年（692）十月，逢朝拜日，李隆基在仪仗的簇拥下来到朝堂，负责宫廷警卫的金吾将军武懿宗十分妒忌，欺负他年少，不让仪仗入内，以显示自己的权威。不料李隆基并不买账，趾高气扬地训斥武懿宗说："这是我家朝堂，关你什么事，竟敢不让我的随从入内！"

武则天听说此事，不仅没有生气，反而对这个小孙子格外宠爱。

李隆基的少年时代，正是武则天专政、筹划当女皇的时期，李旦为求自保，被迫让出皇位给母亲。载初元年（690）九月九日，武则天正式称帝。李旦见三个哥哥两个被杀，一个受贬，担心厄运降临，每天都诚惶诚恐，小心翼翼地度日，甘居深宫，百事不问，只图苟安。年幼的李隆基，毕竟不了解父亲苦衷，只知道身世高贵，任情纵性，呵斥武氏外戚正是他天真幼稚的表现。但时隔一个月，不幸终于降临了。

李隆基的母亲窦氏和正妃刘氏在朝拜婆婆武则天出来后，即被武则天派人杀了，二人的尸体被胡乱埋在宫中，据说是一个叫韦团儿的丫头诬告二妃咒诅武则天所致。其实这是为了打击李旦。

窦妃被杀，才满七岁的李隆基幼年失母，是生母的妹妹窦姨鞠将他带大的。宫廷权力斗争的复杂严酷，李隆基当时自然无法理解，可是亲生母亲被杀的事情，不能不使他的心灵蒙上一层阴影。

李隆基十四岁的时候武则天在东都积善坊赐予府邸，十七岁时随武则天回到长安，赐宅第于隆庆坊。到他十八九岁时，正式被授予官职，历任右卫郎将、尚辇奉御，这些都是武则天的贴身差使，既有宠爱的一面，又有便于控制的一面。这期间，他目睹了宫廷的一次大事变，就是张柬之诛杀二张，逼武则天退位。

尽管李隆基没能亲身参加这一政变，但这场复唐的非常事变，对于李隆基这位风华正茂的皇族贵胄来说，必然会在思想深处留下永不磨灭的烙印，促使他在政治上成熟起来。可以说，这场事变无形中决定了李隆基生活与命运的历程。

神龙元年（705），中宗任命李隆基为卫尉少卿，他利用这一职务结交了不少羽林军将领。三年后，又出兼潞州别驾，这时他看到中宗昏庸无能，军政大权完全操纵在韦后和宗楚客手中，弊政百出，政局动荡。他颇想有所作为，便在潞州秘密结交了一些豪俊之士，开始培植自己的政治力量。在中宗死前一年，他被除去潞州别驾职务，回到京师，仍旧私下招募智勇双全之士，准备有朝一日，匡复大唐社稷。最初，唐太宗从犯罪没家和外国人中挑选骁勇健儿，身上穿画作虎皮的衣服，胯下垫有画作豹皮的马鞍，随从皇帝出游打猎，号称“百骑”；武则天时增加到千骑；中宗时又增加到万人，称为“万骑”。李隆基对万骑兵中的将领，都深相结纳，得到他们的拥护，因此具备了起兵灭韦后的力量。

李隆基除了拉拢禁军和府兵的一些将领外，还利用佛教、道教做掩护，给一批支持自己的人披上道士、和尚的外衣，以便于往来，为应付突然事件做准备。

那么李隆基是怎样得知韦后将要杀掉相王和太平公主的呢?

原来兵部侍郎崔日用平素一向依附韦后及武氏集团，与宗楚客交情也很好。在与宗楚客饮酒作乐时，宗楚客告诉他说：“我以前说我是当小官望宰相，当宰相又想成为天子的人。现在我的愿望即将实现了，不知你能否帮我？”

崔日用以为宗楚客饮过了量，不以为意地说：“我人微言轻，靠皇后和大人才有今天的禄位，你想当天子，我怎么才能帮助你呢？”

“我都计划好了，先杀掉相王、太平公主，然后废除殇帝。名义上让韦后掌权，实际由我控制局面，到时候你听我指挥就行了。”宗楚客自负地说。

崔日用得知宗楚客的阴谋后，恐怕事情失败，大祸将落到自己头上，于是派与李隆基有联系的宝昌寺和尚普润来到五王子宅，送上他的密信：“临淄王殿下，小臣得知宗楚客、韦温一党欲扶韦后效武则天故事，临朝称制。为保事成，将先加害相王、太平公主等，望早做准备，以防不测。”

李隆基得到崔日用的密书，立即召心腹王琚前来谋议。王琚是李隆基在城南韦曲一带打猎结识的。一次，李隆基因打猎困乏，在树下休息，突然走来一个书生，请他到自己家中去。李隆基见他非常殷勤，就答应了。到家中他看到书生一贫如洗，只有一个媳妇和一头瘦驴。为了招待他，书生竟杀了驴。在交谈中，李隆基发现他谈吐不俗，很有见识，这个书生就是王琚。从此后，二人经常来往，关系日密。看到韦后专权，李隆基忧心如焚，但又顾忌她是皇后，下不了手。他把心事告诉了王琚，王琚果断地说：“谁作乱，就杀谁，不必看他是谁！”一句话，说得李隆基心里一亮。

王琚听完了李隆基讲述，对李隆基说：“韦后乱国，天将诛之，她改年号为唐隆，殿下府第在隆庆池，名讳中又有‘隆’字。隆和龙是谐音，三者归一，殿下当兴大唐，万不可犹豫观望，坐失良机！”

李隆基接受了王琚的意见，飞马来到姑母太平公主府中。太平公主人非常精明强干，连才智过人的武则天都说她很像自己，她也有很强的权力欲，早对韦氏集团把持权力心怀不满。李隆基拿出崔日用的密信给太平公主看，太平公主说：“我早料到韦后一伙不是安分守己之辈，现在看来，他们为篡权乱国已经走完了两步：第一步害死皇上，控制政权；第二步扶一个无知的小孩子做傀儡皇帝，作为过渡由韦后临朝摄政。现在只剩下第三步由韦后自己当皇帝了。在起草遗诏的时候，我为了牵制韦后，写上了相王辅政一条，后来他们把这条删除了，我心中就明白了他们一伙的目的。今天他们要动武，我们也不会坐以待毙，你赶快去发动羽林军，我派儿子崇简协助你。”

得到太平公主的支持，李隆基信心大增。回到临淄王府，他就召集西京苑总监钟绍京、尚衣奉御王崇晔、前任朝邑尉刘幽求、利仁府折冲麻嗣宗等人密谋发动政变，先行下手。正巧，韦播、高嵩二人为了树立自己的威严，多次对万骑兵使用杖刑，从而引发了万骑兵对他们的普遍怨恨。万骑兵将领葛福顺和陈玄礼来向李隆基诉说此事，李隆基暗示他们应诛灭韦氏集团，这两个人听明白了李隆基的意思，都慷慨激昂地表示只要有人带头发难，他们愿效死力。万骑果毅李仙凫也参与了具体策划的过程。

这时有人建议李隆基应该把这件事情告诉相王李旦。李隆基深知他父亲为人像祖父高宗，不像曾祖父太宗，性格懦弱，胆小怕事。他断然地说：“我们这些人是为了大唐的江山社稷才干这种事情的，事成是我父相王的福分，万一事情失败了我们为宗庙牺牲也就是了，不必因此而连累相王。如果告诉了他，若是他同意这样做，就等于让他参与了这极危险的事；若他不同意这样做，那就只会坏了大事。”

于是，李隆基对相王隐瞒了政变计划。

六月二十日黄昏，李隆基和刘幽求等人来到钟绍京家门口。钟绍京怕事情不成而引来杀身之祸，他后悔了。

他的妻子许氏是一个知礼达义的人，在屋里劝他说：“为了国家大计而不顾个人安危的人一定会得到神的帮助，再说你平常就一直与他们共同谋划这件事，现在即使你不亲自参加，又哪里能够脱得了干系呢？”

钟绍京认为妻子说得有道理，赶忙开门出来向李隆基行礼参拜，李隆基拉着他的手一起坐下。当时羽林军都驻扎在玄武门，李隆基到这里是为了便于指挥政变。

入夜，皇宫被一片黑暗笼罩着，李隆基在钟绍京家中焦急等待葛福顺和李仙凫的消息。正在焦虑之中，卫士来报葛、李二将军到，李隆基大喜，忙起身相迎。葛福顺、李仙凫向李隆基报告羽林军已发动好了，请指定起事信号。

李隆基对他们说：“我们子夜后二更起事，先杀在羽林营中的韦濬、韦播和高嵩三人，然后分兵攻打玄武门、白兽门、肃章门各处，以喊声为号，消灭诸韦！”

时近二更，天空中流星散落如雨，深宫中一切都悄无声息。刘幽求对李隆基说：“天意如此，机不可失，我们赶快动手吧！”

李隆基立即派葛福顺带人到羽林营，在羽林军士的接应下，直入韦濬、韦播和高嵩三人住所，提剑把还在睡梦中的三人杀死，然后集合全体羽林军士说：“韦后毒死先帝，谋危社稷，今晚临淄王兴兵除奸，大家要齐心协力，铲除韦后及其死党，凡是长得高过马鞭的人都要杀掉，事成之后，拥立相王以安定天下人之心。倘若有首鼠两端帮助逆党者，一律夷灭三族。奋勇杀贼者，封侯拜爵，永享富贵。”

羽林军士平时即憎恶诸韦骄横，今见他们被杀，都欢呼雀跃，欣然从命。葛福顺带着韦濬等人的首级来请李隆基检查，李隆基举起火把看清楚后，就和刘幽求走出禁苑南门。钟绍京也率宫中匠人二百多人，拿着斧子、锯子跟在后面。李隆基命令葛福顺率领左万骑兵攻玄武门、李仙凫率领右万骑兵攻白兽门，约定在凌烟阁会合时一齐呐喊。

葛福顺等人来到玄武门前，骗出守门将领杀了，夺门而入。李隆基统兵在门外等候，静听里面消息。到三更时，李仙凫也率军从白兽门攻入宫中，两军会合，喊声震天。李隆基听到喊声，知道里面得手，便率领钟绍京和羽林兵进入玄武门，直奔太极殿。在太极殿前负责守卫中宗灵柩的羽林兵听到鼓噪之声后，也都披挂整齐，响应李隆基等人。

是夜，韦后正留宿太极殿中，闻听外边人叫马嘶，知道事情有变，忙乱中只穿单衣小衫，从后门出逃。途中遇到马秦客和杨均，韦后大声呼救，二人便左右搀扶着韦后，跑到飞骑营中，寻求保护。谁知飞骑营将士早已听命于李隆基，将士一齐上前，杀死了马秦客和杨均。韦后见状，吓得魂飞魄散，跪在地下请求饶命。众人大叫：“弑君淫妇，人人得而诛之，你今日休想活命！”

说罢，有一军士手起刀落，把韦后斩为两段，将首级献于李隆基。

韦后的一生，前半期颇能含辛茹苦，恪守妇道，在丈夫身处逆境之中时，百般抚慰，帮助其渡过重重难关；后半期则热衷权力，处处学她婆婆武则天，在追求权力中腐化堕落。中宗在位六年，她干预朝政六载，遍树党羽，淫乱后宫，最后又丧心病狂，谋害亲夫，临朝主政，然而只有十八天就被杀身亡，这也是罪有应得。韦后扰乱朝纲，和武则天如出一辙。可是武则天长久，韦后则昙花一现。究其原因，是武则天在李治时代就手握天子权威，控制全国，在上面虽然悖逆，下面却对各地治理得井井有条。而韦后在丈夫尚在人世时，就公开淫乱，政治上大封斜封官，政出多门，虽党羽众多，却不能使众心如一，只是贪求富贵，却不能守制长保，人心失尽，必然灭亡。

安乐公主住在深宫别院，不知道外边事变，已是黎明时，正对着镜子画眉时被刘幽求搜到，立即被斩杀。她的丈夫武延秀逃到肃章门外，也被杀死。

上官婉儿在宫中，闻听外边变乱，她本是聪明人，猜到了是李唐宗室诛杀韦后，便提了宫灯出门迎接。见到刘幽求，把她起草的中宗遗诏拿出来给刘幽求看，托刘幽求向李隆基进言，免她一死。刘幽求看她可怜巴巴的样子，便向李隆基求情。

李隆基说："上官婉儿渎乱宫闱，狡猾多诈，今日不杀，后悔都来不及。"

命左右将上官婉儿在旗下斩首。

这时少帝李重茂还住在太极殿中，刘幽求对众人说："大家约好了今晚拥相王为帝，现在为什么不早一点定下来啊！"

李隆基急忙制止了他，因为李隆基感到事情并没完全结束，韦后许多党羽还没落网。他接受了张柬之被杀的教训，认为除恶务尽，绝不能留下后患。他下令羽林军把捉捕到的宫中和把守各宫门的诸韦和韦后亲党全部杀掉。随后，又下令关闭宫门和京城门，分派万骑兵四处搜捕韦后余党。

万骑兵得令后，四处搜寻，将韦后的哥哥韦温斩首于东市之北。中书令宗楚客身穿丧服，骑着一头黑驴仓皇外逃，途经通化门时被守门士兵认出。士兵对他说："你就是宗宰相吧？"说完，摘下他的孝帽杀于驴下。同他一起被杀的还有其弟宗晋卿。安乐公主的心腹赵履温在公主死后，跑到安福楼下手舞足蹈地山呼万岁，想乞求活命，被万骑兵斩首。老百姓因赵履温屡次增派劳役大兴土木而对他恨之入骨，此时见他被杀，便争相割下他尸体上的肉，转眼之间就剩下一副骷髅。秘书监汴王李邕的妻子是韦后的妹妹崇国夫人，他与窦从一分别将各自妻子斩首进献给李隆基。唯独韦巨源有点骨气，他听说李隆基起兵，家人劝他外逃躲避，韦巨源回答说："我身为国家大臣，怎么能有难不赴？"说完走出家门，来到大街上，为乱兵所杀，时年八十岁。此刻李隆基派崔日用带兵在京城南郊的韦曲诛杀韦氏家族的其他成员，连婴儿也不放过，居住在附近杜曲的杜氏家族也有很多人被枉杀。

等到旭日东升，天色大亮时，京城中又恢复了往日早晨的那种宁静。李隆基让人报告战果，经过查点，共杀韦后、安乐公主、武延秀、韦播、韦濬、高嵩、韦温、韦捷、韦婴、宗楚客、宗晋卿、纪处讷、马秦客、叶静能、杨均、赵履温、韦巨源、张嘉福等重要人物二十余人。

李隆基见大事已定，才出宫晋见他父亲李旦，叩头请求原谅没有事前请示之罪，李旦不等他说完，便抱住李隆基痛哭失声，呜咽着说："我的三郎，我们李家的江山还能保得住，都是我儿的功劳。"

李隆基听了，与父亲相对而泣。

这次李隆基政变之所以能够成功地消灭韦氏集团，根本原因是韦后倒行逆施，不得人心，天怒人怨，众叛亲离。其次，韦后仅仅把防范的重点放在了相王李旦和谯王李重福身上，而对李隆基却没有足够的警惕。正是由于韦氏集团的疏忽，才使李隆基秘密地做好了准备，然后出其不意，先下手为强。最后，羽林军的支持是政变成功的重要保障。羽林军忠于李唐江山，李隆基又多方交结，使羽林军将多数投向他。而韦后虽在形式上控制了羽林军，却没有争取到军心，失去军事的保障，韦后的统治必然是短暂的。

宫廷政变成功后，二十一日，殇帝李重茂下诏说："图谋篡逆的罪魁祸首均已伏诛，其余有牵连的人概不追究。"

诏书还加封李隆基为平王、殿中监、宰相，统率万骑兵。

第二天，刘幽求正在太极殿，有些看不出眉眼高低的宫女和宦官，请求刘幽求替殇帝李重茂写封他亲娘当皇后的诏书，刘幽求回答："国家正在大难之中，民心尚未稳定，先帝的灵柩还没有安葬，不能就这样急急忙忙地册封太后！"

李隆基知道后也说："不要轻易谈论这件事。"

在这种情况下，李隆基和太平公主、刘幽求、李成器开始商量如何安排相王李旦即位。

二十三日，太平公主来到相王府，表示应该废掉殇帝，由相王即位，谁知相王坚辞不受。刘幽求知道后，便对宋王李成器、平王李隆基说："相王以前就曾做过皇帝，乃是万民属望的真龙天子。现在民心尚未安定，家事国事都很繁重，相王怎么能拘于小节，却不早日登基称帝以安天下臣民之心呢！"

李隆基回答："父王生性淡泊，从来不把世事放在心上，即使他已经君临天下，还要把帝位让给别人，何况当今天子乃父王亲哥哥之子，他又怎么肯取代自己的侄儿呢？"

"民心不可违，就算相王本人想高居于世事之外独善其身，那大唐的江山社稷又依靠什么呢？"刘幽求说。

于是，李成器和李隆基便入见相王，极言人心归向，国事攸关，不如早正大位云云。相王尚不肯从，复经二人力劝，方才允诺。第二天，殇帝在神龙殿东厢面西而坐，相王李旦立于中宗的灵柩旁，太平公主首先开口说道："皇上想把帝位让给他叔父，可不可以？"

刘幽求跪下说："国家多灾多难，皇帝仁义孝敬，效法尧舜禅让贤人的传统，实在是出于至公无私之心。相王代替皇帝挑起治理天下这一沉重的担子，乃是叔父对侄儿慈爱备至的表现。"

于是，众人便起草殇帝退位、相王登基的诏书。这时殇帝还坐在皇帝的宝座上，太平公主对他说："天下臣民之心已归附相王，这个宝座已不再属于你了。"

说完，便将他从皇帝宝座上拉了下来，相王于是即位，并来到承天门，下诏赦免天下罪囚，同时又恢复了殇帝温王的爵位。相王就是唐睿宗，公元710—712年在位。

李旦登基后，遇到一个大问题就是立谁为太子。宋王李成器是正妃刘氏所生，是嫡长子，但他才能平庸；平王李隆基虽是庶出又非长子，却立有大功勋。所以，在立太子的问题上，李旦犹豫不决，左右为难。最后这个难题竟意外地被李成器解决了。

李成器对李旦说："国泰民安则应立嫡长子，国家多难则应当首先将有功的人立为太子。如果在这个问题上违背了当时的实际情况，就会让普天下的人大失所望。臣宁可去死也不敢位居平王之上。"

李成器之举，出人意料，李旦听了尚有疑虑，无奈李成器几天里一直坚决请求立平王李隆基为太子，当时诸王、公卿大臣们也多半认为李隆基有大功应该立为太子。最后，李旦只好把李隆基立为太子。李隆基假意推辞谦让一番，李旦不准。

李隆基当上太子后，就建议李旦为安定天下人心，为被韦后诬害残杀的人平反昭雪，李旦同意。于是，宣布追复张柬之、敬晖、桓彦范、崔立玮、袁恕己五人王爵；追复李重俊太子位号，赠谥号节愍太子；追复随太子起兵的成王李千里、李多祚等人的官爵；追赠郎岌、燕钦融为谏议大夫，韦月将为宣州刺史。同时宣布贬韦后为庶人，追削武三思、武崇训爵位谥号，斫棺曝尸，刨平坟墓。

李旦登上帝位，是靠李隆基和太平公主的力量，因此，对二人格外倚重，每次宰相请示事情，他都先问："和太平（公主）商量过吗？"接着又问："和三郎（李隆基）商量过吗？"听到肯定的答复后，自己才表态。

太平公主聪明过人，权力欲望也大，她倚仗李旦的信任和尊重，积极参与朝政，每次和李旦商量政事，都用很长的时间，他的意见李旦没有不同意的。朝廷大事没有她的意见就决定不了。有时她没上朝，宰相们就到她家里征求意见，事后李旦仅需点头便可。她还千方百计压制李隆基，并在李隆基身边安插密探进行监视，企图有朝一日除掉李隆基。为此，她在朝中积极结党营私，组织自己的小宗派集团。这个集团包括了七位宰相中的四位：窦怀贞、萧至忠、岑羲、崔湜。另外还有太子少保薛稷、雍州长史新兴王李晋、左羽林大将军常元楷、右羽林将军李慈、左金吾将军李钦、中书舍人李猷等人。

所以说，韦后被杀后，李唐江山并没有马上稳定下来，宫廷斗争更加激烈，并酝酿着一场大的风波。

先天元年（712），李旦为了防止太平公主废掉李隆基的太子嗣位，决定提前让太子即位，自己退居为"太上皇"。太平公主和她的党羽们百般劝阻，李旦都执意不听。太平公主只好不得已求其次，劝李旦虽然传位，但大权还要自己掌握。八月，李旦正式传位给李隆基，李隆基就是唐玄宗。李旦称为太上皇，自称“朕”，下达的诏书叫作“诰”，五天一次在太极殿处理政事。玄宗李隆基自称“予”，下达的诏书叫作“制”，每天在武德殿处理政事。三品以上官员的任免和大案件、大政事由李旦亲自处理，其他的都由李隆基处理。

李隆基虽然当上了皇帝，但主要权力仍然掌握在李旦手中。太平公主还在网罗死党，和李隆基激烈斗争。

李隆基当太子时，曾请求李旦任命王琚为诸暨主簿，王琚到东宫去表示谢意。走到院子里，他故意高抬头，踱方步，慢慢向前走。宦官告诉他：“太子殿下在帘内。”

“你在说殿下干什么？如今不是只有太平公主吗？”王琚大声说。

李隆基一听王琚来了，马上出迎。

王琚对李隆基说：“韦后毒死中宗，人心不服，所以容易除掉。太平公主是武后的女儿、皇上的妹妹，非常凶恶、狡猾，大臣多半依附她，所以我为殿下暗中担心。”

“父皇的骨肉同胞，只剩下太平一个妹妹，我想劝父皇除掉她，怕伤他的心；不除，她又为害越来越严重。怎么办才好呢？”李隆基无可奈何地说。

王琚道：“天子的仁慈孝顺，和普通老百姓不一样，首先要能安定社稷宗庙。盖主，是汉昭帝的姐姐，从小抚养他，后来她有罪尚且被杀了。为了天下安危，殿下岂能顾忌小节！”

李隆基这次又听从了他的劝告，留下他做太子詹事府司直。

当时刘幽求官拜宰相，他看到宰相中窦怀贞、崔湜、岑羲是太平公主的党羽，就和左羽林将军张玮密谋除掉三人。张玮请示李隆基，李隆基同意。不料事不机密，被人告发，李隆基只好忍痛违心地向李旦汇报了这件事，李旦大怒将刘幽求、张玮削官流放到外地，这一回合的较量，李隆基失败了。

到了先天二年（713）六月，太平公主和李隆基的斗争达到了白热化的程度。太平公主认为发动一场宫廷政变的时机已经成熟。于是她和党羽们密谋在李隆基吃的天麻粉中由宫女元氏下毒，由于李隆基防范甚严，没有得手。

这时李隆基也在精心准备，以求消灭太平公主一党。王琚劝李隆基尽快下手，尚书左丞张说也从东都派人献上佩刀一把，暗示李隆基当机立断，快刀斩乱麻。荆州长史崔日用潜回长安，悄悄地对李隆基说："太平公主谋反已经很长时间了。陛下以前在东宫，是臣子身份，如果要讨伐她要用谋力。如今已经继位，下一道制书就行了，谁敢不服？万一奸人得计，后悔就来不及了！"

李隆基说："卿说得都对，予也早有这个打算，不过，这样做恐怕要惊动太上皇。"

崔日用说："天子的孝顺在于安定四海。万一奸人得志，社稷都变成废墟了，哪里又有孝顺可言！陛下先安定好羽林军和万骑兵，然后抓逆党，就不会惊动太上皇了。"

李隆基赞同他的意见，任命他为吏部侍郎。

再说太平公主见毒不成李隆基，便召集私党另想办法。

崔湜献计说："羽林军大将常元楷、李慈二人忠于公主，如果他们率兵直入武德殿，迫使皇上退位，重兵之下，他不能不答应，再由窦怀贞、萧至忠号召南牙兵作为外援，不需半日，大事可成。"

太平公主认为此计可行，便决定在七月四日举事。正在这时，公主长子武崇简从外进来，极力劝阻太平公主不要这样做。太平公主大怒，拿起手杖劈头盖脸打来，武崇简被打得满脸是血。

这个阴谋，被左散骑常侍魏知古探知。七月初，魏知古向李隆基秘密告发了太平公主的计划。李隆基接到密报，就和李隆范、李隆业、郭元振、龙武将军王毛仲、殿中少监姜皎、太仆少卿李令问、尚乘奉御王守一、宦官高力士等人决定先行下手，铲除太平公主一党。

七月三日，李隆基亲率三百多名卫士和数十名随从，出武德门进入虔化门。在北阙斩了常元楷和李慈，又到内省抓了贾膺福和李猷，然后来到朝堂上抓了萧至忠、岑羲，把这些人全部斩首。窦怀贞逃到山沟里，走投无路，上吊自杀。李隆基命人砍下他的头，改姓“毒”。太平公主闻听有变，逃到山上寺庙中，三天后才出来，李隆基派人监督她在家中自杀，她的儿子和党羽数十人全部处死，只有长子武崇简除外，被李隆基赐姓“李”。查没太平公主家产时，只见她家金银珍宝堆积如山，稀见的宝物比皇宫还多。崔湜先被流放，后来大理寺审问宫女元氏时得知了崔湜在事件中的作用，被赐死在荆州。

太平公主的覆灭，标志着自武则天以来唐朝动荡政局的结束，唐朝在李隆基的主持下，开始进入开元盛世。

这个局面是经过十几年的激烈宫廷斗争，通过三次政变才得到的。

韦后、太平公主的死，是李隆基事业的起点，他对中国四十四年的统治步伐，就是从她们身上迈开向前的。

韦皇后生平大事年表

高宗显庆年间（660 年左右）韦后生于京兆万年（今陕西省西安市）。祖父韦弘表，太宗贞观年间（627—649）曾为曹王府典军。父韦玄贞，曾为普州参军。母崔夫人。四个弟弟：洵、浩、洞、泚，另有二妹。

高宗上元年间（675 年左右）韦后被选进周王李显府。

高宗仪凤二年（677）八月，周王李显改封英王，改名李哲。

高宗永隆元年（680）八月二十三日，废皇太子贤，立英王哲为太子，韦氏为太子妃。

高宗永隆二年（681）七月，李治因服长生不老药，命太子李哲监理国政。韦氏初试锋芒。

高宗开耀二年（682）二月二十五日，李治封李哲子重照为皇太孙。

高宗弘道元年（683）十二月十一日，李哲正式登基，即中宗，时年二十八岁。韦氏被立为皇后。

中宗嗣圣元年（684）正月，中宗提拔韦皇后父玄贞为豫州（河南省汝南县）刺史，原为普州（四川省安岳县）参军。

二月七日，中宗因欲提拔玄贞当侍中，裴炎告密，武曌怒，罢黜李哲，贬作庐陵王。韦氏免去皇后位，随夫暂居别所。

四月二十二日，李显一家被押到房州（今湖北省房县）看管，路上生裹儿，即安乐公主。二十六日，又被押到均州（今湖北省丹江口）看管。

武则天垂拱元年（685）三月二十一日，李显一家又被押回房州。

武则天天授元年（690）太后武曌罢黜睿宗李旦，建周称帝。

武则天圣历元年（698）狄仁杰纵观时局，建议召回李哲和韦氏。武曌梦大鹦鹉折双翅。

三月二十八日，韦氏一家返回东都。

九月十五日，李哲被立为皇太子，恢复原名李显。韦氏再立为太子妃。

是月，为排众议，太子前往皇宫南城接见百官。

武则天圣历二年（699）十二月二十五日，李显改姓武。

武则天大足元年（701），李重润、永泰郡主及武延基，因私议武曌宫事，被赐自杀。

神龙元年（705）正月七日，凤阁侍郎张柬之、鸾台侍郎崔玄晖、左羽林将军敬晖、右羽林将军桓彦范、司刑卿袁恕己率羽林兵诛杀张易之、张昌宗，迎皇太子李显监国，大赦天下。

十三日，则天武后传位于皇太子李显，李显即皇帝位于通天宫，大赦天下，则天武后迁居上阳宫。

五月十日，封敬晖为平阳郡王，封桓彦范为扶阳郡王，封张柬之为汉阳王，封袁恕己为南阳王，封崔玄晖为海陵郡王，以上五王均罢知政事。

十一月，加中宗尊号为应天皇帝、韦后尊号为顺天皇后。

十二月，则天武后死。

神龙二年（706）正月十日，武则天灵驾还西京。

七月，立卫王重俊为皇太子。

十月，中宗还西京。

神龙三年（707）七月六日，太子李重俊会同羽林大将军李多祚等人，假传中宗命令调兵诛杀武三思、武崇训父子于家中，又入宫搜求韦后、上官婉儿不得，最后兵败被杀。事后韦氏大诛太子全党，杀害多人。安乐公主要求将武崇训的墓称为“陵”，遭到给事中卢粲的反对，安乐公主十分生气，将卢粲贬为陈州刺史。

八月十三日，韦后带领王公大臣上表中宗，向中宗敬上“应天神龙皇帝”称号，将玄武门改名为神武门，将玄武楼改为制胜楼。宗楚客又率领文武百官上表要求加封韦后的尊号为“顺天翊圣皇后”，中宗同意。韦后一伙为打击相王李旦及宗室势力，由安乐公主和宗楚客诬陷李旦和太平公主“谋反”，二人经御史中丞萧至忠保护，才免遭毒手。

八月二十一日，宰相魏元忠因儿子参与太子李重俊兵变事件，遭韦后一伙打击，被迫辞职。

九月初，韦后逼迫中宗任命宗楚客、纪处讷为宰相。

九月五日，中宗下诏大赦天下，改年号为景龙。

九月九日，宗楚客诬告魏元忠参与太子李重俊事件，要求杀掉他，中宗没有同意，只将魏元忠贬为务川尉。魏元忠在上任途中病死。

九月十三日，韦后的情夫银青光禄大夫、僧人慧范在修建东都洛阳圣善寺过程中贪赃四十万钱，被侍御史魏传弓告发，中宗被迫免去他的爵位，驱逐出京城。

九月二十七日，中宗下令将左右羽林千骑兵改名为万骑兵。

中宗景龙二年（708）二月二十七日，韦后为收买人心，自称自己穿的笥裙上有五色祥云升起，韦巨源请求将此事向全国公布，中宗同意，并下诏赦免囚徒。

同月，知太史事迦叶志忠为献媚韦后，献《桑韦歌》十二篇，请求编入乐府歌中，以便天下传唱。

四月二十一日，韦后为收买学人文士，请中宗增设修文馆大学士、直学士、学士名额。

七月，韦后、安乐公主、上官婉儿依仗权势，公然受贿卖官。她们让中宗不通过门下、尚书二省，另外下墨敕斜封送中书省任命官员，当时人称“斜封官”。每年通过这种方式授予官职的达数千人。

十一月二十一日，韦后将安乐公主嫁给武崇训的弟弟武延秀，特许她使用皇后的仪仗，相王李旦亲自送亲。

十一月二十二日，中宗下令赦免天下罪犯，并任命武延秀为太常卿兼右卫将军。

次日，安乐公主回门，中宗在两仪殿大宴群臣，并命安乐公主与群臣相见。

十一月二十五日，中宗任命上官婉儿为昭容。

十二月二十九日，韦后与中宗同文学士在宫中守岁，将韦后乳母王氏嫁给御史大夫窦从一。

中宗景龙三年（709）一月九日，中宗颁下制书，下令扩建东都圣善寺，当地百姓因这一工程而失去生计的有数十家。

同月，长宁、安乐等公主多次放纵家奴劫掠民女为婢，侍御史袁从一将这些恶奴逮捕治罪。中宗听到公主抱怨，亲自下令放人。

二月二日，韦后和中宗来到玄武门，与亲近的侍臣看宫女拔河，又让宫女扮作市井店铺伙计，让大臣们扮作行商，在宫中开市贸易。中宗、韦后在一旁观看，以此为乐。

二月九日，监察御史崔琬上书弹劾宗楚客、纪处讷接受突厥将领贿赂，引起边疆叛乱。宗楚客依仗韦后撑腰，在朝堂上高声申辩，中宗竟让二人结为兄弟，以此和解。时人称中宗“和事天子”。

二月十五日，中宗任命韦后远亲韦巨源为宰相。

三月一日，韦后、上官婉儿让中宗任命崔湜为宰相。因为崔湜是她们二人的情夫。

三月二十一日，韦后又让中宗任命她哥哥韦温为太子少保，官至宰相。

十一月十三日，中宗到南郊祭祀天地，韦后也违背礼制随同前去，并主持第二次献祭。

十一月二十三日，谯王李重福请求中宗允许他回到京城，韦后不许。

同年，关中大饥，每斗米价百钱，大臣们劝中宗到东都听政以减少转运粮食的费用。韦后因家在京城南的韦曲，不愿到东都，中宗听从了她。

中宗景龙四年（710）正月十四日，韦后与中宗着便装到街市观赏元宵灯会，数千宫女跟随，其中许多人没有回宫。

正月二十九日，中宗、韦后来到梨园球场，让三品以上文官抛球以及分队拔河，让他们观赏开心。

四月五日，韦后因听人说五王子宅上空有帝王之气，让中宗到隆庆池抑制。十天后，中宗巡幸隆庆池。

当月，定州人郎岌上书告发韦后与宗楚客将要谋反，被韦后命人杖死。

五月十七日，参军燕钦融又告韦后、宗楚客一伙谋反，被宗楚客杀死。

六月二日，韦后因中宗对她产生了怀疑，怕被废掉皇后位，说服了安乐公主，伙同情夫马秦客、杨均在甜饼中投毒，鸩杀了中宗，并秘不发丧，自己总揽朝政。

六月三日，韦后召各位宰相进宫，公布中宗死讯，又调兵马入京，以求自保；并命太平公主和上官婉儿起草中宗遗诏，由韦后摄政。

六月四日，韦后向全国公布中宗驾崩，宣布自己临朝摄政。

六月七日，韦后立温王李重茂为帝，作为她称制前的过渡。宗楚客等韦氏党羽劝韦后行武则天故事，临朝称帝，因顾忌相王和太平公主，密谋除掉他们。崔日用向李隆基告发韦后的阴谋。

六月二十日，李隆基发动宫廷政变，杀死韦后、安乐公主及其党羽数十人。

六月二十三日，李重茂让位于相王李旦，李旦即唐睿宗。

七月二十六日，睿宗追贬韦后为庶人，安乐公主为悖逆庶人。